Zahlreiche anschauliche **Beispiele** aus dem Alltag der Kindertagespflege sind durch Teilungslinien vom Text abgehoben.

Tipps für die Praxis, **Hinweise** auf wichtige Aspekte sowie Regelungen, auf die Sie besonders achten müssen (**Wichtig**), finden Sie in den grau hinterlegten Kästen.

Das **Online-Symbol** empfiehlt Internetseiten, die zusätzliche Hintergrundinformationen oder wichtige Formulare enthalten.

Mirjam Taprogge-Essaida, Jahrgang 1972

Selbstständige Rechtsanwältin und Mediatorin in Kerpen bei Köln. Seit vielen Jahren ist sie als Dozentin in der Qualifizierung von Tagespflegepersonen für verschiedene Träger im Rheinland tätig. Schwerpunkte ihrer Kurse sind die Themen „Rechtliche Grundlagen", „Steuern", „Versicherungen", „Betreuungsvertrag" sowie „Schweigepflicht und Datenschutz". Darüber hinaus bietet sie auch Fortbildungen für Fachberater von Jugendämtern und freien Trägern an, die ihnen helfen sollen, in ihrer täglichen Praxis besser auf die zahlreichen Fragen der Tagespflegepersonen eingehen zu können. Neben ihrer Lehrtätigkeit unterstützt die Autorin Tagespflegepersonen bei rechtlichen Problemen im Zusammenhang mit ihrer Tätigkeit in der Tagespflege. Sie führt die Internetseite www.tagespflege-online.de und hat zu den genannten Themen mehrere Artikel in Fachzeitschriften veröffentlicht.

Sprungbrett Soziales

Rechtliche Grundlagen und
Rahmenbedingungen
in der Kindertagespflege

Von
Mirjam Taprogge-Essaida

unter Mitarbeit der Verlagsredaktion

Cornelsen

Redaktion: Carina vom Hagen

Außenredaktion: Dietlind Grüne, Berlin

Layout: Renate Huth, groenland.berlin

Technische Umsetzung: FKW, Berlin

Umschlaggestaltung: Rosendahl Grafikdesign, Berlin

Titelfotos: Shutterstock

Illustrationen: Natascha Welz, Berlin

www.cornelsen.de

Die Internetadressen und -dateien, die in diesem Lehrwerk angegeben sind, wurden vor Drucklegung geprüft (Stand März 2011). Der Verlag übernimmt keine Gewähr für die Aktualität und den Inhalt dieser Adressen und Dateien oder solcher, die mit ihnen verlinkt sind.

1. Auflage, 1. Druck 2011

© 2011 Cornelsen Verlag, Berlin

Das Werk und seine Teile sind urheberrechtlich geschützt.
Jede Nutzung in anderen als den gesetzlich zugelassenen Fällen bedarf der vorherigen schriftlichen Einwilligung des Verlages.
Hinweise zu den §§ 46, 52 a UrhG: Weder das Werk noch seine Teile dürfen ohne eine solche Einwilligung eingescannt und in ein Netzwerk eingestellt werden oder sonst öffentlich zugänglich gemacht werden.
Dies gilt auch für Intranets von Schulen und sonstigen Bildungseinrichtungen.

Druck: CS-Druck CornelsenStürtz, Berlin

ISBN 978-3-06-450613-8

Inhalt gedruckt auf säurefreiem Papier aus nachhaltiger Forstwirtschaft.

Vorwort

Aufgrund der sozialen und gesellschaftlichen Entwicklung haben sich in den letzten Jahrzehnten die familiären Strukturen in Deutschland wesentlich verändert. Traditionelle Familien (Vater, Mutter, Kind) werden weniger und die Zahl der Alleinerziehenden nimmt zu. Jede fünfte Familie besteht heute dem Statistischen Bundesamt zufolge aus nur einem Elternteil mit einem oder mehreren Kindern. 60 % der alleinerziehenden Mütter sind erwerbstätig und sie arbeiten wesentlich häufiger in Vollzeit als Mütter in Paarfamilien. Zudem ist die Anzahl der Einzelkinder zwischen 2004 und 2010 von 16 % auf 20 % angestiegen.

Die aus diesen Veränderungen entstandene Notwendigkeit, die Erwerbs-, Haushalts- und Erziehungsarbeit miteinander in Einklang zu bringen, erfordert gut ausgebaute und auf die Bedürfnisse der Erwerbstätigen abgestimmte Tagesbetreuungsangebote. Dabei nehmen immer mehr Eltern die Angebote zur Betreuung der ganz Kleinen in Anspruch – auch weil sie eine frühe und optimale Förderung ihrer Kinder wünschen. Diesen **Förderungsauftrag**, der die **Bildung, Erziehung und Betreuung von Kindern** beinhaltet, erfüllen Tageseinrichtungen für Kinder und Kindertagespflege.

Kindertagespflege wird von einer geeigneten Tagespflegeperson in ihrem Haushalt, im Haushalt der Personensorgeberechtigten oder in anderen geeigneten Räumen geleistet. Die Kinder sollen hier in einer familienähnlichen Situation, also in einer überschaubaren Gruppe bis zu fünf Kindern, und in häuslicher Umgebung betreut werden. Demgegenüber werden Kinder in Tageseinrichtungen wie Kitas außerhäusig und in größeren Gruppen betreut. Die Förderung von Kindern in der Kindertagespflege steht inhaltlich gleichwertig neben derjenigen in Tageseinrichtungen.

Die Tagespflegeperson hat also einen gesetzlichen Auftrag zu erfüllen, der sich nicht allein in der Betreuung und Beschäftigung von Kindern erschöpft, sondern auch die Erziehung und Bildung des Kindes umfasst. Sie muss sich daher über den Inhalt und die Ausgestaltung ihrer Tätigkeit Gedanken machen und sich ihrer Verantwortung aufgrund des ihr obliegenden gesetzlichen Auftrages bewusst sein.

Dazu gehört auch, dass sie sich Klarheit über ihre eigene Haltung verschafft. Sie muss sich selbst bewusst machen, welche **Inhalte** und **Ziele** ihre Tätigkeit umfasst, damit sie diese auch gegenüber Sorgeberechtigten, Behörden und anderen Beteiligten selbstbewusst und nachdrücklich vertreten kann. Nur so kann der Schritt in die Selbstständigkeit gelingen. Wer sich immer wieder von anderen um den Finger wickeln lässt und Zugeständnisse macht, die er eigentlich nicht machen will, oder sich aus Unwissenheit übervorteilen lässt, wird auf Dauer nicht erfolgreich sein. Sich durchsetzen und auf sein Recht bestehen kann jedoch nur jemand, der sich auskennt und seine eigene Meinung vertreten kann.

Jede Tagespflegeperson muss sich daher auch mit bestimmten **rechtlichen Fragen** auseinandersetzen; sie sollte wissen, auf welche Rechtsquellen sich ihre Tätigkeit stützt und welche Gesetze darüber hinaus für die Tagespflege relevant sind. Zudem sollte sie mit bestimmten juristischen Begriffen vertraut sein und auch wissen, wo sie fehlende Informationen finden kann. Eine Tagespflegeperson sollte schließlich Kenntnisse des Vertragsrechts und des Haftungsrechts haben sowie mit datenschutzrechtlichen Regelungen vertraut sein.

Nicht zuletzt muss jede selbstständige Tagespflegeperson **betriebswirtschaftlich** denken und kalkulieren, denn sie ist auch Unternehmerin. So muss sie für sich selbst einen Businessplan erstellen, in dem regelmäßig zu erwartende Einnahmen und Fixkosten (Ausgaben) einander gegenüberstehen. Dabei sind Beiträge zur Kranken- und Rentenversicherung ebenso zu berücksichtigen wie die zu entrichtende Einkommensteuer. Auch einkommenslose Ausfallzeiten, die man überbrücken muss, sowie Rücklagen für außergewöhnliche Anschaffungen sollten mit einkalkuliert werden.

Im Rahmen meiner langjährigen Dozententätigkeit in der Qualifizierung von Tagespflegepersonen für die Bereiche rechtliche und finanzielle Grundlagen, Versicherungen und Steuern musste ich immer wieder feststellen, dass die Kursteilnehmer von der Flut der Informationen geradezu „erschlagen" werden, während gleichzeitig die für die Qualifizierung eingeplanten Stunden oftmals nur einen beschränkten Einblick in die einzelnen Themen ermöglichen.

Der stetige Austausch mit den Teilnehmerinnen meiner Kurse hat mich dazu veranlasst, auf **immer wiederkehrende allgemeine Fragestellungen** einzugehen und zugleich einen Überblick über die für die Kindertagespflege relevanten rechtlichen und finanziellen Grundlagen zu verschaffen. Viele Teilnehmerinnen haben jedoch auch sehr **spezielle und individuelle Fragen**. Auf viele solcher typischen Einzelfragen gehe ich daher ausführlicher ein und veranschauliche sie anhand von praxisbezogenen Beispielen.

Es versteht sich von selbst, dass nicht jede mögliche Konstellation berücksichtigt werden kann. Die Hinweise in den Kapiteln sowie die **Formulare** und **Muster** im Anhang sollten es dem Leser jedoch ermöglichen, auch für seinen persönlichen Fall eine Antwort zu finden. Weiterführend informieren können Sie sich unter ausgewählten Internetlinks und bei verschiedenen Verbänden und Behörden. Eine Auswahl an **Adressen** finden Sie ebenfalls im Anhang.

Das vorliegende Buch ist für bereits in der Tagespflege Tätige ebenso gedacht wie für diejenigen, die eine solche Tätigkeit erst planen, für Selbstständige ebenso wie für Angestellte. Kenntnisse der Kindertagespflege spielen auch in der Ausbildung von Erzieherinnen, Kinderpflegerinnen und Sozialpädagogen verstärkt eine Rolle, sodass Inhalte der Tagespflegequalifizierung vermehrt in die Lehrpläne integriert werden. Das Buch soll daher auch **Fachberatern und Ausbildern** als Hilfestellung für ihre tägliche Praxis dienen und es ihnen ermöglichen, spezifische Fragen zu den rechtlichen Rahmenbedingungen fundiert beantworten zu können.

Kindertagespflege wird nicht nur von Frauen geleistet, daher ist in diesem Buch immer von „Tagespflegepersonen" die Rede. Gemeint sind damit im Übrigen selbstverständlich auch Tagespflegepersonen mit einer anerkannten pädagogischen Ausbildung. Der Einfachheit halber wird in loser Folge die weibliche und männliche Form verwendet – gemeint sind damit immer beide Geschlechter.

Ganz herzlich danke ich den Mitarbeitern des Cornelsen Verlags für die engagierte redaktionelle Betreuung. Ein besonderer Dank gilt meiner Lektorin Dietlind Grüne. Sie hat meine Texte von allzu viel „Juristendeutsch" befreit und darauf geachtet, dass Sie als Leser nie den roten Faden verlieren. Durch ihre Erfahrungen und Kenntnisse verschiedener sozialer Bereiche konnte sie manches Mal meinen Blick aufs Wesentliche lenken und hat durch gezieltes Nachfragen und viele hilfreiche Anmerkungen für Klarheit und Verständlichkeit gesorgt.

Ich wünsche allen, die sich mit den rechtlichen und finanziellen Rahmenbedingungen der Kindertagespflege auseinandersetzen, dass ihnen das vorliegende Buch eine Hilfestellung ist und bisher offene Fragen zufriedenstellend beantwortet.

Berlin, im Februar 2011

Mirjam Taprogge-Essaida

Inhaltsverzeichnis

A	**Rechtliche Grundlagen**	12
1	Einführung	12
2	Die Rechte der Kinder	13
2.1	Die UN-Kinderrechtskonvention	13
2.1.1	Die vier Grundprinzipien	13
2.1.2	Einzelrechte	14
2.2	Das Grundgesetz der Bundesrepublik Deutschland	15
2.3	Das SGB VIII oder Kinder- und Jugendhilfegesetz	16
2.3.1	Begriffsbestimmungen	16
2.3.2	Aufgaben der Kinder- und Jugendhilfe	17
2.3.3	Träger der Jugendhilfe	18
2.3.4	Die Tätigkeitsfelder der Jugendhilfe im Einzelnen	19
2.4	Das Bürgerliche Gesetzbuch	22
2.4.1	Personensorge	22
2.4.2	Vermögenssorge	23
2.4.3	Gesetzliche Vertretung	23
3	Rechtliche Voraussetzungen für die Kindertagespflege	24
3.1	Zielgruppe	24
3.1.1	Die Rechtslage ab 1. August 2013	25
3.2	Der Förderungsauftrag	25
3.3	Die Erlaubnis zur Kindertagespflege (Pflegeerlaubnis)	26
3.3.1	Eignung für die Kindertagespflege	27
3.3.2	Versagung der Pflegeerlaubnis	31
3.3.3	Erteilung der Pflegeerlaubnis	32
3.3.4	Großtagespflegestelle	32
3.3.5	Zusammenschluss von Tagespflegepersonen	33
3.4	Vermittlung	33
3.4.1	Vermittlung durch das Jugendamt	33
3.4.2	Vermittlung durch einen freien Träger der Jugendhilfe	33
3.4.3	Selbst organisierte Kindertagespflege	33
B	**Unternehmen Kindertagespflege**	34
1	Arbeitsrechtlicher Status: Tagespflegeperson und Kinderbetreuer	34
1.1	Selbstständige Tätigkeit	34
1.1.1	Scheinselbständigkeit	34
1.1.2	Selbstständigkeit mit nur einem Auftraggeber	35
1.2	Unselbstständige Tätigkeit	35
1.2.1	Rechte aus dem Arbeitsvertrag	36

2	Abgrenzung nebenberufliche und hauptberufliche Tätigkeit	40
2.1	Nebenberufliche Tätigkeit	40
2.2	Hauptberufliche Tätigkeit	40
3	Kindertagespflege in der Mietwohnung	41
4	Gewerbeschein	42
5	Vergütung	42
5.1	Private Vergütung	42
5.2	Finanzielle Förderung	42
5.2.1	Pflegegeld und Erziehungsgeld	43
5.2.2	Übernahme der Kosten für eine Unfallversicherung	43
5.2.3	Zuschüsse zu Kranken- und Rentenversicherung	44
5.2.4	Zuschüsse bei nicht geförderter Kindertagespflege	45
5.2.5	Kostenbeteiligung	45
5.3	Finanzielle Förderung und private Zuzahlung	46
6	Geschäftskonto	46
7	Investitionskostenzuschuss	47
8	Anrechnung des Einkommens auf staatliche Leistungen	47
8.1	Elterngeld	48
8.2	Arbeitslosengeld I	48
8.2.1	Existenzgründungszuschuss	49
8.3	Arbeitslosengeld II	49
8.3.1	ALG II und öffentlich geförderte Kindertagespflege	50
8.3.2	Private Kindertagespflege	51
8.3.3	Einstiegsgeld	52
8.4	Wohngeld	52
8.5	Altersrente	52
8.6	Erwerbsminderungsrente	53
8.7	Hinterbliebenenrente	53
C	**Der Betreuungsvertrag**	**54**
1	Rechtliche Einordnung	55
2	Inhalte eines Betreuungsvertrages	56
2.1	Personendaten	56
2.2	Betreuungsbeginn, Betreuungszeiten und Betreuungsort	56
2.3	Erziehungsgrundsätze und -nachweise	56
2.4	Eingewöhnungsphase	57
2.5	Vergütung, Zahlungsmodalitäten und Zusatzvereinbarungen	58
2.6	Regelungen für den Krankheitsfall	58
2.7	Urlaub und betreuungsfreie Tage	59
2.7.1	Vorschlag für eine sinnvolle Regelung	60

2.8	Versicherungen	60
2.9	Beendigung des Vertragsverhältnisses	60
2.9.1	Ordentliche Kündigung	60
2.9.2	Außerordentliche Kündigung	61
2.9.3	Aufhebungsvertrag	61
2.10	Schweigepflicht und Datenschutz	61
2.11	Schriftform	61
2.12	Salvatorische Klausel	61
2.13	Vollmachten und Anlagen	62
2.14	Gerichtsstandvereinbarung	62
2.15	Sonstiges	62
3	Kaution, Reservierungsgebühr und Vertragsstrafe	63
3.1	Erläuterung der Rechtsbegriffe	63
3.1.1	Kaution	63
3.1.2	Reservierungsgebühr	63
3.2	Ziel der Klauseln	64
3.3	Rechtliche Möglichkeiten	64
3.3.1	Kündigung vor Vertragsbeginn	64
3.3.2	Reugeld (Abfindung)	65
3.3.3	Vertragsstrafe	65
3.3.4	Selbstständiges Schuldversprechen	65
3.3.5	Zusammenfassung	66
4	Durchsetzung von Vergütungsansprüchen	66
4.1	Vertragsinhalt	66
4.2	Verzug und Zahlungsaufforderung	66
4.3	Annahmeverzug	67
4.4	Mahnbescheid	68
4.5	Vollstreckungsbescheid	68
4.6	Klage	68
5	Medikamentengabe in der Tagespflege	69
D	**Versicherungen**	**70**
1	Unfallversicherung	70
1.1	Die Unfallversicherung der Tagespflegeperson	70
1.1.1	Selbstständige Tagespflegepersonen	70
1.1.2	Angestellte Tagespflegepersonen	71
1.2	Die Unfallversicherung für das Tageskind	71
2	Krankenversicherung	71
2.1	Selbstständige Tagespflegepersonen	71
2.1.1	Familienversicherung in der gesetzlichen Krankenversicherung	72

2.1.2	Freiwillige gesetzliche Krankenversicherung	72
2.1.3	Private Krankenversicherung	73
2.2	Abhängig beschäftigte Tagespflegepersonen	74
2.3	Abhängige Beschäftigung und nebenberufliche Selbstständigkeit	74
3	Haftpflichtversicherung	74
3.1	Haftung	74
3.2	Aufsichtspflicht	75
3.2.1	Aufsichtspflichtige Person	75
3.2.2	Unmittelbare Aufsichtspflicht	75
3.2.3	Mittelbare Aufsichtspflicht	76
3.2.4	Beginn und Ende der Aufsichtspflicht	76
3.2.5	Folgen einer Aufsichtspflichtverletzung	76
3.3	Mitnahme im Pkw	78
4	Rentenversicherung	78
4.1	Angestellte Tagespflegepersonen	78
4.2	Selbstständige Tagespflegepersonen	78
4.2.1	Beitragsbemessung	80
4.2.2	Riester-Förderung für verheiratete Selbstständige	81
5	Arbeitslosenversicherung	82
6	Berufsunfähigkeitsversicherung	82
7	Rechtschutzversicherung	82
8	Berechnungsbeispiele zu den Versicherungsbeiträgen	83
E	**Steuern**	**84**
1	Meldung an das Finanzamt	84
1.2	Hinweise zum Fragebogen	84
2	Die Einkommensteuererklärung	84
2.1	Steuerfreibetrag	85
2.2	Das „zu versteuernde Einkommen"	85
2.2.1	Die Betriebsausgabenpauschale	86
2.2.2	Der Einzelnachweis	86
2.3	Das Ausfüllen der Formulare	87
2.3.1	Der Mantelbogen	87
2.3.2	Die Anlage EÜR (Einnahmen-Überschuss-Rechnung)	87
2.3.3	Anlage S (Selbstständige Tätigkeit)	87
2.3.4	Anlage Vorsorgeaufwand	88
2.3.5	Anlage AV (Altersvorsorgebeiträge)	88
2.3.6	Anlage Kind	89
2.3.7	Ausfüllhilfen	89
3	Rechnungen	89

4	Einkommensteuervorauszahlung	90
5	Umsatzsteuer	90
6	Beispiele zur Höhe der Einkommensteuer	91
7	Zusammenschluss (GbR)	91
F	**Schweigepflicht und Datenschutz**	**92**
1	Schweigepflicht	92
1.1	Die Schweigepflicht im StGB	92
1.2	Vertraglich vereinbarte Schweigepflicht	92
2	Datenschutz	93
2.1	Sozialdaten	93
2.2	Datenerhebung	94
2.3	Datenübermittlung	94
3	Exkurs Kindeswohlgefährdung	95
G	**Landesrecht**	**96**
1	Baden-Württemberg	96
2	Bayern	97
3	Berlin	98
4	Brandenburg	100
5	Bremen	101
6	Hamburg	102
7	Hessen	104
8	Mecklenburg-Vorpommern	104
9	Niedersachsen	106
10	Nordrhein-Westfalen	107
11	Rheinland-Pfalz	108
12	Saarland	109
13	Sachsen	110
14	Sachsen-Anhalt	111
15	Schleswig-Holstein	112
16	Thüringen	113
17	Die Regelungen der Bundesländer im Überblick	114
H	**Anhang**	
	Muster und Formulierungsvorschläge	118
	Muster Betreuungsvertrag und Anlagen	121
	Adressen und Links	133
	Weiterführende Literatur	135
	Glossar	136
	Formulare	138

A Rechtliche Grundlagen

1 Einführung

Die rechtlichen Grundlagen für die Kindertagespflege sind in zahlreichen nationalen Gesetzen festgeschrieben. Wichtig für Tagespflegepersonen sind vor allem

- das Grundgesetz (GG),
- das Bürgerliche Gesetzbuch (BGB),
- das Sozialgesetzbuch VIII (SGB VIII), auch Kinder- und Jugendhilfegesetz (KJHG) genannt,
- das Strafgesetzbuch (StGB)
- und die jeweiligen Landesgesetze.

In den verschiedenen Vorschriften werden auch für Tagespflegepersonen wichtige rechtliche Begriffe erklärt, z. B.:

- Kind ist, wer das 14. Lebensjahr noch nicht erreicht hat (§ 7 SGB VIII).
- Tagespflegeperson ist die Person, die ein Kind für einen Teil des Tages oder ganztags im eigenen Haushalt oder im Haushalt der Personensorgeberechtigten betreut (§ 43 SGB VIII).
- Personensorgeberechtigter ist, wem alleine oder gemeinsam mit anderen die Sorge für eine andere Person zusteht (§§ 1626, 1631, 1773 BGB [→ Kap. 2.4.1]).

2 Die Rechte der Kinder

Bei allen Belangen, die Kinder und Jugendliche betreffen, sind immer deren Rechte zu berücksichtigen. Diese sind in Landes- und Bundesgesetzen festgeschrieben.

Dabei müssen auch die sogenannten Grundrechte der Kinder beachtet werden, die völkerrechtlich verbindlich von der Vollversammlung der Vereinten Nationen am 20. November 1989 als UN-Konvention über die Rechte des Kindes (UN-Kinderrechtskonvention) verabschiedet worden sind. Bis auf die USA und Somalia haben alle Staaten der Erde diese Konvention ratifiziert, d. h. verbindlich anerkannt. In der Bundesrepublik Deutschland ist sie am 5. April 1992 in Kraft getreten. Dabei wurden die Forderungen der Konvention fast lückenlos in das nationale Recht übernommen.

2.1 Die UN-Kinderrechtskonvention

Die UN-Kinderrechtskonvention verpflichtet die Vertragsstaaten, in Gesetzen, Regelungen und Maßnahmen die Prinzipien der Konvention umzusetzen.

Das Abkommen gilt für alle Kinder und Jugendlichen bis zum Alter von 18 Jahren, unabhängig von ihrer Hautfarbe, ihrem Geschlecht, ihrer Sprache, ihrer nationalen, ethnischen oder sozialen Herkunft, ihrer Religion, ihrer politischen Überzeugung, einer Behinderung oder irgendeines sonstigen Status (vgl. Artikel 2). Das Wohl des Kindes steht bei allen Maßnahmen im Vordergrund. Dabei müssen die Aufgaben, Rechte und Pflichten der Eltern oder anderer Sorgeberechtigter respektiert und unterstützt werden.

Die 54 Artikel der Konvention verknüpfen politische Bürgerrechte mit den kulturellen, wirtschaftlichen und sozialen Rechten der Kinder in einem völkerrechtlich bindenden Vertrag. Die unterzeichnenden Staaten verpflichten sich, Kindern menschenwürdige Lebensbedingungen zu ermöglichen, unabhängig von den individuellen Moral- und Wertevorstellungen ihrer Gesellschaften.

Wer die UN-Kinderrechtskonvention im Originaltext lesen möchte, kann diese unter folgendem Link im Internet abrufen:

www.national-coalition.de/pdf/UN-Kinderrechtskonvention.pdf
[Stand März 2011]

2.1.1 Die vier Grundprinzipien

UNICEF, die Kinderrechtsorganisation der UNO, fasst die 54 Artikel der Konvention in vier Grundprinzipien zusammen:

- **Recht auf Gleichbehandlung:** Kein Kind darf benachteiligt werden – sei es wegen seines Geschlechts, seiner Herkunft, seiner Staatsbürgerschaft, seiner Sprache, Religion oder Hautfarbe, einer Behinderung oder wegen seiner politischen Ansichten.
- **Kindeswohl:** Wann immer Entscheidungen getroffen werden, die Kinder betreffen, muss primär das Wohl des Kindes beachtet werden – dies gilt in der Familie ebenso wie für das Handeln des Staates.
- **Recht auf Leben und Entwicklung:** Das Überleben und die Entwicklung aller Kinder müssen sichergestellt werden.
- **Achtung der Meinung und des Willens des Kindes:** Alle Kinder sollen als Personen ernst genommen und respektiert werden. Das heißt auch, sie gemäß ihrem Alter und ihrer Reife angemessen in Entscheidungen, die ihre Person betreffen, einzubeziehen.

2.1.2 Einzelrechte

Aus den vier Grundprinzipien, die die Konvention prägen, ergeben sich zahlreiche Einzelrechte, die in drei Gruppen eingeteilt werden können:

- **Überlebensrechte:** Hierzu zählen u. a. das Recht auf Leben, auf gesunde Ernährung und medizinische Versorgung, auf Bildung, angemessene Lebensbedingungen, eine menschenwürdige Wohnung sowie auf soziale Sicherheit. Zu den wichtigsten Rechten von Kindern gehört überdies das Recht auf einen Namen, auf Eintrag in ein Geburtsregister und auf eine Staatsangehörigkeit.

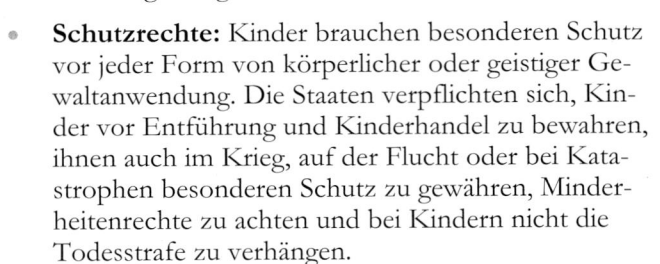

- **Schutzrechte:** Kinder brauchen besonderen Schutz vor jeder Form von körperlicher oder geistiger Gewaltanwendung. Die Staaten verpflichten sich, Kinder vor Entführung und Kinderhandel zu bewahren, ihnen auch im Krieg, auf der Flucht oder bei Katastrophen besonderen Schutz zu gewähren, Minderheitenrechte zu achten und bei Kindern nicht die Todesstrafe zu verhängen.

- **Kulturelle, Informations- und Beteiligungsrechte:** Kinder haben ein Recht auf freie Meinungsäußerung und auf altersgerechten Zugang zu Informationen und Medien, die von sozialem und kulturellem Nutzen sind. Die Staaten sind dazu angehalten, das Recht der Kinder auf Gedanken-, Gewissens- und Religionsfreiheit zu achten. Kinder haben ein Recht auf Beteiligung am kulturellen und künstlerischen Leben.

Im Einzelnen ausformuliert lauten diese Rechte:

> Artikel 6 (Recht auf Leben): Das Überleben und die Entwicklung des Kindes sind in größtmöglichem Umfang zu gewährleisten.
>
> Artikel 9 (Trennung von den Eltern/persönlicher Umgang): Wenn ein Kind von einem oder beiden Elternteilen getrennt wird, hat es ein Recht darauf, mit beiden Kontakt zu haben.
>
> Artikel 16 (Schutz der Privatsphäre und Ehre): Kinder haben ein Recht darauf, dass ihr Privatbereich (Familie, Wohnung, Schriftverkehr, Ehre und Ruf) respektiert wird.
>
> Artikel 23 (Förderung behinderter Kinder): Kinder mit Behinderungen haben die gleichen Rechte wie alle anderen Kinder. Aber sie brauchen besondere Pflege, Zuwendung und Unterstützung. Benötigen die Eltern hierzu finanzielle Hilfe, wird dies vom Staat auf Antrag übernommen.
>
> Artikel 24, 26, 27 (Gesundheitsvorsorge, soziale Sicherheit und angemessene Lebensbedingungen): Jedes Kind hat ein Recht auf ausreichende Nahrung sowie auf Kleidung, Schulbildung und ein Dach über dem Kopf. Jedem Kind ist Zugang zu Gesundheitsdiensten zu ermöglichen.
>
> Artikel 28 (Recht auf Bildung): Der unentgeltliche Besuch der Grundschule ist Pflicht. Der Zugang zu Hochschulen soll entsprechend der Fähigkeit des Kindes eröffnet sein.

Rechtliche Grundlagen

Artikel 19 und 34 (das Recht, nicht geschlagen oder misshandelt zu werden): Gewalt gegen Kinder ist verboten. Kinder sind vor jeder Form körperlicher oder seelischer Gewaltanwendung, Misshandlung, vor Verwahrlosung oder Vernachlässigung, vor schlechter Behandlung oder Ausbeutung zu schützen. Der Schutz vor sexuellem Missbrauch ist explizit geregelt.

Artikel 31 (das Recht auf Beteiligung am kulturellen und künstlerischen Leben und Freizeit): Kinder haben das Recht auf Ruhe und Freizeit, auf Spiel und Erholung.

Artikel 32 (das Recht, nicht ausgebeutet zu werden): Kinder dürfen nicht zu Arbeiten gezwungen werden, die gefährlich oder gesundheitsschädlich sind.

Aus den Kinderrechten ergeben sich die Elternpflichten. Das heißt, im familiären Bereich sind vorrangig die Eltern dafür verantwortlich, die in der UN-Konvention genannten Rechte der Kinder bestmöglich zu erfüllen.

2.2 Das Grundgesetz der Bundesrepublik Deutschland

Nach dem Grundgesetz der Bundesrepublik Deutschland haben Eltern nicht nur ein natürliches Recht auf die Pflege und Erziehung ihrer Kinder, sondern sie sind dazu auch verpflichtet:

Artikel 6: „Pflege und Erziehung der Kinder sind das natürliche Recht der Eltern und die zuvörderst ihnen obliegende Pflicht. Über ihre Betätigung wacht die staatliche Gemeinschaft.

Gegen den Willen der Erziehungsberechtigten dürfen Kinder nur aufgrund eines Gesetzes von der Familie getrennt werden, wenn die Erziehungsberechtigten versagen oder wenn die Kinder aus anderen Gründen zu verwahrlosen drohen.

Jede Mutter hat Anspruch auf den Schutz und die Fürsorge der Gemeinschaft.

Den unehelichen Kindern sind durch die Gesetzgebung die gleichen Bedingungen für ihre leibliche und seelische Entwicklung und ihre Stellung in der Gesellschaft zu schaffen wie den ehelichen Kindern."

Quelle: Grundgesetz der Bundesrepublik Deutschland

www.gesetze-im-internet.de/gg/index.html
[Stand März 2011]

Selbstständige Kinderrechte ergeben sich dagegen teilweise aus der allgemeinen Schutzpflicht des Staates in Bezug auf die Grundrechte, insbesondere gehen sie aus Artikel 1 (Menschenwürde) und Artikel 2 (persönliche Freiheit) hervor.

Zwar hat das Bundesverfassungsgericht längst klargestellt, dass das Kind „als Wesen mit eigener Menschenwürde" anerkannt werden müsse; eigenständige Kinderrechte formuliert das Grundgesetz allerdings noch nicht. Seit Jahren wird – bisher ergebnislos – darüber diskutiert, ob in die deutsche Verfassung eigene Kindergrundrechte aufgenommen werden sollen.

2.3 Das SGB VIII oder Kinder- und Jugendhilfegesetz

Nicht immer können Eltern ihrer Erziehungsverantwortung eigenständig und in umfassender Weise nachkommen. Das Kinder- und Jugendhilfegesetz soll der Gefährdung des Kindeswohls vorbeugen, Hilfestellung in Notsituationen bieten sowie den Schutz von Kindern, Jugendlichen und jungen Erwachsenen gewährleisten. Die Jugendämter sind aufgrund des SGB VIII zur Hilfe verpflichtet. Das Gesetz schafft also den Rahmen für die Unterstützung von Sorgeberechtigten, Eltern, jungen Erwachsenen, Jugendlichen und Kindern.

Das SGB VIII ist durch das Tagesbetreuungsausbaugesetz (TAG) und durch das Gesetz zur Weiterentwicklung der Kinder- und Jugendhilfe (KICK) erheblich verändert worden. Zum 1. Januar 2009 trat durch das Kinderförderungsgesetz (KiFöG) eine weitere Änderung in Kraft. Darin sind weitere Konkretisierungen enthalten, die für den Ausbau der Kindertagesbetreuung und der öffentlichen Förderung insbesondere von Kindern unter drei Jahren erforderlich waren.

Alle Bundesländer müssen das SGB VIII anwenden, haben darüber hinaus jedoch zum Teil noch eigene Landesgesetze und weitere Regelungen, um die Kindertagespflege praxisorientiert umsetzen zu können [→ Teil G Landesrecht]. Das SGB VIII im Wortlaut finden Sie im Internet unter folgendem Link:

www.gesetze-im-internet.de/sgb_8/
[Stand: März 2011]

2.3.1 Begriffsbestimmungen

Im SGB VIII wird von Sorgeberechtigten, jungen Volljährigen, jungen Menschen und Kindern gesprochen. Diese Begriffe erschließen sich nicht von selbst und sind daher erklärungsbedürftig. Für das Verständnis der Einzelaspekte des KJHG ist es wichtig, dass die Leser mit den entsprechenden Definitionen vertraut sind.

Beispiel Frau Meier ist alleinerziehend und hat drei schulpflichtige Kinder im Alter von 7, 9 und 14 Jahren. Da sie voll berufstätig ist und die Betreuung der Kinder nicht durch Familie oder Schule sichergestellt werden kann, überlegt sie, die Kinder in einer Kindertagespflegestelle betreuen zu lassen. Sie fragt sich, ob alle drei Kinder einen Anspruch auf öffentliche Förderung haben. Im SGB VIII findet sie den § 23. Dort heißt es: „Die Förderung in Kindertagespflege ... umfasst die Vermittlung des Kindes zu einer geeigneten Tagespflegeperson ... sowie die Gewährung einer laufenden Geldleistung an die Tagespflegeperson." Frau Meier wendet sich erwartungsfroh an das zuständige Jugendamt und wird enttäuscht: Die Betreuung für das älteste Kind könne nicht öffentlich gefördert werden, so die Auskunft des Jugendamtes.

Rechtliche Grundlagen

Im § 7 im SGB VIII wird erläutert, in welchem Sinne zentrale Personenbezeichnungen innerhalb des Gesetzes verwendet werden:

- Kind ist, wer noch nicht 14 Jahre alt ist.
- Jugendlicher ist, wer 14, aber noch nicht 18 Jahre alt ist.
- Junger Volljähriger ist, wer 18, aber noch nicht 27 Jahre alt ist.
- Junger Mensch ist, wer noch nicht 27 Jahre alt ist.
- Personensorgeberechtigter ist, wem allein oder gemeinsam mit einer anderen Person nach den Vorschriften des Bürgerlichen Gesetzbuchs die Personensorge zusteht [→ Kap. 2.4.1].
- Erziehungsberechtiger ist der Personensorgeberechtigte und jede sonstige Person über 18 Jahre, die aufgrund einer Vereinbarung mit dem Personensorgeberechtigten nicht nur vorübergehend und nicht nur für einzelne Verrichtungen Aufgaben der Personensorge wahrnimmt.

Beispiel Nachdem sie diese Vorschrift gelesen hat, ist Frau Meier klar, warum für das älteste Kind keine öffentliche Förderung gewährt wird: Mit seinen 14 Jahren gilt es nicht mehr als Kind im Sinne des Gesetzes, sondern ist Jugendlicher. Damit ist eine öffentliche Förderung in Kindertagespflege für dieses Kind nicht mehr möglich.

2.3.2 Aufgaben der Kinder- und Jugendhilfe

Die grundlegenden Aufgaben der Kinder- und Jugendhilfe werden in § 1 Absatz 3 des Gesetzes beschrieben. Danach soll diese

- junge Menschen in ihrer individuellen und sozialen Entwicklung fördern und dazu beitragen, Benachteiligungen zu vermeiden oder abzubauen,
- Eltern und andere Erziehungsberechtigte bei der Erziehung beraten und unterstützen,
- Kinder und Jugendliche vor Gefahren für ihr Wohl schützen,
- dazu beitragen, positive Lebensbedingungen für junge Menschen und ihre Familien sowie eine kinder- und familienfreundliche Umwelt zu erhalten oder zu schaffen.

Kinder- und Jugendhilfe wird vor allem auf den Gebieten der Kinderbetreuung, der Jugendarbeit und Jugendsozialarbeit, des Kinder- und Jugendschutzes sowie der Förderung der Familie geleistet. Darüber hinaus bietet sie Hilfe in Krisen- und Belastungssituationen an.

Neben den Leistungsangeboten hat die Kinder- und Jugendhilfe noch weitere Aufgaben. So sind die Jugendämter bei einer akuten Gefährdungslage zur Inobhutnahme berechtigt und verpflichtet; dabei sollen mit den Kindern oder Jugendlichen ihre Nöte und Ängste besprochen werden, um mit ihnen nach geeigneten Hilfen zu suchen. Zu den Aufgaben des Jugendamtes gehört außerdem die Unterbringung von Kindern und Jugendlichen in Krisensituationen bei geeigneten Personen oder in geeigneten Einrichtungen (§ 42). Schließlich ist die Kinder- und Jugendhilfe zur Mitwirkung in vormundschafts- und familiengerichtlichen Verfahren verpflichtet (§ 50).

2.3.3 Träger der Jugendhilfe

Die Kinder- und Jugendhilfe ist im Wesentlichen eine kommunale Aufgabe; dabei wird zwischen öffentlichen und freien Trägern unterschieden. Die Kommunen als **öffentliche Träger** der öffentlichen Jugendhilfe sind verpflichtet, Jugendämter einzurichten (§ 69). Diese bestehen aus der Verwaltung, also den Mitarbeiterinnen, die die konkreten Aufgaben der Jugendhilfe wahrnehmen, und dem Jugendhilfeausschuss, der die Leitlinien der örtlichen Jugendpolitik bestimmt (§ 70).

Die Leistungen der Kinder- und Jugendhilfe werden einerseits durch die Jugendämter der Städte oder Landkreise erbracht, andererseits durch **Träger der freien Jugendhilfe**. Ziel ist eine Vielfalt von Trägern unterschiedlicher Wertorientierungen sowie von Inhalten, Methoden und Arbeitsformen (§ 3 Absatz 1).

Der Begriff „Träger der freien Jugendhilfe" ist im Gesetz nicht definiert. Es kann sich dabei um Vereine, Selbsthilfegruppen oder Initiativen handeln. Freie Träger der Jugendhilfe können darüber hinaus aber auch andere Zusammenschlüsse von Personen sein, deren Tätigkeit gemeinnützig ist und sich auf Aufgaben der Jugendhilfe bezieht. Diese Träger sind zu unterscheiden von den **anerkannten Trägern der freien Jugendhilfe**. Anerkannte Träger sind vor allem die Kirchen und Religionsgemeinschaften, die Wohlfahrtsverbände und die Jugendverbände (§ 75 Absatz 3). Träger der freien Jugendhilfe können anerkannt werden, wenn sie sich nicht allein auf die Vermittlung einzelner Kenntnisse und Fähigkeiten beschränken, sondern auch bestimmte Kriterien erfüllen (§ 75 Absatz 1 und 2).

Öffentliche Träger	Nach § 75 Absatz 3 anerkannte freie Träger	Freie Träger
Bund	katholische Kirche (Caritas)	Vereine
Landkreise	evangelische Kirche (Diakonie)	Jugendverbände
Kreisfreie Städte	Deutscher Paritätischer Wohlfahrtsverband	Selbsthilfegruppen
Stiftungen des öffentlichen Rechts	Arbeiterwohlfahrt	juristische Personen (e. V., GmbH)
	Deutsches Rotes Kreuz	Personenvereinigungen

Tab. 1: Beispiele für unterschiedliche Trägerschaften

Die Träger der öffentlichen Jugendhilfe können anerkannte Träger der freien Jugendhilfe an der Durchführung ihrer Aufgaben beteiligen oder ihnen diese Aufgaben ganz übertragen. So können anerkannte Träger der freien Jugendhilfe auch damit betraut werden, Kinder und Jugendliche in Obhut zu nehmen, die Erlaubnis zur Kindertagespflege zu erteilen, in Verfahren mitzuwirken oder Pfleger und Vormünder zu beraten und zu unterstützen. Dabei obliegt die Verantwortung für die Erfüllung der Aufgaben weiterhin den Trägern der öffentlichen Jugendhilfe.

Nur die Träger der öffentlichen Jugendhilfe sind *verpflichtet*, eine Leistung zu erbringen. Diese Verpflichtung kann einen unterschiedlichen Grad annehmen: Die Träger „müssen", „können" oder „sollen" eine Leistung erbringen. Ein Rechtsanspruch auf eine Leistung besteht nur dann, wenn die jeweilige Vorschrift einen unmittelbaren Anspruch des Einzelnen gegenüber dem Staat formuliert. Dies ist beispielsweise in § 27 (Hilfe zur Erziehung) der Fall, in § 11 (Jugendarbeit) oder § 13 (Jugendsozialarbeit) dagegen nicht. Das bedeutet: Es gibt einen Anspruch auf Hilfe zur Erziehung, es gibt aber keinen Anspruch auf ein Angebot Jugendsozialarbeit.

Alle Bundesländer haben die Vorgaben des SGB VIII für die Kinder- und Jugendhilfe durch eigene Landesgesetze ergänzt [→ Teil. G]. Sie haben außerdem die Aufgabe, die Arbeit der Kommunen zu ergänzen und zu unterstützen. Um dieser Verpflichtung nachzugehen, haben die Bundesländer Landesjugendämter errichtet, die die Träger der Jugendhilfe beraten und fortbilden. Die Aufgaben des Landesjugendamts werden durch den Landesjugendhilfeausschuss und die Verwaltung des Landesjugendamtes wahrgenommen (§ 70 Absatz 3).

2.3.4 Die Tätigkeitsfelder der Jugendhilfe im Einzelnen

Jugendarbeit, Jugendsozialarbeit sowie erzieherischer Kinder- und Jugendschutz

Die **Jugendarbeit** ist ein Gebiet der Jugendhilfe, das die Entwicklung junger Menschen durch außerschulische Angebote wie Bildung, Sport, Spiel und Geselligkeit fördern will (§ 11). Die Angebote sollen an die Interessen junger Menschen anknüpfen, von ihnen mitbestimmt und mitgestaltet werden. Jugendarbeit wird sowohl von Trägern der öffentlichen Jugendhilfe als auch von freien Trägern angeboten. Das KJHG nennt in diesem Zusammenhang Angebote von Vereinen ebenso wie die offene Jugendarbeit. Zu den Schwerpunkten der Jugendarbeit gehören weiterhin der internationale Jugendaustausch und die Kinder- und Jugenderholung.

Im Rahmen der **Jugendsozialarbeit** werden jungen Menschen mit sozialen Benachteiligungen oder individuellen Beeinträchtigungen sozialpädagogische Hilfen angeboten (§ 13). Im Unterschied zur Jugendarbeit ist die Zielgruppe hier eingegrenzt: Es muss einen konkreten persönlichen Bedarf für das Angebot geben. Ziel ist es, die schulische und berufliche Ausbildung, die Eingliederung in die Arbeitswelt und die allgemeine soziale Integration zu fördern.

Ein weiteres Aufgabengebiet der Jugendhilfe ist der **erzieherische Kinder- und Jugendschutz** (§ 14). Dessen umfangreiche Angebote sollen junge Menschen zu Kritik- und Entscheidungsfähigkeit sowie zu einer eigenverantwortlichen Lebensführung befähigen, damit sie sich vor gefährlichen Einflüssen schützen können. Auch Eltern und Erziehungsberechtigte sollen dabei unterstützt werden, Kinder und Jugendliche vor gefährdenden Einflüssen zu bewahren. So gibt es zum Beispiel Angebote zur Medienerziehung oder zur Sexualerziehung, Informationen über Drogen, Aids und andere gesundheitliche Risiken, zu Sekten und Okkultismusbewegungen.

Förderung der Erziehung in der Familie

Müttern, Vätern, anderen Erziehungsberechtigten und jungen Menschen bietet die Jugendhilfe **Leistungen zur allgemeinen Förderung der Erziehung in der Familie** an (§ 16). Dazu gehören insbesondere Angebote der Familienbildung, der Beratung sowie der Familienfreizeit und Familienerholung.

Des Weiteren haben Mütter und Väter Anspruch auf **Beratung in Fragen der Partnerschaft**, wenn sie für ein Kind oder einen Jugendlichen sorgen (§ 17). Diese Beratung soll vor allem dazu beitragen, dass die Partner bei Trennung oder Scheidung eine einvernehmliche, akzeptable Lösung für die elterliche Sorge finden können.

Die gemeinsame elterliche Sorge nicht verheirateter Eltern ist möglich, oft muss die Erziehungsverantwortung jedoch ausschließlich von den Müttern wahrgenommen werden. Als Alleinerziehende für ein Kind zu sorgen, ist meist nicht einfach. Oftmals geht es in dieser Situation um die Regelung von Unterhaltsansprüchen oder die Vaterschaftsfeststellung. Die Mütter (und Väter) haben hier einen **Anspruch auf Beratung und Unterstützung** (§§ 18, 52a). Jeder Sorgeberechtigte, in dessen Obhut sich ein Kind befindet, kann einen Antrag auf Beistandschaft stellen (§ 1713 BGB, § 55 SGB VIII). Das Jugendamt ist dann verpflichtet, der Mutter (oder dem Vater) einen seiner Mitarbeiter als Beistand zur Ausübung der Personensorge zur Verfügung zu stellen. Besondere Hilfen gewährt das SGB VIII Müttern oder Vätern, die ein Kind unter sechs Jahren zu versorgen haben und aufgrund ihrer Persönlichkeitsentwicklung **Unterstützung bei der Pflege und Erziehung** des Kindes benötigen (§ 19). Dies kann beispielsweise bei Minderjährigen der Fall sein, die noch keine Ausbildung abgeschlossen haben, mangelnde Fähigkeiten zur Alltagsbewältigung oder keine sozialen Bindungen haben. In diesem Fall sollen die Eltern(teile) gemeinsam mit ihren Kindern in einer geeigneten Wohnform betreut werden.

Weitere Unterstützungsmöglichkeiten bestehen für den Fall, dass der Elternteil, der die überwiegende Betreuung des Kindes übernommen hat, aus gesundheitlichen Gründen ausfällt (§ 20). Wird z. B. eine alleinerziehende Mutter krank und können nahe Verwandte oder Freunde nicht einspringen, dann sind **vorübergehende Hilfen zur Versorgung und Betreuung von Kindern** vorgesehen. Dabei soll das Kind im elterlichen Haushalt so lange wie nötig versorgt und betreut werden.

Förderung von Kindern in Tageseinrichtungen und in der Kindertagespflege

Die Kindertagespflege erhält ihre gesetzliche Legitimation insbesondere durch das SGB VIII. Sie steht danach gleichberechtigt neben der Betreuung von Kindern in Tageseinrichtungen. Kindertagespflege ist also eine verantwortungsvolle Tätigkeit mit einem gesetzlichen Auftrag und keine „Gefälligkeit", die man „so eben nebenbei" erledigt.

Die öffentliche Förderung [→ Kap. 3.2] der Kindertagespflege umfasst auch bereits die Vermittlung einer geeigneten Tagespflegeperson – soweit die erziehungsberechtigte Person diese nicht selbst auswählt –, die fachliche Beratung, Begleitung und weitere Qualifizierung der Tagespflegeperson sowie das Gewähren einer laufenden Geldleistung an diese.

Auch die Erziehungsberechtigten haben einen Anspruch auf Beratung in Fragen der Kindertagespflege. Diese kann durch das Jugendamt selbst oder durch Beauftragte des Jugendamts, z.B. Erziehungsberatungsstellen oder freie Träger, erfolgen.

Hilfen zur Erziehung, Eingliederungshilfe für seelisch behinderte Kinder- und Jugendliche, Hilfe für junge Volljährige

Hilfen zur Erziehung

Anspruch auf Hilfen zur Erziehung haben Personensorgeberechtigte, wenn eine dem Wohl des Kindes oder der Jugendlichen entsprechende Erziehung nicht gewährleistet werden kann und wenn die Hilfe für die Entwicklung geeignet und notwendig ist (§ 27). Notwendig ist die Hilfe, wenn ohne sie das Wohl des Kindes oder Jugendlichen nicht gewährleistet ist; geeignet ist sie, wenn das jeweils angestrebte Ziel durch sie erreicht werden kann. Personensorgeberechtigte, die Hilfe, Rat oder Unterstützung benötigen, können sich an das Jugendamt, an eine Beratungsstelle oder an Fachkräfte in Einrichtungen der Kinder- und Jugendhilfe wenden. Im Übrigen haben auch Kinder und Jugendliche das Recht, sich in allen Angelegenheiten der Erziehung und Entwicklung an das Jugendamt zu wenden (§ 8 Absatz 2).

Die Inanspruchnahme ist stets freiwillig. Erst wenn das Kindeswohl gefährdet ist (z.B. bei Vernachlässigung), ist das Jugendamt (mit richterlicher Unterstützung) zu Maßnahmen auch gegen den Willen von Personensorgeberechtigten befugt.

Unter dem Begriff „Hilfen zur Erziehung" wird ein breites Spektrum pädagogischer beziehungsweise therapeutischer Maßnahmen zusammengefasst. Die Leistungen können ambulant, teilstationär oder stationär erbracht werden. Es ist jeweils eine Maßnahme auszuwählen, die in Hinblick auf den Entwicklungsstand des Kindes oder Jugendlichen geeignet ist. Dabei sind die Wünsche und Vorstellungen der Eltern und des jungen Menschen selbst zu berücksichtigen.

Zu den typischen Formen der Hilfen zur Erziehung zählen

- **familienunterstützende Hilfen** wie Erziehungsberatung (§§ 16, 17, 18, 27), sozialpädagogische Familienhilfe (für Familien mit jüngeren Kindern, § 31), soziale Gruppenarbeit (speziell für ältere Kinder und Jugendliche, § 29) oder die Unterstützung durch Erziehungsbeistände (§ 30),

- **familienergänzende Hilfen** wie gemeinsame Wohnformen (Alleinerziehende mit Kindern unter sechs Jahren, § 19), Tagesgruppen (§ 32) und sozialpädagogische Tagespflege (insbesondere für kleinere Kinder, § 32),

- **familienersetzende Hilfen** wie Vollzeitpflege (§ 33, insbesondere für jüngere Kinder), Heimerziehung und sonstige betreute Wohnformen (§ 34) oder intensive sozialpädagogische Einzelbetreuung (Jugendliche und Heranwachsende, § 35).

Eingliederungshilfe

Kinder und Jugendliche, deren seelische Gesundheit wahrscheinlich um mehr als sechs Monate von dem für ihr Lebensalter typischen Zustand abweicht oder die von einer solchen seelischen Behinderung bedroht sind, haben einen eigenen **Anspruch auf Eingliederungshilfe**, wenn infolge dieser psychischen Belastungen und Besonderheiten die Teilnahme am gesellschaftlichen Leben, z. B. in sozialer, schulischer oder beruflicher Hinsicht, beeinträchtigt ist (§ 35a).

Die Beeinträchtigung der seelischen Gesundheit muss durch einen Arzt oder Psychotherapeuten festgestellt werden. Nach dem Kinder- und Jugendhilfegesetz erfolgt die Hilfe

- in Form von ambulanten Hilfen,
- in Tageseinrichtungen für Kinder und in anderen teilstationären Einrichtungen,
- durch geeignete Pflegepersonen oder
- in Form von Einrichtungen über Tag und Nacht sowie in sonstigen Wohnformen.

Hinweis: Für Kinder und Jugendliche mit körperlichen oder geistigen Behinderungen und diejenigen, die von einer solchen Behinderung bedroht sind, gelten die Vorschriften der Eingliederungshilfe (SGB XII) vorrangig gegenüber dem Kinder- und Jugendhilfegesetz (SGB VIII).

Hilfe für junge Volljährige

Anders als bei Kindern und Jugendlichen geht es bei der Hilfe für junge Volljährige (§ 41) nicht darum, Erziehungsdefizite auszugleichen. Vielmehr sollen Hilfestellungen „für die Persönlichkeitsentwicklung und zu einer eigenverantwortlichen Lebensführung" gegeben werden. Bei der Gewährung der Hilfe handelt es sich, soweit sie „aufgrund der individuellen Situation des jungen Menschen notwendig" ist, um eine „Soll-Vorschrift"; sie darf nur in Ausnahmefällen abgelehnt werden. Allerdings wird die Hilfe in der Regel nur bis zum vollendeten 21. Lebensjahr gewährt, auch wenn man nach dem KJHG bis einschließlich 26 Jahre als „junger Volljähriger" gilt. Nur in begründeten Einzelfällen wird eine Ausnahme gemacht.

Andere Aufgaben der Jugendhilfe

Inobhutnahme

Die vorläufige Aufnahme und Unterbringung eines Kindes oder Jugendlichen in Notsituationen ist eine Schutzmaßnahme zu deren Wohl (§ 42). Wenn diese selbst um Obhut bitten oder wenn eine dringende Gefahr vorliegt, ist das Jugendamt nicht nur berechtigt, sondern auch verpflichtet, Kinder und Jugendliche in Obhut zu nehmen.

Die Aufnahme ist zu jeder Tages- und Nachtzeit möglich, auch am Wochenende und an Feiertagen. Während des Aufenthaltes in einem Notdienst obliegt dem Jugendamt vorübergehend die Personensorge. Das Kind oder der Jugendliche kann dann bei geeigneten Personen (z. B. Verwandten), in einer geeigneten Einrichtung (z. B. betreutem Wohnen) oder in einer sonstigen Wohnform untergebracht werden.

Mitwirkung in Verfahren

Das Jugendamt unterstützt das Familiengericht bei allen Maßnahmen, die die Sorge für die Person von Kindern und Jugendlichen betreffen (§ 50 Absatz 1, Satz 1). Zudem hat das Jugendamt in Verfahren mitzuwirken, die Familiensachen betreffen (Satz 2). In Fällen, die unter den § 111 des Gesetzes über das Verfahren in Familiensachen und in den Angelegenheiten der freiwilligen Gerichtsbarkeit (FamFG) fallen, muss das Jugendamt zwingend angehört werden. Dies betrifft insbesondere

- Kindschaftssachen,
- Abstammungssachen,
- Adoptionssachen,
- Wohnungszuweisungssachen und
- Gewaltschutzsachen.

Mütter und Väter haben im Rahmen der Jugendhilfe außerdem einen Anspruch auf Beratung und Unterstützung etwa bei der Vaterschaftsfeststellung oder bei der Geltendmachung von Unterhaltsansprüchen (§ 52a SGB VIII) [→ Beistandschaft, S. 19].

2.4 Das Bürgerliche Gesetzbuch

Die Rechte und Pflichten der Eltern sind im Bürgerlichen Gesetzbuch geregelt. Die Eltern haben die Pflicht und das Recht, für ihr Kind [→ S. 15] zu sorgen (§ 1626 BGB). Die elterliche Sorge umfasst die Sorge für die Person (Personensorge) und das Vermögen des Kindes (Vermögenssorge) sowie dessen gesetzliche Vertretung.

2.4.1 Personensorge

Die Personensorge umfasst alle Angelegenheiten, welche die Person des Kindes betreffen. Dazu gehören beispielsweise die Pflege, die Erziehung und Beaufsichtigung, die Aufenthaltsbestimmung (alles § 1631 Absatz 1), die Ausbildungs- und Berufswahl (§ 1631a) oder die Bestimmung des Umgangs mit anderen Personen (§ 1631 Absatz 2). Die elterliche Sorge umfasst aber bedeutend mehr Bereiche, als explizit im Gesetz genannt sind. So gehören auch die Vornamensgebung, die Festlegung (oder Nichtfestlegung) einer Religion, die Einwilligung in ärztliche Behandlungen und Operationen dazu.

Bei der Pflege und Erziehung haben die Eltern die wachsende Fähigkeit und das wachsende Bedürfnis des Kindes zu selbstständigem verantwortungsbewusstem Handeln zu berücksichtigen (§ 1626 Absatz 2). Ein rein auf Gehorsam ausgerichteter Erziehungsstil, bei dem die Eltern ohne Berücksichtigung der Interessen des Kindes über dessen Kopf hinweg entscheiden, ist nicht mehr erlaubt. Dabei haben die Kinder ein **Recht auf gewaltfreie Erziehung**. Das bedeutet, dass körperliche Bestrafungen, seelische Verletzungen und andere entwürdigende Maßnahmen unzulässig sind.

Die Pflege eines Kindes beinhaltet dessen notwendige Grundversorgung, zu der **Ernährung**, **Hygiene** und **Förderung der Gesundheit** zählen. Bei einer ernstlichen Erkrankung des Kindes ist medizinische Versorgung in Anspruch zu nehmen und für eine entsprechende behandlungsbezogene Medikation zu sorgen.

Zum Wohle des Kindes gehört in der Regel der **Umgang mit beiden Elternteilen**. Gleiches gilt für den **Umgang mit anderen Personen**, zu denen das Kind bereits Bindungen aufgebaut hat, „wenn ihre Aufrechterhaltung für seine Entwicklung förderlich ist", beispielsweise mit Geschwistern, Großeltern oder Pflegeeltern, aber auch mit Nachbarn, Lehrern oder Freunden (§ 1626).

Rechtliche Grundlagen

Das Kind benötigt darüber hinaus **Schutz vor Gefahren und Gefährdungen**, insbesondere vor sexuellem Missbrauch und Belästigungen. Eltern haben die elterliche Sorge in eigener Verantwortung und gegenseitigem Einvernehmen zum Wohle des Kindes auszuüben. Bei Meinungsverschiedenheiten müssen sie versuchen, sich zu einigen (§ 1627).

2.4.2 Vermögenssorge

Grundsätzlich steht den Eltern die Sorge für das gesamte Vermögen des Kindes zu. Sie umfasst alle Maßnahmen, die darauf ausgerichtet sind, das Kindesvermögen zu erhalten, zu verwerten und zu vermehren. Die Vermögenssorge berechtigt die Eltern zur Vertretung des Kindes, insbesondere auch in Rechtsstreitigkeiten.

Zum Kindesvermögen gehören etwa Grundbesitz, Wertpapiere, Kontoguthaben oder Renten sowie die daraus erzielten Einkünfte. Wenn Kinder durch Schenkung oder Erbschaft bereits eigenes Vermögen besitzen, kann die Vermögensverwaltung durch die Eltern durchaus problematisch sein, weil hier die Interessen des Kindes mit denen der Eltern kollidieren können. Der Gesetzgeber hat daher zum Schutz von Kindern einige Beschränkungen vorgesehen.

Die Eltern müssen Erbvermögen des Kindes über 15.000 Euro verzeichnen. Sie dürfen in Vertretung des Kindes grundsätzlich keine Schenkungen machen (§ 1641). Sie sind verpflichtet, das Geld des Kindes nach den Grundsätzen einer wirtschaftlichen Vermögensverwaltung anzulegen, soweit es nicht bereitgehalten werden muss, um Ausgaben beispielsweise für Krankheitskosten, Auslandsaufenthalte, Kuren oder Unterhalt der Familie, zu bestreiten (§ 1642). In bestimmten Fällen ist auch die Genehmigung des Familiengerichts einzuholen, z.B. bei Grundstücksgeschäften oder dem Beginn einer neuen selbstständigen Erwerbstätigkeit (§§ 1643, 1645).

2.4.3 Gesetzliche Vertretung

Die elterliche Sorge beinhaltet auch die gesetzliche Vertretung des Kindes. Diese bezieht sich nicht nur auf rechtsgeschäftliche Handlungen (wie das Abschließen von Verträgen), sondern auf sämtliche Rechtshandlungen, die das Kind betreffen. Dazu gehören beispielsweise die Einwilligung in eine bestimmte ärztliche Behandlung oder eine Operation, die Zustimmung zur Adoption, das Stellen von Anträgen bei Behörden oder das Abschließen von Ausbildungsverträgen. Wenn Eltern als gesetzliche Vertreter ihrer Kinder handeln, müssen sie dies deutlich äußern, da die rechtlichen Folgen ansonsten sie selbst treffen.

Die gesetzliche Vertretung steht den Eltern grundsätzlich zunächst nur gemeinsam zu. Können sich die Eltern nicht einigen, so kann das Familiengericht auf Antrag die Entscheidung einem Elternteil übertragen. Voraussetzung dafür ist, dass die mit der Entscheidung im Einzelfall verbundene Regelung für das Kind von wichtiger Bedeutung ist (§ 1628). In bestimmten Fällen muss das Familiengericht die Eltern bei der Ausübung der Personensorge auf Antrag unterstützen (§ 1631 Absatz 3), beispielsweise wenn das Kindeswohl oder das Vermögen des Kindes gefährdet ist.

Personensorge   *Vermögenssorge*   *Gesetzliche Vertretung*

3 Rechtliche Voraussetzungen für die Kindertagespflege

Kindertagespflege ist eine Form der **Förderung von Kindern**, insbesondere der Förderung in einer **familienähnlichen Situation** (§ 22 SGB VIII). Sie findet regelmäßig tagsüber statt, gelegentlich sind auch Übernachtungen möglich.

Ziele der Kindertagespflege sind

- die Förderung der Entwicklung des Kindes zu einer eigenverantwortlichen und gemeinschaftsfähigen Persönlichkeit,
- die Unterstützung und Ergänzung der Erziehung und Bildung in der Familie sowie
- die Unterstützung der besseren Vereinbarkeit von Erwerbstätigkeit und Kindererziehung (§ 22 Absatz 2).

Alle Beteiligten, Tagespflegeperson, Sorgeberechtigte und Jugendamt, haben die Pflicht, zum Wohl des Kindes zusammenzuarbeiten; dabei gibt es keine Über- und Unterordnung, sondern mehrere gleichberechtigte Partner, die miteinander interagieren.

3.1 Zielgruppe

Für Kinder **ab drei Jahren bis zum Schuleintritt** müssen die Träger der öffentlichen Jugendhilfe ein bedarfsgerechtes Angebot an Ganztagsplätzen in einer Tageseinrichtung (Kindertagesstätte oder Kindergarten) oder an ergänzender öffentlicher Förderung in Kindertagespflege zur Verfügung stellen. Nur die Kinder in diesem Alter haben einen Rechtsanspruch auf den Besuch einer Tageseinrichtung oder ergänzend auf Förderung in Kindertagespflege (§ 24 Absatz 1 SGB VIII).

Für **jüngere Kinder** und für **Kinder im schulpflichtigen Alter** (bis zu 14 Jahren) soll ein bedarfsgerechtes Angebot an Plätzen in Tageseinrichtungen und in Kindertagespflege eingerichtet werden, auf die es aber keinen Rechtsanspruch gibt (§ 24 Absatz 2). Bei Kindern, die das dritte Lebensjahr noch nicht vollendet haben, kann aus folgenden Gründen ein Anspruch auf Förderung in Kindertagespflege gegeben sein:

- Die Leistung ist in Bezug auf die Entwicklung zu einer eigenverantwortlichen und gemeinschaftsfähigen Persönlichkeit geboten.
- Die Erziehungsberechtigten gehen einer Erwerbstätigkeit nach oder suchen Arbeit, befinden sich in einer beruflichen Bildungsmaßnahme oder einer sonstigen Ausbildung, oder sie erhalten Leistungen zur Eingliederung in Arbeit nach dem SGB II (§ 24 Absatz 3).

Eine Erweiterung der Rechtsansprüche älterer oder jüngerer Kinder ist je nach Landesrecht möglich (§ 24, Absatz 6) [→ Teil G]. Kinder, für die ein Platz in einer Kindertageseinrichtung zur Verfügung gestellt werden kann, sollen grundsätzlich nicht in Kindertagespflege vermittelt werden. Insbesondere muss der Rechtsanspruch der Kinder ab drei Jahren bis zum Schuleintritt auf einen Platz in einer Kindertageseinrichtung vorrangig wahrgenommen werden.

Wird für **Grundschulkinder** die öffentliche Förderung in Kindertagespflege beantragt, so ist zunächst zu prüfen, ob die Aufnahme in eine Schule mit Ganztagsschule möglich ist. Ist dies nicht der Fall, so ist eine öffentliche Förderung in Kindertagespflege bis zum Beginn des nächsten Schuljahrs möglich.

Kindertagespflege kann im Einzelfall auch zusätzlich zur Betreuung in einer Kindertageseinrichtung erforderlich sein. Die **Kombination unterschiedlicher Betreuungsformen** muss jedoch stets der Förderung des Kindes dienen; die Formen der Betreuung dürfen nicht unzumutbar häufig wechseln.

Für Kinder unter drei Jahren besteht kein Vorrang der institutionellen Förderung gegenüber der Kindertagespflege. Entscheidend ist in dieser Altersgruppe immer der individuelle Bedarf.

3.1.1 Die Rechtslage ab 1. August 2013

Bei Kindern, die das erste Lebensjahr noch nicht vollendet haben, gilt in Bezug auf die Notwendigkeit einer Förderung in Kindertagespflege dieselbe Regelung wie zuvor für Kinder bis zu drei Jahren [→ S. 24]. Kinder vom ersten bis zum dritten Lebensjahr haben einen Anspruch auf frühkindliche Förderung in einer Tageseinrichtung oder in Kindertagespflege (§ 24 Absatz 2).

Für Kinder ab drei Jahren bis zum Schuleintritt müssen die Träger der öffentlichen Jugendhilfe ein bedarfsgerechtes Angebot an Ganztagesplätzen in einer Tageseinrichtung oder an ergänzender Förderung in Kindertagespflege zur Verfügung stellen. Diese Kinder haben einen Anspruch auf den Besuch einer Tageseinrichtung (§ 24 Absatz 3). Für Kinder im schulpflichtigen Alter muss ein bedarfsgerechtes Angebot in Tageseinrichtungen bereitgestellt werden, ohne dass hier ein rechtlicher Anspruch besteht.

Ab 2013 haben damit auch die Ein- bis Dreijährigen einen Anspruch auf Förderung in Tageseinrichtungen oder in Kindertagespflege.

3.2 Der Förderungsauftrag

Der gesetzliche Förderungsauftrag des § 22 SGB VIII umfasst Erziehung (Wertevermittlung), Bildung (Wissensvermittlung) und Betreuung (Versorgung) des Kindes und bezieht sich damit auf die **soziale, emotionale, körperliche und geistige Entwicklung** des Kindes.

An dieser Stelle sind zwei verschiedene Förderbegriffe zu unterscheiden: Die öffentliche Förderung von Kindertagespflege umfasst vor allem die Finanzierung, fachliche Begleitung und Vermittlung von Kindertagespflegeplätzen, während Förderung von Kindern in Tagespflege ein Auftrag an die Tagespflege selbst ist, der als Oberbegriff für deren Aufgaben zu verstehen ist.

Diese Förderung soll folgende Aspekte berücksichtigen:

- Alter und Entwicklungsstand des einzelnen Kindes,
- seine sprachlichen und sonstigen Fähigkeiten,
- seine Lebenssituation,
- die Interessen und Bedürfnisse des Kindes
- sowie seine ethnische Herkunft (§ 22 Absatz 3).

Damit grenzt sich die Kindertagespflege von Betreuungsformen wie Spielgruppen oder Babysitten ab, bei denen die Versorgung im Vordergrund steht. Des Weiteren ist die Tagespflege auch von Hilfen zur Erziehung [→ S. 20] abzugrenzen, da sie kein erzieherisches Defizit voraussetzt.

öffentliche Förderung   *Förderung in der Tagespflege*

3.3 Die Erlaubnis zur Kindertagespflege (Pflegeerlaubnis)

Geht die Betreuung von Kindern außerhalb des Haushalts der Sorgeberechtigten über eine gelegentliche Gefälligkeit hinaus, so steht sie unter dem besonderen Schutz des Staates. In diesem Fall ist sie im Gesetz mit einem sogenannten Verbot mit Erlaubnisvorbehalt belegt. Das bedeutet, dass ein grundsätzlich erwünschtes Handeln bis zur Prüfung von dessen Rechtmäßigkeit im Einzelfall zunächst verboten ist.

Nach § 43 Absatz 1 SGB VIII ist eine Betreuung fremder Kinder grundsätzlich verboten, wenn die Betreuung

- außerhalb des Haushalts des Erziehungsberechtigten
- mehr als 15 Stunden wöchentlich (Arbeitszeit der Tagespflegeperson),
- (voraussichtlich) länger als 3 Monate,
- während eines Teils des Tages oder ganztags (in Abgrenzung zur Vollzeitpflege) und
- gegen Entgelt stattfindet.

Das Verbot wird durch das Erteilen einer Pflegeerlaubnis aufgehoben. Liegt allerdings nur eine der genannten Voraussetzungen *nicht* vor, ist eine Pflegeerlaubnis nicht erforderlich.

Beispiele Herr und Frau Ebert suchen eine tägliche Betreuung für ihre drei schulpflichtigen Kinder. Beide Eheleute sind voll berufstätig und viel unterwegs. Die Betreuung soll im Haus der Eberts stattfinden, und zwar von sieben Uhr morgens bis zum frühen Abend. Auf die Stellenanzeige der Eberts bewirbt sich schließlich Frau Schulz. Sie fragt sich, ob sie eine Pflegeerlaubnis benötigt. Da die Betreuung im Haushalt der Erziehungsberechtigten stattfindet, ist diese nicht erforderlich. Wenn Familie Meier allerdings öffentliche Mittel in Anspruch nehmen will, kann das Jugendamt eine Pflegeerlaubnis der Betreuungsperson zur Bedingung machen.

Herr Lindemann ist alleinerziehend und voll berufstätig. Weil er in den Sommerferien keinen Urlaub bekommt, sucht er für seine beiden Kinder (sieben und neun Jahre alt) dringend eine Betreuungsmöglichkeit. Die Nachbarin, Frau Schmitz, hat selber Kinder und bietet an, die Betreuung während der sechs Wochen zu übernehmen. Die beiden vereinbaren eine Betreuungszeit von 8 bis 17 Uhr täglich und handeln ein angemessenes Betreuungshonorar aus. Frau Schmitz ist unsicher, ob eine Pflegeerlaubnis notwendig ist. Die Betreuung geht über einen Zeitraum von drei Monaten nicht hinaus, daher braucht Frau Schmitz keine Pflegeerlaubnis. Dennoch ist gemäß § 23 SGB VIII in einem solchen Fall der kurzzeitigen Kindertagesbetreuung eine Eignungsfeststellung erforderlich, sobald das Tagespflegeverhältnis öffentlich gefördert (das heißt vermittelt beziehungsweise finanziert) wird.

Frau Heck hat zwei schulpflichtige Kinder und muss täglich von 8 bis 17 Uhr arbeiten. Wegen ungünstiger Verkehrsverbindungen kann sie immer erst um 18 Uhr zu Hause sein. Frau Schmidt, eine ältere Dame aus der unmittelbaren Nachbarschaft, ist für die beiden Kinder wie eine Oma. Nach der Schule gehen sie zu ihr zum Mittagessen und machen auch die Hausaufgaben dort. Wenn die Kinder nachmittags keine Verabredungen haben, unternehmen sie mit der „Oma" etwas, spielen oder lesen zusammen. Frau Schmidt freut sich über die Gesellschaft, denn sie hat keine eigene Familie. Insgesamt verbringen die Kinder täglich fast vier Stunden bei ihr. Auch in diesem Fall ist keine Pflegeerlaubnis notwendig, da die Betreuung unentgeltlich erfolgt.

Die Pflegeerlaubnis erteilt das örtliche Jugendamt oder ein von diesem beauftragter anerkannter freier Träger aufgrund einer Eignungsfeststellung [→ Kap. 3.3.3].

Rechtliche Grundlagen

3.3.1 Eignung für die Kindertagespflege

Eine Tagespflegeperson erhält die Erlaubnis zur Kindertagespflege, wenn sie für die Tagespflege geeignet ist (§ 23 Absatz 3, § 43 Absatz 2 SGB VIII). Kriterien für die Eignung sind im SGB VIII allerdings nicht weiter ausgeführt. Das Gesetzbuch nennt lediglich bestimmte Aspekte, welche die Grundlage für die Eignungsfeststellung bilden sollen, unter anderem

- Persönlichkeit,
- Sachkompetenz,
- Kooperationsbereitschaft mit Erziehungsberechtigten und anderen Tagespflegepersonen,
- kindgerechte Räumlichkeiten und
- vertiefte Kenntnisse hinsichtlich der Anforderungen der Kindertagespflege, die in qualifizierten Lehrgängen erworben wurden oder auf andere Weise nachgewiesen werden.

Das Bundesministerium für Familie, Senioren, Frauen und Jugend (BMFSFJ) hat in Zusammenarbeit mit dem Deutschen Jugendinstitut (DJI) **mögliche Eignungskriterien** herausgearbeitet, die im Folgenden näher erläutert werden.

Persönliche Eignung

Die Anforderungen an die persönliche Eignung der antragstellenden Tagespflegeperson beziehen sich auf ihre Grundhaltung, ihre Eigenschaften und Fähigkeiten, ihr Fachinteresse, ihre Sachkompetenz und Kooperationsbereitschaft.

Grundhaltung

Die Grundhaltung in Bezug auf Kinder sollte folgende Eigenschaften zeigen:

- Freude und Erfahrung im Umgang mit Kindern,
- Interesse an der Erziehung, Bildung und Betreuung von Kindern,
- Empathie,
- Verzicht auf seelische und körperliche Gewaltanwendung,
- Einhalten von körperlichen und sexuellen Grenzen.

Eingeschätzt wird aber auch die Grundhaltung in Bezug auf Erwachsene. Hier wird Wert gelegt auf

- Toleranz und Akzeptanz gegenüber anderen Erziehungsstilen und Lebensentwürfen sowie
- Offenheit hinsichtlich des Austauschs und der Zusammenarbeit mit anderen Menschen.

Eigenschaften und Fähigkeiten

Die geforderten Eigenschaften und Fähigkeiten lassen sich unterteilen in subjektive und objektive Eigenschaften. Zu den subjektiven Eigenschaften und Fähigkeiten zählen

- eine gefestigte Persönlichkeit,
- Erfüllen der Vorbildfunktion,
- physische und psychische Belastbarkeit,
- Zuverlässigkeit und Verantwortungsbewusstsein,
- Flexibilität,
- professioneller Umgang mit Stresssituationen,
- Kritikfähigkeit,
- Organisationstalent,
- Verschwiegenheit,
- Lern- und Entwicklungsbereitschaft.

Zudem sollen folgende objektive Eigenschaften und Fähigkeiten erfüllt werden:

- Volljährigkeit,
- guter Hauptschulabschluss,
- hinreichende deutsche Sprachkenntnisse (Zertifikat Deutsch B 1),
- geregelter Aufenthaltsstatus,
- geregelte finanzielle Verhältnisse.

Fachinteresse

Zum erwarteten Fachinteresse zählen Kriterien wie

- eine positive und engagierte Einstellung zur Kindertagespflege,
- das Interesse an Fachfragen und positive Auseinandersetzung damit,
- die Bereitschaft, sich weiterzuqualifizieren,
- Kenntnisse der rechtlichen und finanziellen Rahmenbedingungen für die Kindertagespflege und Interesse an einer längerfristigen Tätigkeit als Tagespflegeperson sowie
- die Bereitschaft zur Entwicklung eines professionellen Unternehmenskonzepts.

Sachkompetenz

Dieses Kriterium umfasst Kenntnisse der besonderen Anforderungen an die Kindertagespflege. Des Weiteren gehört auch die praktische Befähigung zur Betreuung, Bildung und Erziehung von Kindern dazu. Gefordert werden deshalb

- die Fähigkeit, Beziehungen aufzubauen und Bindungen aufrechtzuerhalten,
- Kenntnisse über die Bedürfnisse und Entwicklung von Kindern,
- Lebenserfahrung im Zusammenleben mit Kindern,

Rechtliche Grundlagen

- kooperative Kompetenz,
- Kompetenzen im Haushaltsmanagement,
- verwaltende und organisatorische Fähigkeiten.

Kooperationsbereitschaft

Erwartet wird von der Tagespflegeperson auch die Bereitschaft, zum Wohle des Kindes mit allen Personen, die für die Tagespflege von Bedeutung sind, Kontakt aufzunehmen und zu pflegen sowie an nötigen Lösungen zusammenzuarbeiten. Das bedeutet im Einzelnen

- die Kooperation mit den Sorgeberechtigten,
- die Kooperation mit den Trägern der öffentlichen Jugendhilfe,
- die Kooperation mit pädagogischen Fachdiensten,
- die Kooperation mit anderen Tagespflegepersonen,
- die Kooperation mit Kindertagesstätten,
- die Bereitschaft, rechtzeitig Beratungsbedarf anzumelden, sowie
- die Bereitschaft, sich in ein System der fachlichen Beratung, Begleitung, Qualifizierung, Vernetzung und Vermittlung einzubringen.

Hinweis: Die persönliche Eignung ist nicht an den familienrechtlichen Status der Pflegeperson geknüpft. Das bedeutet, auch alleinerziehende, geschiedene oder in gleichgeschlechtlicher Lebensgemeinschaft lebende Personen erhalten die Pflegeerlaubnis, wenn sie die übrigen Voraussetzungen erfüllen.

Prüfungsverfahren

Die persönliche Eignung soll anhand bestimmter **Orientierungsfragen** geprüft werden. Das können z. B. folgende Fragen sein:

- Welche Erziehungserfahrungen haben Sie mit eigenen beziehungsweise fremden Kindern?
- Was halten Sie von berufstätigen (alleinerziehenden) Elternteilen, die ihr Kind in Kindertagespflege geben?
- Welche Ideen haben Sie zum gegenseitigen Kennenlernen?
- Wie wollen Sie die Übergabesituationen gestalten?
- Wie gestalten Sie den Tagesablauf?
- Wie stellen Sie sich die Zusammenarbeit mit den Erziehungsberechtigten vor?
- Wie gehen Sie mit Kritik um?
- Welche Ziele und inhaltlichen Schwerpunkte verfolgen Sie bei der Erziehung, Bildung und Betreuung von Kindern?
- Es gibt Kinder, die in ihrer Entwicklung verzögert oder gestört sind. Wie stehen Sie zur Aufnahme eines solchen Kindes? Haben Sie bereits Erfahrungen in diesem Bereich?

Geeignete Räumlichkeiten

Die Räumlichkeiten sind kindgerecht, wenn sich Kinder in ihnen wohlfühlen können. Außerdem sollten sie ihnen eine ungefährdete, entspannte und anregungsreiche Entwicklung ermöglichen. Im Einzelnen sind die Anforderungen an die Räumlichkeiten

- ausreichend Platz zum Spielen,
- anregende, kindgerechte Ausgestaltung,
- geeignete Spiel- und Beschäftigungsmaterialien,
- unfallverhütende Maßnahmen und gute hygienische Verhältnisse,
- insbesondere für kleinere Kinder Schlafmöglichkeiten,
- Möglichkeiten, draußen zu spielen und die Natur zu erleben.

Eine Tierhaltung in den zur Kindertagespflege bestimmten Räumen muss mit den Personensorgeberechtigten abgestimmt werden.

Ein Mitarbeiter des örtlichen Trägers der Jugendhilfe oder eines von ihm beauftragten freien Trägers prüft bei einem Hausbesuch, ob die Voraussetzung der geeigneten Räumlichkeiten erfüllt wird. Dabei spielen die Größe und Beschaffenheit der Räumlichkeiten auch eine Rolle in Bezug auf die Frage, **wie viele Kinder welchen Alters** hier betreut werden können.

Vertiefte Kenntnisse der Kindertagespflege

Der Umfang der „vertieften Kenntnisse der Anforderungen der Kindertagespflege" ist in den einzelnen Bundesländern unterschiedlich geregelt [→ Teil G]. Mit dem „Aktionsprogramm Kindertagespflege" strebt die Bundesregierung 160 Stunden Grundqualifizierung (z. B. nach dem Curriculum des Deutschen Jugendinstituts DJI „Qualifizierung in der Kindertagespflege") als bundesweite Voraussetzung an. Eine zusätzliche Voraussetzung für eine Pflegeerlaubnis soll ein Erste-Hilfe-Kurs am Kind sein. Laufende Fort- und Weiterbildungen sollten idealerweise die Kenntnisse abrunden.

Sonstiges

In der Praxis wird beim Hausbesuch im Rahmen der Eignungsfeststellung auch die **Tagespflegefamilie** mit beurteilt. Von Bedeutung sind die Persönlichkeit und die Erziehungsvorstellungen des Partners der Tagespflegeperson sowie die Persönlichkeiten ihrer eigenen Kinder. So sollte beispielsweise der (Ehe-)Partner hinter der Tätigkeit der Tagespflegeperson stehen; die Ausübung der beruflichen Tätigkeit in den eigenen vier Wänden bringt große Einschränkungen der Privatsphäre mit sich. Auch die eigenen Kinder müssen emotional und sozial in der Lage sein, fremde Kinder in ihren vier Wänden zu akzeptieren und zu respektieren.

Die gesundheitliche Eignung der Tagespflegeperson und aller in ihrem Haushalt lebenden Personen über 14 Jahre sollte durch ein **ärztliches Attest** nachgewiesen werden. Dieses Attest soll ausdrücklich auf die Eignung für eine regelmäßige Betreuung von Kindern aus medizinischer Sicht eingehen. Hierbei ist auch der Ausschluss von psychischen Erkrankungen und einer Suchtmittelabhängigkeit wichtig. Für die Vermittlung einer Tagespflegeperson ist außerdem ein erweitertes **polizeiliches Führungszeugnis** gemäß § 30a des Bundeszentralregistergesetzes (BZRG) nötig (§ 72a SGB VIII). Ein solches Führungszeugnis müssen neben der Tagespflegeperson auch alle in ihrem Haushalt lebenden strafmündigen Personen vorlegen. Das Führungszeugnis kann regelmäßig (alle drei bis fünf Jahre) neu eingefordert werden, spätestens geschieht dies im Rahmen der Neuerteilung beziehungsweise Verlängerung der Pflegeerlaubnis nach fünf Jahren [→ Kap. 3.3.3].

Das Führungszeugnis muss von den Betroffenen selbst bei der Gemeinde beantragt werden und ist wegen seines besonderen Verwendungszwecks in diesem Fall kostenfrei. Hierfür muss ein Antrag auf Gebührenbefreiung gestellt werden; das Formular dazu finden Sie im Anhang [→ S. 138].

> **Achtung!** Auf dem Formular muss der Punkt 2 „Besonderer Verwendungszweck" angekreuzt werden.

3.3.2 Versagung der Pflegeerlaubnis

Die Pflegeerlaubnis kann aus folgenden Gründen versagt werden:

- Verweigerung der Vorlage eines polizeilichen Führungszeugnisses im Sinne des § 72a SGB VIII
- Eintrag im Führungszeugnis im Sinne einer rechtskräftigen Verurteilung der in § 72a SGB VIII genannten Straftatbestände nach §§ 171, 174 bis 174c, 176 bis 180a, 181a, 182–184e, 225, 232–233a, 234, 235 oder 236 des Strafgesetzbuches, das sind insbesondere Straftaten gegen die sexuelle Selbstbestimmung, Misshandlung von Schutzbefohlenen oder Straftaten gegen die persönliche Freiheit
- Vorfälle von Gewalt oder sexuellem Missbrauch in der Tagespflegefamilie
- Verweigerung der Kooperation mit den Personensorgeberechtigten
- Verweigerung der Kooperation mit der zuständigen sozialpädagogischen Fachkraft, z. B. in Form der Ablehnung von Hausbesuchen oder persönlichen Gesprächen
- Verweigerung der Grundqualifizierung für Tagesbetreuungspersonen oder nicht erfolgreiche Teilnahme daran
- Verweigerung der Vorlage des Sprachzertifikats Deutsch B1
- Behebbare Mängel der Räumlichkeiten wie z. B. unzureichende hygienische Verhältnisse oder Sicherheitsmängel werden trotz Aufforderung nicht beseitigt.
- In den Betreuungsräumen wird auch bei Anwesenheit der Kinder geraucht.
- Die Kinder der Tagespflegeperson erhalten stationäre Hilfe zur Erziehung.
- Bestimmte Erkrankungen wie Epilepsie oder Rückenleiden.

3.3.3 Erteilung der Pflegeerlaubnis

Die Eignungsfeststellung fällt zunächst in die Zuständigkeit des örtlichen Trägers der öffentlichen Jugendhilfe; häufig überträgt sie das Jugendamt per Vereinbarung auf einen anerkannten Träger der freien Jugendhilfe.

Werden alle Voraussetzungen zur Eignung erfüllt, **muss** das Jugendamt (oder der von ihm beauftragte freie Träger) die Pflegeerlaubnis erteilen. Diese kann allerdings vorläufig befristet oder mit Nebenbestimmungen beziehungsweise besonderen Auflagen versehen werden. Dies ist beispielsweise dann der Fall, wenn die Tagespflegeperson die Qualifizierungsmaßnahme noch nicht ganz abgeschlossen hat oder wenn sie Umbaumaßnahmen vornehmen will. In jedem Fall muss die Tagespflegeperson darauf hingewiesen werden, dass sie verpflichtet ist, den Träger der öffentlichen Jugendhilfe (das Jugendamt) über wichtige Ereignisse zu unterrichten, die für die Betreuung des oder der Kinder bedeutsam sind (§ 43 Absatz 3, Satz 6).

Die Erteilung oder Versagung der Pflegeerlaubnis wird als rechtsmittelfähiger Bescheid ausgestaltet; dabei müssen auch die Entscheidungsgründe dargelegt werden. Der Träger darf diesen Bescheid oder seine Entscheidungsgründe ohne schriftliche Zustimmung der Tagespflegeperson nicht an Dritte (insbesondere an Eltern) weitergeben.

Wird die Pflegeerlaubnis versagt, kann Widerspruch gegen diese Entscheidung eingelegt werden und – falls es bei der Entscheidung bleibt – geklagt werden. Dabei muss man allerdings davon ausgehen, dass eine Verweigerung der Pflegeerlaubnis aufgrund bestimmter, besonders gravierender Ablehnungskriterien vor Gericht bestehen wird.

> **Hinweis:** Die Verweigerung der Erteilung der Pflegeerlaubnis gegen den Willen der sorgeberechtigten Eltern kann einen Eingriff in die Elternrechte bedeuten, da die Verweigerung das Aufenthaltsbestimmungsrecht der Eltern in Bezug auf ihr Kind einschränkt.

Die Pflegeerlaubnis befugt zur Betreuung von bis zu fünf fremden Kindern gleichzeitig. Liegen sachliche Gründe vor, kann die Erlaubnis auf eine geringere Zahl beschränkt werden. Zudem ist die Erlaubnis **auf fünf Jahre befristet** (§ 43 Absatz 3 SGB VIII). Eine Verlängerung erfolgt nur auf Antrag (Vorsprache beim Jugendamt). Hierfür muss zwar keine erneute Qualifizierungsmaßnahme besucht werden, allerdings müssen die Eignungskriterien einschließlich ärztlichem Attest und Führungszeugnis weiterhin erfüllt sein und gegebenenfalls erneut nachgewiesen werden.

> **Achtung!** Wer ohne Erlaubnis als Tagespflegeperson arbeitet, handelt ordnungswidrig und kann mit einem Bußgeld belegt werden (§ 104 Absatz 2 SGB VIII).

3.3.4 Großtagespflegestelle

Landesrecht kann bestimmen, dass die Erlaubnis zur Betreuung von mehr als fünf Kindern gleichzeitig (Großtagespflegestelle) erteilt werden kann [→ Teil G]. § 43 Abs. 3 SGB VIII schreibt allerdings bundesrechtlich vor, dass die Tagespflegeperson in diesem Fall zwingend eine pädagogische Ausbildung haben muss. Plant man eine solche Großtagespflegestelle, sollte man mit dem Jugendamt besprechen, welche Genehmigungen außerdem notwendig sind.

Teilweise ist in diesen Fällen eine Betriebserlaubnis erforderlich (§ 45 SGB VIII).

Welche Behörde für die Erteilung einer solchen Erlaubnis zuständig ist, ist in den einzelnen Bundesländern unterschiedlich geregelt. Das örtliche Jugendamt ist in jedem Fall an dem Verfahren zu beteiligen und kann über die Zuständigkeit Auskunft geben.

3.3.5 Zusammenschluss von Tagespflegepersonen

Von der Großtagespflege zu unterscheiden ist der Zusammenschluss von Tagespflegepersonen; auch diese Möglichkeit wird landesrechtlich unterschiedlich geregelt [→ Teil G]. Grundsätzlich muss hier in Abgrenzung zur Einrichtung eine personengebundene Betreuung stattfinden, d. h., die Tageskinder müssen vertraglich einer bestimmten Tagespflegeperson zugeordnet sein. Zum Teil wird auch in diesen Fällen eine pädagogische Ausbildung zumindest einer Tagespflegeperson verlangt.

3.4 Vermittlung

3.4.1 Vermittlung durch das Jugendamt

Die Vermittlung eines Kindes in Tagespflege ist eine fachliche Tätigkeit des Jugendamtes und gehört zu den Leistungen der Jugendhilfe [→ Kap. 2.3.2, S. 20]. Bei einem Anspruch auf Förderung in Kindertagespflege besteht auch ein Anspruch auf die Vermittlung des Kindes. Zu berücksichtigen sind bei einer Vermittlung

- die Wünsche der Eltern (Wunsch- und Wahlrecht nach § 5 SGB VIII),
- Alter, Entwicklungsstand und besondere Bedürfnisse des Kindes,
- die Lage der Tagespflegestelle,
- die Betreuungszeiten,
- Erziehungsvorstellungen von Eltern und Pflegepersonen,
- die Zusammensetzung der Kindergruppe, z. B. bezüglich Alter und Geschlecht.

Wenn die Voraussetzungen für eine öffentliche **Förderung der Kindertagespflege** erfüllt werden [→ Kap. 3.1, S. 24], schließt das Jugendamt mit der Tagespflegeperson einen eigenen Vertrag. Dieser regelt, welche finanziellen Leistungen und (steuerfreien) Zuschüsse die Tagespflegeperson vom Jugendamt für die Kindertagespflege erhält [→ Teil B, Kap. 5.2].

Wenn die Eltern eine Betreuung in Kindertagespflege wünschen, obwohl kein Anspruch auf öffentliche Förderung und auch keine Notwendigkeit besteht, kann das Jugendamt zwar die Betreuung vermitteln, es ist jedoch nicht zur Zahlung einer laufenden Geldleistung verpflichtet (§ 24 Absatz 5 SGB VIII). Es *können* jedoch auch in diesen Fällen eine laufende Geldleistung sowie steuerfreie Zuschüsse gewährt werden. Dies liegt im Ermessen des Jugendamtes.

3.4.2 Vermittlung durch einen freien Träger der Jugendhilfe

Die Vermittlung, Beratung und Begleitung einer Tagespflegeperson nach § 23 SGB VIII kann grundsätzlich auch von einem anerkannten Träger der freien Jugendhilfe geleistet werden. Die Gesamtverantwortung bleibt jedoch beim Jugendamt. Aus diesem Grund muss zwischen dem Träger der freien Jugendhilfe und dem Jugendamt eine Vereinbarung über die Inhalte der Vermittlungstätigkeit getroffen werden.

3.4.3 Selbst organisierte Kindertagespflege

Die Träger der öffentlichen Jugendhilfe haben kein Monopol auf die Vermittlung von Tagespflegepersonen. Privat organisierte Kindertagespflege ist zulässig, das Jugendamt ist jedoch auch daran beteiligt: Es muss die Pflegeerlaubnis gemäß § 43 SGB VIII erteilen und auf Wunsch die Tagespflegeperson und die Personensorgeberechtigten beraten.

B Unternehmen Kindertagespflege

1 Arbeitsrechtlicher Status: Tagespflegeperson und Kinderbetreuer

1.1 Selbstständige Tätigkeit

Selbstständig sind Personen, die ihre Tätigkeit **im Wesentlichen frei bestimmen** können (z. B. hinsichtlich der Arbeitszeit) und die nicht in die Organisationsstruktur eines größeren Unternehmens eingebunden sind. Ein weiteres Kennzeichen von selbstständig Tätigen ist, dass sie auf eigenes **unternehmerisches Risiko** handeln.

Unter den Selbstständigen sind zusätzlich die **freiberuflich Tätigen** von anderen Selbstständigen (z. B. Gewerbetreibenden) abzugrenzen. Als freiberuflich Tätige gelten Angehörige der sogenannten **Katalogberufe** des § 18 Einkommensteuergesetz (EStG). Dazu gehören unter anderem Architektinnen, Ärzte, Rechtsanwältinnen, Steuerberater, Wirtschaftsprüfer und Schriftstellerinnen.

Auch weitere Berufsgruppen, die der § 18 des EStG im Einzelnen nennt, werden als Freiberufler anerkannt. So fällt z. B. die erzieherische Tätigkeit, zu der auch die Kindertagespflege gehört, unter diesen Paragrafen.

Problematisch sind Fälle, in denen eine selbstständig Tätige **für nur einen Auftraggeber** arbeitet. Hier muss jeweils geprüft werden, ob möglicherweise eine **Scheinselbstständigkeit** vorliegt. Dies hat Folgen vor allem für die Sozialversicherung der Selbstständigen.

> **Achtung!** Im Gegensatz zum unselbstständigen Arbeitsverhältnis müssen Selbstständige ihre Beiträge zur gesetzlichen Renten-, Kranken- und Pflegeversicherung vollständig selbst zahlen.

1.1.1 Scheinselbstständigkeit

Bei der Scheinselbstständigkeit sind die **unternehmerischen Entscheidungsbefugnisse stark eingeschränkt,** sodass eine selbstständige unternehmerische Tätigkeit nicht mehr zu erkennen ist. Wichtigste Folge: Die Beiträge zur gesetzlichen Renten-, Kranken-, Pflege- und Arbeitslosenversicherung müssen gemeinsam von der Mitarbeiterin und ihrem Auftraggeber gezahlt werden.

> **Beispiel** Frau Hansen war bisher als selbstständige Tagespflegeperson tätig. Nun gehen die zuvor von ihr betreuten Tageskinder in den Kindergarten, und sie bekommt das Angebot, die Betreuung von drei Geschwistern im Haushalt der Eltern zu übernehmen. Frau Hansen soll die Kinder täglich von 7.30 Uhr bis 16.30 Uhr betreuen. Ihre Aufgaben und Pflichten sind klar festgelegt: Die Eltern geben ihr einen „Ablaufplan" vor und legen auch die Mahlzeiten wöchentlich fest. Frau Hansens Urlaubszeiten richten sich nach dem Urlaub ihrer Auftraggeber. Frau Hansen fragt sich, ob sie mit dieser Tätigkeit noch als selbstständig gilt.

Tatsächlich ist hier eine selbstständige unternehmerische Tätigkeit nicht mehr gegeben, da Frau Hansen

- ausschließlich für einen Auftraggeber tätig ist,
- in dessen Organisationsstruktur eingebunden ist und
- im Wesentlichen keine unternehmerischen Entscheidungen treffen kann.

Es liegt also ein unselbstständiges Arbeitsverhältnis vor. Eine der wichtigsten Folgen dieser Veränderung ist, dass die Beiträge zur Sozialversicherung grundsätzlich von beiden Vertragspartnern jeweils zur Hälfte übernommen werden müssen.

1.1.2 Selbstständigkeit mit nur einem Auftraggeber

Eine unabhängig Tätige kann auch als Selbstständige mit einem Auftraggeber eingestuft werden. Sie gilt dann zwar noch als selbstständig, aber mit Einschränkungen. Für eine Selbstständigkeit mit einem Auftraggeber gelten folgende Kriterien:

- Die selbstständige Person beschäftigt normalerweise keine versicherungspflichtigen Arbeitnehmer, die mehr als 400 Euro im Monat verdienen.
- Sie ist regelmäßig und im Wesentlichen nur für einen Auftraggeber tätig.
- Sie trägt ein eigenes unternehmerisches Risiko.

Beispiel Frau Kruse möchte die Geschwister nicht im Haushalt der Eltern, sondern in ihrem eigenen Haushalt betreuen. Also wird vereinbart, dass die Kinder morgens um 7.30 Uhr zu ihr gebracht und am Nachmittag um 16.30 Uhr wieder abgeholt werden. Den Tagesablauf bestimmt sie selbst, die Mahlzeiten werden von ihr in Absprache mit den Kindern zubereitet. Zwar hat Frau Kruse nur einen Auftraggeber; sie ist aber nicht in eine Organisationsstruktur eingebunden und kann ihre Tätigkeit im Wesentlichen frei bestimmen. Daher gilt sie als Selbstständige.

Hinweis: Im Zweifelsfall sollte bei der Deutschen Rentenversicherung Bund ein sogenanntes Statusfeststellungsverfahren beantragt werden [→ Anhang, S. 133]. Darin wird die Einstufung in „selbstständig" oder „angestellt tätig" vorgenommen.

www.deutsche-rentenversicherung.de

1.2 Unselbstständige Tätigkeit

Eine Kinderfrau oder ein Kinderbetreuer geht in den Haushalt der Eltern und betreut dort die haushaltsangehörigen Kinder [→ Teil A, Kap. 3.3]. In den meisten Fällen werden sie in einem **Angestelltenverhältnis** beschäftigt. Damit ist die Kinderfrau im Gegensatz zu selbstständigen Tagespflegepersonen **weisungsgebunden**. Der Arbeitgeber bestimmt also

- die Tätigkeit der Kinderfrau nach Art, Ort und Zeit,
- Fragen der Ernährung sowie
- die Ausgestaltung der Betreuung (Ausflüge, Fernsehen etc.).

Wenn die Eltern Privatzahler sind, zahlen sie ein Gehalt, das der anfallenden Arbeitszeit entspricht (nicht der Anzahl der Kinder).

1.2.1 Rechte aus dem Arbeitsvertrag

Bei einem Angestelltenverhältnis (z. B. Einstellung als Kinderbetreuer) schließen Arbeitgeberin und Arbeitnehmer einen Arbeitsvertrag (Vordrucke hierzu gibt es im Schreibwarenhandel, im →Anhang auf S. 142 finden Sie ein Muster).

Pflichten des Arbeitnehmers	Pflichten des Arbeitgebers

• Arbeitspflicht
• Treuepflicht, das heißt auch
  – Aufsichtspflicht
  – Schweigepflicht
  – Sorgfaltspflicht
  – Verkehrssicherungspflicht
	• Lohnzahlungspflicht, das heißt auch
	  – Lohnfortzahlungspflicht, z. B. im Krankheitsfall
	  – Gewährung des Urlaubsanspruches
	• Fürsorgepflicht

Aus dem Arbeitnehmerstatus der Tagespflegeperson ergibt sich ein gesetzlich festgeschriebener sozialer Schutz. Dieser beinhaltet

- Kündigungsschutz,
- Urlaubsanspruch,
- Lohnfortzahlung im Krankheitsfall,
- soziale Absicherung.

Beim Angestelltenverhältnis muss zwischen einer **Vollzeitbeschäftigung**, einer **Teilzeitbeschäftigung** oder einer **geringfügigen Beschäftigung (Minijob)** unterschieden werden. Dies hat Auswirkungen auf Sozialversicherung und Steuerpflicht.

Geringfügig Beschäftigte dürfen ohne sachlichen Grund nicht schlechter behandelt werden als vergleichbare Vollzeitbeschäftigte. Der **Gleichbehandlungsgrundsatz** des § 4 Absatz 1 Satz 1 des Teilzeit- und Befristungsgesetzes gilt für alle Maßnahmen und Vereinbarungen im Arbeitsverhältnis.

Kündigung von Arbeitsverhältnissen

Kündigungsfristen

Die **gesetzliche Kündigungsfrist**, die Arbeitgeber und Arbeitnehmerin einhalten müssen, beträgt vier Wochen zum 15. oder zum Ende eines Kalendermonats. Handelt es sich um eine vorübergehende Aushilfstätigkeit, so kann für die ersten drei Monate eine kürzere Frist individuell vereinbart werden.

Es kann auch eine **Probezeit** von bis zu zwei Jahren vereinbart werden, innerhalb der das Arbeitsverhältnis mit einer Frist von zwei Wochen gekündigt werden kann. Dauert das Arbeitsverhältnis länger als zwei Jahre an, muss der Arbeitgeber **längere Kündigungsfristen** einhalten:

- nach zwei Jahren eine Frist von einem Monat zum Monatsende,
- nach fünf Jahren zwei Monate zum Monatsende,
- nach acht Jahren drei Monate zum Monatsende,
- nach zehn Jahren vier Monate zum Monatsende,
- nach zwölf Jahren fünf Monate zum Monatsende,
- nach fünfzehn Jahren sechs Monate zum Monatsende,
- nach zwanzig Jahren sieben Monate zum Monatsende.

In Tarifverträgen können vom Gesetz abweichende (längere oder kürzere) Kündigungsfristen vereinbart werden. Im individuellen Arbeitsvertrag dürfen nur längere Fristen als die gesetzlich vorgeschriebenen vereinbart werden; diese dürfen für die Kündigung durch den Arbeitnehmer nicht länger sein als für diejenige durch den Arbeitgeber (§ 622 Bürgerliches Gesetzbuch BGB).

Fristlos kann das Arbeitsverhältnis gekündigt werden, wenn auf Seiten des Arbeitgebers oder der Arbeitnehmerin ein wichtiger Grund vorliegt, der die Fortsetzung des Arbeitsverhältnisses bis zum Ablauf der Kündigungsfrist oder eines befristeten Arbeitsvertrags unzumutbar macht (§ 626 BGB). Ein wichtiger Grund liegt z. B. vor, wenn die Arbeitnehmerin regelmäßig zu spät zur Arbeit kommt und dies auch nach Aufforderung nicht ändert.

Kündigungsschutz

Unter bestimmten Voraussetzungen unterliegen Arbeitsverhältnisse dem Kündigungsschutz. Dabei ist zu unterscheiden zwischen dem **allgemeinen Kündigungsschutz** (nach dem Kündigungsschutzgesetz) und dem **besonderen Kündigungsschutz**. Letzterer ist in folgenden Gesetzen geregelt:

- dem Mutterschutzgesetz,
- dem Gesetz zum Elterngeld und zur Elternzeit und
- dem Sozialgesetzbuch (SGB) IX (Regelung für schwerbehinderte Menschen).

Seit 2004 gilt das Kündigungsschutzgesetz für **Betriebe mit in der Regel mehr als zehn Arbeitnehmern**. Dabei werden Auszubildende nicht mitgezählt; teilzeitbeschäftigte Arbeitnehmer werden jeweils anteilig berücksichtigt. Kleinere Betriebe sind also vom Kündigungsschutz ausgenommen. Eine weitere Voraussetzung für die Anwendung des Kündigungsschutzgesetzes ist ein Arbeitsverhältnis, das in dem betreffenden Betrieb ununterbrochen mindestens sechs Monate bestanden hat.

Nach dem Kündigungsschutzgesetz ist eine Kündigung nur dann rechtswirksam,

- wenn sie sozial gerechtfertigt ist, d. h. durch Gründe, die in der Person oder im Verhalten des Arbeitnehmers liegen (etwa eine langfristige Arbeitsunfähigkeit), oder
- wenn dringende betriebliche Erfordernisse bestehen, die einer Weiterbeschäftigung des Arbeitnehmers entgegenstehen (z. B. ein dauerhafter Auftragsrückgang).

Urlaubsanspruch und Feiertage

Nach dem Bundesurlaubsgesetz hat jede abhängig Beschäftigte (Angestellte) einen Mindesturlaubsanspruch von 24 Werktagen im Jahr. Viele Arbeitgeber gewähren ihren vollzeitbeschäftigten Arbeitnehmern höhere Urlaubsansprüche, z. B. sechs Wochen im Jahr. In diesen Fällen müssen auch die Ansprüche der Teilzeitkräfte einschließlich der geringfügig Beschäftigten angepasst werden. Für sie gilt nämlich das Gleichbehandlungsgebot, nach dem sie ohne sachlichen Grund nicht benachteiligt werden dürfen (Artikel 3 Grundgesetz, Teilzeit- und Befristungsgesetz sowie Allgemeines Gleichbehandlungsgesetz) [→ Kap. 1.2.1, S. 36].

Der Urlaubsanspruch wird jeweils monatsweise in Höhe von einem Zwölftel des Jahresurlaubs ab Bestehen des Arbeitsverhältnisses erworben. Wer etwa einen jährlichen Anspruch auf 24 Tage Urlaub hat, kann nach vier Monaten Beschäftigung vier Zwölftel, also acht Tage, Urlaub in Anspruch nehmen. Der Urlaub kann allerdings nicht eigenmächtig in Anspruch genommen werden; betriebliche Belange, Absprachen unter den Kollegen und eventuelle Urlaubssperren in der Probezeit müssen berücksichtigt werden.

Gesetzliche Feiertage werden weder vom Monatslohn abgezogen noch mit dem Urlaubsanspruch verrechnet. Kann der Arbeitnehmer also wegen eines gesetzlichen Feiertages seine Leistung nicht erbringen, so ist die Arbeitgeberin trotzdem zur Zahlung des vereinbarten Arbeitsentgelts verpflichtet.

Lohnfortzahlung im Krankheitsfall

Jeder Arbeitnehmer hat nach dem Entgeltfortzahlungsgesetz einen Anspruch auf Fortzahlung seines regelmäßigen Arbeitsentgelts im Krankheitsfall. Die Arbeitgeberin ist verpflichtet, das Gehalt bis zu sechs Wochen nach Eintritt der Arbeitsunfähigkeit infolge einer Erkrankung weiterzuzahlen. Dieser Anspruch steht auch geringfügig und in Teilzeit Beschäftigten zu, allerdings nur für die Tage, an denen sie normalerweise zur Arbeitsleistung verpflichtet wären.

Sozialversicherungspflicht

Bei einem Arbeitsverhältnis besteht grundsätzlich eine Sozialversicherungspflicht nach den jeweiligen Beitragssätzen, davon ausgenommen sind die geringfügigen Beschäftigungsverhältnisse (sogenannte Minijobs). Die Sozialversicherung stellt einen weit reichenden Schutz für die Arbeitnehmer dar und garantiert die soziale Sicherheit der Gesellschaft.

Fünf Säulen der gesetzlichen Sozialversicherung				
Kranken-versicherung	**Renten-versicherung**	**Unfall-versicherung**	**Arbeitslosen-versicherung**	**Pflege-versicherung**
Beitrag: 15,5 %	Beitrag: 19,9 %	Beitrag: 15,5 %	Beitrag: 3,0 %	Beitrag: 1,95 %*
– 7,3 % zahlt der Arbeitgeber (AG) und 8,2 % der Arbeitnehmer (AN)	– 50 % zahlt der AG und 50 % der AN	– wird vom Arbeitgeber 100 % allein gezahlt	– 50 % zahlt der AG und 50 % der AN	– 50 % zahlt der AG und 50 % der AN (2,25 % in Sachsen)
Leistungen:	Leistungen:	Leistungen:	Leistungen:	Leistungen:
– übernimmt Kosten der Vorsorgeuntersuchungen, für Arzt- und Zahnarztbesuche, Krankenhausaufenthalt, Zuschuss bei Medikamenten – Krankengeld und Mutterschaftsgeld	– Rehabilitationen, Kuren, Heilbehandlungen – Altersrente, Erwerbsunfähigkeitsrente, Witwenrente, Halb- und Vollwaisenrente	– Maßnahmen zur Verhütung von Unfällen – Rehabilitationen, Kuren, Heilbehandlungen – Verletztengeld, Rente, Witwen-, Halb- und Vollwaisenrente	– Arbeitsvermittlung – Berufsberatung – Arbeitslosengeld, Arbeitslosengeld II, Kurzarbeitergeld, Schlechtwettergeld, Übergangsgeld bei Insolvenz eines Betriebes	– Leistungszuschüsse bei häuslicher, ambulanter, teilstationärer und stationärer Pflege in Form von Pflegegeld, Sachleistungen und Hilfsmitteln

* Kinderlose Arbeitnehmer ab einem Alter von 23 Jahren zahlen einen Zuschlag von 0,25 %

Steuerpflicht

Der Verdienst von abhängig Beschäftigten wird versteuert, d. h., es muss **Lohnsteuer** gezahlt werden. So benötigt etwa eine Kinderfrau eine **Lohnsteuerkarte**; die Arbeitgeber (z. B. die Eltern der zu betreuenden Kinder) müssen das Gehalt nach der auf der Lohnsteuerkarte eingetragenen Steuerklasse versteuern und die einbehaltene Lohnsteuer direkt an das zuständige Finanzamt abführen.

> **Wichtig:** Eine im Haushalt der Eltern beschäftigte Tagespflegeperson muss darauf achten, dass sie von den Eltern als den Arbeitgebern beim Finanzamt und den Sozialversicherungsträgern gemeldet wird.

Geringfügige Beschäftigung (Minijob)

Eine geringfügig entlohnte Beschäftigung, auch Minijob genannt, liegt vor, wenn das monatliche Arbeitsentgelt regelmäßig 400 Euro nicht überschreitet.

Bei einem Minijob gibt es drei Möglichkeiten der Besteuerung, zwischen denen der Arbeitgeber wählen kann:

- Lohnsteuerkarte,
- Pauschalbesteuerung oder
- pauschale Lohnsteuer.

Mit **Lohnsteuerkarte** hängt die Höhe des Steuerabzugs wesentlich von der Steuerklasse des Minijobbers ab. So werden in den Steuerklassen I bis IV bei einem Monatseinkommen von 400 Euro in der Regel keine Steuern fällig. In den Steuerklassen V und VI hingegen fallen schon bei geringen Einnahmen Steuern an (ca. 50 bzw. 60 Euro im Monat).

Der Arbeitgeber kann jedoch auch die sogenannte **Pauschalbesteuerung** wählen. Er zahlt dann pauschalierte Abgaben für Steuern, Sozialversicherung und sonstige Abgaben in Höhe von maximal 30,74% des Arbeitsentgelts an die Minijobzentrale. (Wenn die Arbeitnehmerin privat versichert ist, entfällt der Anteil für die Krankenversicherung.) In der Pauschale enthalten ist ein einheitlicher Pauschalsteuersatz von insgesamt 2%. Diese Pauschalbesteuerung kann der Arbeitgeber vom Gehalt des Minijobbers abziehen.

Für **Minijobs in privaten Haushalten** gilt gemäß § 8a Sozialgesetzbuch IV (SGB IV) eine geringere Abgabenquote von 14,34% (je 5% zur gesetzlichen Renten- und Krankenversicherung, 2% Pauschalsteuern und sonstige Abgaben in Höhe von 2,34%).

> **Achtung!** Ein eigener Versicherungsschutz entsteht durch die Zahlung der Pauschalbeiträge in beiden Fällen nicht. Die Beiträge zur Krankenversicherung sind rein solidarischer Natur. Lediglich in der gesetzlichen Rentenversicherung können die Arbeitnehmer geringe Rentenansprüche erwerben.

Eine weitere Möglichkeit ist die Zahlung einer **pauschalen Lohnsteuer**. In bestimmten Fällen – z. B. wenn ein Arbeitnehmer zwei 400-Euro-Jobs gleichzeitig oder einen Minijob neben einer Hauptbeschäftigung ausübt – muss der Arbeitgeber den pauschalen Rentenversicherungsbeitrag nicht zahlen. In diesem Fall gilt aber auch der Pauschalsteuersatz von 2% nicht mehr. Die pauschale Lohnsteuer liegt dann bei 20% des Arbeitslohns, hinzu kommen 5,5% der Lohnsteuer als Solidaritätszuschlag (und gegebenenfalls Kirchensteuer).

> **Hinweis:** In den meisten Fällen ist es günstiger, wenn der Arbeitnehmer eine Lohnsteuerkarte vorlegt.

Die pauschale Lohnsteuer wird nicht an die Minijobzentrale, sondern an das zuständige Finanzamt gezahlt.

Geringfügig entlohnte Beschäftigte haben die Möglichkeit, durch die Zahlung relativ niedriger eigener Beiträge vollwertige Pflichtbeitragszeiten in der gesetzlichen Rentenversicherung zu erwerben (sogenannte Aufstockung). Hierfür muss die Arbeitnehmerin schriftlich auf die Versicherungsfreiheit in der Rentenversicherung verzichten und sich bereiterklären, den Pauschalbeitrag des Arbeitgebers (5% beziehungsweise 15%) auf den vollen Beitrag (derzeit 19,9%) aufzustocken, wodurch auch ein Anspruch auf Riester-Förderung besteht. Der Verzicht bleibt bis zum Ende des Minijobs bestehen. Der Arbeitgeber ist verpflichtet, die Minijobberin zu Beginn ihrer Beschäftigung über diese Möglichkeit zu informieren.

Bei einer geringfügigen Beschäftigung im Privathaushalt ist zudem zwingend das Haushaltsscheckverfahren durchzuführen. Die Deutsche Rentenversicherung Knappschaft-Bahn-See vergibt eine Betriebsnummer für den Arbeitgeber, berechnet den pauschalen Sozialversicherungsbeitrag, die weiteren Umlagen nach dem Entgeltfortzahlungsgesetz sowie die Pauschalsteuer und zieht per Lastschriftverfahren an zwei Stichtagen (15. Januar und 15. Juli) die Beträge ein. Ein Formular dazu finden Sie im Anhang auf S. 143.

www.minijob-zentrale.de
Informationen zum Haushaltsscheckverfahren finden Sie unter „Privathaushalte als Arbeitgeber".

Gleitzonenregelung

Einkommen von 400,01 Euro bis 800 Euro befinden sich in der sogenannten Gleitzone; sie begründen grundsätzlich eine **Versicherungspflicht** in der Kranken-, Pflege-, Renten- und Arbeitslosenversicherung. Für die Meldungen zur Sozialversicherung und den Einzug der Versicherungsbeiträge ist hier nicht die Minijobzentrale, sondern die jeweilige Krankenkasse des Arbeitnehmers zuständig.

Die Gleitzone soll verhindern, dass Arbeitnehmer beim Überschreiten der 400-Euro-Grenze sofort mit dem vollen Beitragsanteil von etwa 21% belastet werden. Daher steigt der Arbeitnehmerbeitrag zur Sozialversicherung je nach Einkommen „gleitend" von ca. 9% (etwa 17 Euro) bis zu 50% (also dem vollen Arbeitnehmeranteil von rund 167 Euro) an, der Arbeitnehmer genießt aber bereits ab 400,01 Euro den vollen Leistungsanspruch der Sozialversicherung. So hat er etwa den vollen Anspruch auf alle Versicherungsleistungen der Rentenversicherung, auch wenn er nur einen reduzierten Beitrag zahlt. Ab einem Entgelt von 800 Euro ist der Arbeitnehmeranteil am Gesamtsozialversicherungsbeitrag genauso hoch wie der des Arbeitgebers. Letzterer zahlt *immer* den vollen Arbeitgeberanteil.

Das aus der Beschäftigung erzielte Entgelt unterliegt der **individuellen Besteuerung**, d.h., grundsätzlich müssen Lohnsteuer, Solidaritätszuschlag und gegebenenfalls Kirchensteuer vom Arbeitgeber an das Finanzamt abgeführt werden. Tatsächlich kommt es aber nur in den Steuerklassen V und VI zu einem Steuerabzug, da das maximal mögliche Jahresentgelt von 9.600 Euro unter den entsprechenden Steuerfreibeträgen liegt.

2 Abgrenzung nebenberufliche und hauptberufliche Tätigkeit

Es gibt abhängig beschäftigte Arbeitnehmer, die zusätzlich noch selbstständig tätig sein möchten. Dies ist vor allem bei Teilzeitbeschäftigungen der Fall. Hier stellt sich die Frage, wann die zusätzliche selbstständige Tätigkeit eine eigene Sozialversicherungspflicht auslöst [→ Teil D, Kap. 2.3]. Dafür ist es entscheidend, ob die zusätzliche Tätigkeit als nebenberuflich gelten kann oder ob sie hauptberuflichen Charakter hat.

2.1 Nebenberufliche Tätigkeit

Nimmt eine Tätigkeit nicht mehr als ein Drittel eines vergleichbaren Vollzeiterwerbs ein, so gilt sie prinzipiell als nebenberuflich. Das gilt auch für den Fall, dass eine Person keinen Hauptberuf, sondern nur eine nebenberufliche Tätigkeit ausübt.

Werden mehrere nebenberufliche Tätigkeiten parallel ausgeübt, so ist die Nebenberuflichkeit für jede Tätigkeit getrennt zu beurteilen. Dabei müssen jedoch gleichartige Tätigkeiten – z.B. mehrere Lehrtätigkeiten für verschiedene Bildungseinrichtungen – zusammengefasst werden.

2.2 Hauptberufliche Tätigkeit

Im Umkehrschluss setzt eine hauptberufliche Tätigkeit voraus, dass sie in Vollzeit ausgeübt wird, das bedeutet, mindestens 30 bis 40 Stunden pro Woche.

Eine selbstständige Erwerbstätigkeit gilt als hauptberuflich, wenn sie den **Mittelpunkt der Erwerbstätigkeit** bildet, d.h., wenn sie in ihrer wirtschaftlichen Bedeutung und ihrem zeitlichen Aufwand die übrigen Erwerbstätigkeiten zusammengenommen deutlich überwiegt.

Für die Beurteilung, ob eine Tätigkeit neben- oder hauptberuflich ist, müssen im jeweiligen Einzelfall die tatsächlichen Verhältnisse herangezogen werden. So ist auch bei einem geringeren Zeitaufwand als 18 Stunden pro Woche die Annahme einer hauptberuflichen selbstständigen Tätigkeit nicht ausgeschlossen; sie kann vorliegen, wenn die erzielten Einnahmen die **Haupteinnahmequelle** zum Bestreiten des Lebensunterhalts bilden.

3 Kindertagespflege in der Mietwohnung

Grundsätzlich ist die Durchführung von Kindertagespflege auch in einer Mietwohnung oder einem angemieteten Haus zulässig; sie darf allerdings den Wohnzwecken nicht entgegenstehen. Diese Bedingung wird auf jeden Fall erfüllt, solange es sich bei der Tagespflege um eine Tätigkeit **ohne Mitarbeiter** und ohne ins Gewicht fallenden **Kundenverkehr** handelt und wenn sie in der Wohnung stattfindet, in der die Tagespflegeperson selbst lebt.

Der Bundesgerichtshof (BGH) hat in seinen diesbezüglichen Urteilen immer darauf geachtet, ob man bei der Ausübung der Kindertagespflegetätigkeit im Einzelnen noch von „Wohnen" sprechen kann. Es kommt dabei immer auf den Umfang der Tätigkeit und auch auf den Einzelfall an. Folgendes Urteil hat der BGH zu diesem Sachverhalt am 14. Juli 2009 gesprochen:

> „Berufliche Tätigkeiten, die der Mieter – etwa im häuslichen Arbeitszimmer – ausübt, ohne dass sie nach außen in Erscheinung treten, fallen nach der Verkehrsanschauung von vornherein unter den Begriff des ‚Wohnens' … Bei geschäftlichen Aktivitäten freiberuflicher oder gewerblicher Art, die nach außen in Erscheinung treten, liegt hingegen eine Nutzung vor, die der Vermieter einer Wohnung ohne entsprechende Vereinbarung grundsätzlich nicht dulden muss. Der Vermieter kann jedoch im Einzelfall nach Treu und Glauben verpflichtet sein, eine Erlaubnis zur teilgewerblichen Nutzung zu erteilen.
>
> Sie wird insbesondere dann in Betracht kommen, wenn es sich nur um eine Tätigkeit ohne Mitarbeiter und ohne ins Gewicht fallenden Kundenverkehr handelt. …
>
> Ein Anspruch auf Gestattung kommt dagegen regelmäßig nicht in Betracht, wenn für die geschäftliche Tätigkeit Mitarbeiter des Mieters in der Wohnung beschäftigt werden."

Quelle: Bundesgerichtshof: Mitteilung der Pressestelle Nr. 151/2009, Karlsruhe, 14. Juli 2009

Dieses Urteil konkretisiert mehrere frühere amts- und landgerichtliche Urteile aus den Jahren 1982 bis 1992. Diese besagen vor allem, dass der Umfang der Tagespflege Wohnzwecken nicht entgegenstehen darf. Das bedeutet insbesondere, dass es sich nicht um eine gewerbsmäßige Betreuung handeln darf.

Beispiele Herr Jung möchte in seiner Mietwohnung in einem Mehrfamilienhaus drei Tageskinder gleichzeitig betreuen. Hier steht die Tagespflege Wohnzwecken nicht entgegen: Herr Jung wohnt selbst mit seiner Familie in der Wohnung, die Tätigkeit übt er alleine ohne Mitarbeiter aus und der Kundenverkehr zu Bring- und Abholzeiten ist überschaubar.

Frau Wolf mietet eine Wohnung an, die sie ausschließlich für die Kindertagespflege nutzt. Zusammen mit einer anderen Tagespflegeperson betreut sie neun Kinder gleichzeitig. Der Kundenverkehr zu Bring- und Abholzeiten ist nicht unerheblich. Hier steht die Tagespflege Wohnzwecken eindeutig entgegen.

Bei einer Einschätzung kommt es trotz alledem immer auf die konkreten Umstände des Einzelfalls an. In jedem Fall sollte man seine Vermieterin und die Nachbarn über die Aufnahme der Tagespflegetätigkeit informieren.

Die Vermieterin kann eine **Änderung des Mietvertrags** und einen **Zuschlag auf die Mietnebenkostenvorauszahlung** verlangen, da sich die Kinderbetreuung auf die Betriebskosten (z. B. für Wasser, Müllabfuhr oder Hausreinigung) auswirkt.

4 Gewerbeschein

Kindertagespflege ist kein Gewerbe, sondern eine freiberufliche Tätigkeit. Als erzieherische Tätigkeit fällt sie unter die Katalogberufe des § 18 EStG [→ Kap. 1.1]. Sie brauchen deshalb keinen Gewerbeschein. Dies gilt auch für Großtagespflegestellen (§ 6 Gewerbeordnung).

5 Vergütung

5.1 Private Vergütung

Am einfachsten ist die Frage nach der Vergütung der Kindertagespflege zu beantworten, wenn diese ausschließlich aufgrund einer privaten Betreuungsvereinbarung zwischen Tagespflegeperson und Personensorgeberechtigten erfolgt. In diesem Fall kann die Tagespflegeperson ein **Betreuungsgeld** verlangen, welches sie selbst festlegt. Dabei sollte sie berücksichtigen, dass sich das Betreuungsgeld grundsätzlich in zwei Posten aufteilen lässt:

- das **Erziehungs- oder Betreuungsgeld** (auch Anerkennungsbeitrag genannt) für die Förderleistung und
- das **Pflegegeld** für die Erstattung von Unkosten (sogenannter Sachaufwand).

Individuell kann für das Betreuungsgeld entweder ein **Stundensatz** oder eine **monatliche Pauschale** vereinbart werden. Darüber hinaus kann das Betreuungsgeld Urlaubs- und Krankheitstage von Tageskind wie Tagespflegeperson beinhalten oder auch ausschließen.

In jedem Fall sollte die Tagespflegeperson für sich eine **individuelle Kalkulation** erstellen, die ihrer persönlichen Situation und ihrer wirtschaftlichen Zielsetzung Rechnung trägt. Dabei muss sie ihre monatlichen Fixkosten wie Miete, Versicherungen, Einkommensteuer etc. berücksichtigen, und sie muss sich überlegen, in welchem Rahmen sie die Tagespflege durchführen will:

- nebenberuflich als Hinzuverdienst, wenn ein festes Einkommen – beispielsweise das des Ehepartners – vorhanden ist, oder
- hauptberuflich, um aus dieser Tätigkeit das vollständige Gesamteinkommen zu erzielen, das die Lebensgrundlage bilden soll.

5.2 Finanzielle Förderung

Zur öffentlichen Förderung der Kindertagespflege gehört auch die „Gewährung einer laufenden Geldleistung" (§ 23 Absatz 1 SGB VIII). Dieser Anspruch besteht allein gegenüber dem Träger der öffentlichen Jugendhilfe und umfasst

- die Erstattung angemessener Kosten, welche der Tagespflegeperson für ihren Sachaufwand entstehen (Pflegegeld),
- einen Betrag, der die Förderungsleistung der Tagespflegeperson anerkennt (Erziehungs- oder Betreuungsgeld),
- die Erstattung von Beiträgen für eine Unfallversicherung sowie die hälftige Erstattung von Aufwendungen zu einer angemessenen Alterssicherung der Tagespflegeperson und
- die hälftige Erstattung von Aufwendungen für eine angemessene Kranken- und Pflegeversicherung (§ 23 Absatz 2 SGB VIII).

Ist eine Vermittlung erfolgt oder wurde bei privat organisierter Tagespflege die Eignung festgestellt, so hat die Tagespflegeperson gegenüber dem Träger der öffentlichen Jugendhilfe einen Anspruch auf die volle Geldleistung. Diese darf nicht mit einer etwaigen Kostenbeteiligung der Sorgeberechtigten [→ Kap. 5.2.5] verrechnet werden.

5.2.1 Pflegegeld und Erziehungsgeld

Da es zu den Einzelheiten der finanziellen Förderung keine bundeseinheitliche Regelung gibt (§ 23 Absatz 2a SGB VIII), handhaben die Bundesländer – und darüber hinaus auch die Kommunen – diese sehr unterschiedlich [→ Teil G]. So zahlen die Träger der Jugendhilfe teilweise einen **festen Stundensatz** an die Tagespflegepersonen, teilweise eine **monatliche Pauschale** nach Stundenkontingenten (z. B. Betrag X für 15 bis 24 Stunden monatlich, Betrag Y ab 25 Stunden). Betreuungszeiten über Nacht (von 22.00 Uhr bis 6.00 Uhr) werden meist nicht mit dem vollen Stundensatz berücksichtigt, sondern lediglich anteilig, denn in dieser Zeit erfolgt keine Förderung.

Oftmals wird nicht mehr zwischen Pflegegeld und Erziehungsgeld unterschieden. Dies ist jedoch beispielsweise für die Anrechnung bei Bezug von ALG II wichtig [→ Kap. 8.3]. Mittlerweile ist eine Aufteilung in ein Drittel Pflegegeld und zwei Drittel Erziehungsgeld üblich; es gibt aber auch den umgekehrten Fall und noch ganz andere Lösungen.

Die Kosten, die der Tagespflegeperson für ihren Sachaufwand entstehen, sind zu erstatten, sofern diese angemessen sind. Werden Pauschalen gezahlt und kann die Tagespflegeperson im Einzelfall tatsächlich höhere und angemessene Aufwendungen nachweisen, so muss ein Ausgleich erfolgen.

Das Erziehungsgeld ist leistungsgerecht auszugestalten. Zu berücksichtigen sind dabei die Qualifikation der Tagespflegeperson sowie die Zahl der zu betreuenden Kinder und deren Förderbedarf. Auch die Aufwendungen der Tagespflegeperson für ihre Sozialversicherungen [→ Kap. 5.2.3] werden unterschiedlich interpretiert und behandelt.

Pflegegeld   *Erziehungsgeld*

5.2.2 Übernahme der Kosten für eine Unfallversicherung

Die Förderung von Kindertagespflege umfasst auch die Erstattung von Aufwendungen für die Beiträge zu einer Unfallversicherung (§ 23 Absatz 2 SGB VIII). Diese müssen von der Tagespflegeperson nachgewiesen werden und „angemessen" sein.

Der Beitrag zur gesetzlichen Unfallversicherung beträgt derzeit ca. 85 Euro im Jahr[1]. Die Erstattung ist steuerfrei.

---

[1] Stand: März 2011

5.2.3 Zuschüsse zu Kranken- und Rentenversicherung

Auch die Aufwendungen der Tagespflegeperson für eine Alterssicherung sowie für eine Kranken- und Pflegeversicherung müssen nachgewiesen werden und „angemessen" sein. Die Beiträge werden jeweils zur Hälfte erstatten, in den einzelnen Bundesländern wird allerdings sehr unterschiedlich interpretiert, was „angemessen" ist.

> **Beispiel** Frau Schwarz betreut vier Tageskinder in Vollzeit. Zwei Kinder werden vom Jugendamt gefördert; für sie erhält Frau Schwarz vom Jugendamt insgesamt 1.632 Euro im Monat. Nach Abzug der Betriebsausgabenpauschale [→ Teil E, Kap. 2.2.1] in Höhe von 600 Euro verbleiben 1.032 Euro zu versteuernder Gewinn. Die beiden anderen Kinder werden nicht vom Jugendamt finanziert, ihre Eltern sind Privatzahler. Für diese Kinder erhält Frau Schwarz nochmals insgesamt 1.600 Euro monatlich. Hier verbleiben nach Abzug der Betriebskostenpauschale 1.000 Euro zu versteuernder Gewinn. Insgesamt hat sie also einen zu versteuernden Gewinn in Höhe von 2.032 Euro im Monat.
>
> Frau Schwarz muss insgesamt folgende Sozialversicherungsbeiträge zahlen:
>
> | Rentenversicherung | 404,37 Euro |
> |---|---|
> | Krankenversicherung | 302,79 Euro |
> | Pflegeversicherung | 39,62 Euro |
> | insgesamt | 746,78 Euro |
>
> Das Jugendamt erstattet jedoch nur jeweils die Hälfte der Beträge, die sich aus der öffentlich geförderten Tagespflege (1.032 Euro) ergeben:
>
> | Rentenversicherung | 205,37 Euro | davon die Hälfte: 102,69 Euro |
> |---|---|---|
> | Krankenversicherung | 153,78 Euro | davon die Hälfte: 76,89 Euro |
> | Pflegeversicherung | 20,12 Euro | davon die Hälfte: 10,06 Euro |
> | insgesamt | 379,27 Euro | davon die Hälfte: 189,64 Euro |
>
> Von ihren Aufwendungen für Versicherungsbeiträge in Höhe von 746,78 Euro bekommt Frau Schwarz 189,64 Euro erstattet. Die Differenz in Höhe von 557,14 Euro muss sie selber tragen.

Gestattet oder toleriert das Jugendamt private Zuzahlungen der Eltern, legt dies den Schluss nahe, dass die vom Jugendamt gewährte „laufende Geldleistung" die Kosten einer bedarfsgerechten Betreuung nicht deckt. Sollte in diesem Fall durch die Zuzahlungen die Einkommensgrenze für Kranken-, Pflege- oder Rentenversicherung überschritten werden, so sind die Beiträge als angemessen anzuerkennen und hälftig zu erstatten.

Auch hier sollten Sie sich in jedem Fall bei dem jeweils zuständigen Jugendamt nach den geltenden Regelungen erkundigen. Auch diese Erstattung ist steuerfrei.

Wenn durch die Betreuungskonstellation ein Angestelltenverhältnis begründet wird – etwa bei der Betreuung von Kindern im Haushalt der Sorgeberechtigten –, darf sich der arbeits- und sozialversicherungsrechtliche Status der Tagespflegeperson (Kinderfrau) nicht zulasten der betreuungsbedürftigen Kinder und Eltern auswirken. Auch bei einem Angestelltenverhältnis muss der öffentliche Träger daher grundsätzlich angemessene Kranken-, Pflege- und Rentenversicherungsbeiträge zur Hälfte erstatten, soweit eine öffentliche Förderung gewährt wird.

Da in diesem Fall die Eltern als Arbeitgeber sowohl gegenüber der Tagespflegeperson als auch im Verhältnis zu den Sozialkassen verpflichtet sind, kann über einen <u>öffentlich-rechtlichen Vertrag</u> zwischen Jugendamt und Tagespflegeperson beziehungsweise Eltern die Zahlung der laufenden Geldleistung und der Zuschüsse zur Sozialversicherung an die Eltern (etwa auf dem Wege einer Abtretung) vereinbart werden (§§ 53 ff. SGB X). Die Eltern müssen diese dann an die Tagespflegeperson und die Versicherungsträger weiterleiten. Das Jugendamt kann bei der Formulierung helfen.

5.2.4 Zuschüsse bei nicht geförderter Kindertagespflege

Das Jugendamt kann geeignete Tagespflegepersonen vermitteln, ohne zugleich auch die Kosten für die Tagespflege zu übernehmen (§ 24 Absatz 5 SGB VIII, gültig bis 31. Juli 2013); in diesem Fall besteht keine Verpflichtung zur finanziellen Förderung. Dennoch *können* der Tagespflegeperson Aufwendungen für ihre Beiträge zu einer Unfallversicherung vollständig sowie für Beiträge zu einer angemessenen Alterssicherung zur Hälfte erstattet werden. Die Entscheidung hierüber treffen die Träger der öffentlichen Jugendhilfe jeweils für den Einzelfall.

> **Beispiel** Frau Hansen sucht eine Tagespflegestelle für ihren zweijährigen Sohn, da sie an zwei Tagen in der Woche ein Ehrenamt ausübt. Das Jugendamt vermittelt Frau Hansen als Tagespflegeperson Frau Kunze, übernimmt jedoch nicht die Betreuungskosten, da kein Förderungsanspruch besteht (§ 24 Absatz 3 SGB VIII). Frau Kunze sollte sich allerdings beim Jugendamt erkundigen, ob ihr möglicherweise trotzdem Aufwendungen für Versicherungsbeiträge erstattet werden.

5.2.5 Kostenbeteiligung

Für die Inanspruchnahme von Kindertagespflege können die Sorgeberechtigten auch bei festgestelltem Anspruch auf Förderung in Kindertagespflege zu einer pauschalen Kostenbeteiligung herangezogen werden. Zuständig für die Beitragserhebung ist der örtliche Träger der öffentlichen Jugendhilfe am Wohnort der Sorgeberechtigten (§ 86 SGB VIII).

Teilweise erheben die Träger der Jugendhilfe die Kostenbeiträge einkommensabhängig; in anderen Kommunen wird nach dem „Windhundprinzip" gefördert („Wer zuerst kommt, mahlt zuerst"), solange finanzielle Mittel zur Verfügung stehen.

> **Wichtig:** Der Träger der öffentlichen Jugendhilfe darf das Erheben der Kostenbeteiligung nicht durch Abtretung oder Einzugsermächtigung auf die Tagespflegeperson übertragen.

5.3 Finanzielle Förderung und private Zuzahlung

Wenn Sie Ihre Betreuungsleistung als Tagespflegeperson durch die öffentliche Förderung allein nicht angemessen honoriert sehen, können Sie möglicherweise gegenüber den Personensorgeberechtigten eine private Zuzahlung in Rechnung stellen. Beim zuständigen Träger der Jugendhilfe erfahren Sie, ob eine Zuzahlung in Ihrem Fall gestattet ist.

Prinzipiell sind private Zuzahlungen von Dritten – insbesondere den Eltern – im SGB VIII nicht ausdrücklich geregelt. Erkennt das Jugendamt den Betreuungsbedarf an oder besteht ein Rechtsanspruch auf Betreuung, so muss es grundsätzlich für alle aus der bedarfsgerechten Betreuung resultierenden Kosten einstehen. Dies gilt beispielsweise auch für die Kosten einer angemessenen Verpflegung, die als Sachaufwand zu erstatten sind.

Eine bundesweit einheitliche Regelung zu privaten Zuzahlungen gibt es nicht. Teilweise haben die Länder bereits eigene Richtlinien beschlossen, manche Kommunen entscheiden diese Frage individuell durch Nebenbestimmungen in der Pflegeerlaubnis.

> **Beispiel** Herr Meier betreut ein öffentlich gefördertes Tageskind. Das Jugendamt bewilligt 25 Stunden pro Woche und zahlt einen Stundensatz von 4,50 Euro. In der Nebenbestimmung zur Pflegeerlaubnis wird eine private Zuzahlung der Sorgeberechtigten an die Tagespflegeperson untersagt. Herr Meier darf also von den Eltern keine Zuzahlung verlangen, um auf einen höheren Stundensatz zu kommen. Wenn allerdings die Eltern mit den 25 öffentlich geförderten Stunden nicht auskommen und Herr Meier fünf Stunden pro Woche zusätzlich betreut, kann er das Betreuungshonorar für die zusätzlichen Stunden frei mit den Sorgeberechtigten aushandeln. Für diese könnte er dann einen höheren Stundensatz verlangen.

Bei Stundenkontingenten ist zu beachten, dass diese erst voll ausgeschöpft werden müssen.

> **Beispiel** Das Jugendamt zahlt für ein Kontingent von 20 bis 29 Wochenstunden 462 Euro im Monat. Wenn es eine Betreuung von 20 Stunden pro Woche genehmigt, die Eltern aber 25 Stunden in Anspruch nehmen wollen, kann die Tagespflegeperson kein zusätzliches Entgelt verlangen: Die 25 Stunden werden noch vom Stundenkontingent erfasst. Erst ab der 30. Betreuungsstunde wäre eine private Zuzahlung zulässig.

Wird eine private Zuzahlung gestattet, so wird diese im Betreuungsvertrag festgehalten [→ Teil D]; den Personensorgeberechtigten muss dann auf Wunsch eine entsprechende Rechnung zur steuerlichen Geltendmachung der Betreuungskosten ausgestellt werden.

6 Geschäftskonto

Ein separates Geschäftskonto ist für Selbstständige nicht zwingend vorgeschrieben, dennoch ist es – auch für Freiberufler – durchaus sinnvoll, eines zu führen. Ein Geschäftskonto vermittelt einen besseren Überblick über die eigene Finanzsituation, erlaubt eine eindeutige Zuordnung von Ein- und Ausgaben und macht auch dem Steuerberater das Leben leichter.

Bei der Eröffnung eines Girokontos muss zwischen einem echten Geschäftskonto, das auch von der betreffenden Bank so bezeichnet wird, und einem zweiten Privatkonto, das als Geschäftskonto genutzt wird, unterschieden werden.

> **Achtung!** Die **geschäftliche Nutzung eines Privatkontos** wird oftmals in den allgemeinen Geschäftsbedingungen der Banken untersagt, auch wenn sie bei nur wenigen Buchungsvorgängen in der Praxis gelegentlich toleriert wird.

Ein echtes Geschäftskonto ist nur in seltenen Fällen kostenlos, die tatsächlichen Kosten hängen vor allem vom jeweiligen Nutzungsumfang ab. Für Kunden mit sehr vielen Buchungen werden auch Tarife angeboten, die eine bestimmte Anzahl kostenfreier Buchungen erlauben oder diese sogar gänzlich kostenfrei stellen. Dafür ist dann oft die monatliche Grundgebühr für das Geschäftskonto etwas höher.

7 Investitionskostenzuschuss

Seit Anfang 2008 kann jede Tagespflegeperson zusätzlich zu Pflegegeld und Betreuungs- oder Erziehungsgeld weitere Mittel für Sachinvestitionen beim örtlichen Jugendamt beantragen. Solche Investitionen können z. B. Wickelkommoden, Betten, Erstausstattung oder Spielgeräte sein; zum Teil gibt es auch Zuschüsse für gezielte Renovierungen im Kinderzimmer oder für den Kauf eines Computers zu Weiterbildungszwecken. Es gibt allerdings **keinen Rechtsanspruch** auf diese Mittel.

Der Staat stellt bis zum Jahr 2013 insgesamt 2,15 Milliarden Euro für Investitionen beim Ausbau der Betreuungsangebote für Kinder von ein bis drei Jahren bereit; die Tagespflege ist darin ganz ausdrücklich mit einbezogen. Fördermittel gibt es für jedes Bundesland [→Teil G]. Dabei regeln die Länder individuell, welche konkreten Investitionen jeweils gefördert werden. In vielen Bundesländern werden je Betreuungsplatz bestimmte **Pauschalbeträge** für ein Paket von Investitionen genehmigt.

Die Investitionskosten unterliegen nicht der Einkommensteuerpflicht; sie sind zwar Einnahmen, zählen jedoch nicht zum steuerpflichtigen Einkommen [→ Teil E, Kap. 2.2]. In den Steuerformularen ist die Angabe dieser Mittel nicht vorgesehen; es sollte jedoch auf diese Zahlungen hingewiesen werden. Dafür reicht eine formlose Anlage zur Steuererklärung aus, in der die Zuschüsse aufgeführt sind.

> **Wichtig:** Einige Jugendämter erstatten zusätzlich die Kosten für die Qualifizierung zur Tagespflegeperson, entweder vollständig oder zumindest zur Hälfte. Diese Zuschüsse sind in den einzelnen Ländern unterschiedlich geregelt, deshalb sollten Sie sich beim örtlichen Jugendamt danach erkundigen.

8 Anrechnung des Einkommens auf staatliche Leistungen

Auch wer bestimmte staatliche Leistungen bezieht, darf nebenberuflich – z. B. als Tagespflegeperson – Geld verdienen. Das Einkommen aus dieser Tätigkeit muss gemeldet werden und wird mit den staatlichen Leistungen verrechnet. Hierfür gibt es je nach Leistung unterschiedliche Regelungen.

> **Achtung!** Verdienen Bezieher von Arbeitslosengeld (ALG) I oder II als Selbstständige in der Kindertagespflege hinzu, müssen sie dennoch uneingeschränkt für Vermittlungen in andere Beschäftigungen zur Verfügung stehen. Das kann bedeuten, dass das Betreuungsangebot kurzfristig entfallen muss, was dem Anspruch einer verlässlichen und längerfristig angelegten Betreuung widerspricht. Für diese Fälle müssen Tagespflegeperson und Jugendamt verlässliche Vertretungsregelungen schaffen; hierzu sind die Träger der öffentlichen Jugendhilfe ohnehin verpflichtet (§ 23 Absatz 4 SGB VIII).

8.1 Elterngeld

Während der Elternzeit dürfen grundsätzlich Tätigkeiten mit einem Umfang von bis zu 30 Wochenstunden ausgeübt werden (§ 15 Absatz 4 Gesetz zum Elterngeld und zur Elternzeit BEEG). In der Kindertagespflege darf diese Grenze überschritten werden, wenn nicht mehr als fünf Kinder durch die Tagespflegeperson betreut werden, die Elterngeld bezieht.

Die selbstständige Tätigkeit als Tagespflegeperson bedarf ebenso wie eine nicht selbstständige Teilzeitbeschäftigung der **Zustimmung des Arbeitgebers**. Die Einnahmen werden auf das Elterngeld angerechnet, wenn dieses die Mindestsumme von 300 Euro (bei Mehrlingsgeburten je Kind) übersteigt.

Für dich bekomme ich Elterngeld, und für die anderen Betreuungsgeld.

8.2 Arbeitslosengeld I

Beim Bezug von ALG I dürfen monatlich 165 Euro netto [→ Teil E, Kap. 2.2] „zu versteuerndes Einkommen" anrechnungsfrei hinzuverdient werden. Dabei darf eine Wochenarbeitszeit von 15 Stunden nicht überschritten werden.

Für Selbstständige werden vor der Anrechnung pauschal 30 % der Betriebseinnahmen (d. h. des Hinzuverdienstes) als Betriebsausgaben angesetzt. Alternativ kann für eine Ganztagesbetreuung von mindestens acht Stunden täglich auch eine Betriebskostenpauschale von 300 Euro pro Monat und Kind berücksichtigt werden. Ist die Betreuungszeit kürzer, wird die Pauschale anteilig gekürzt (Durchführungsanweisung zu § 141 SGB III Rn. 121a).

Achtung! Das Nebeneinkommen muss der Agentur für Arbeit in jedem Fall angezeigt werden.

8.2.1 Existenzgründungszuschuss

Bezieher des ALG I, die sich selbstständig machen wollen, können den sogenannten Existenzgründungszuschuss beantragen (§ 57 SGB III). Dazu müssen sie einen Businessplan erstellen, der unter anderem eine Liquiditäts- und Rentabilitätsvorschau enthält, also eine Kalkulation der voraussichtlichen Investitionen, Einnahmen und Ausgaben. Der Businessplan muss anschließend von einer fachkundigen Stelle (z. B. der Industrie- und Handelskammer, einem Kreditinstitut oder auch einem anerkannten Steuerberater) begutachtet werden.

Bei Aufnahme der selbstständigen Tätigkeit müssen die Gründerinnen noch einen Restanspruch auf ALG I von mindestens 90 Tagen haben.

Der Gründungszuschuss wird in **zwei Phasen** geleistet: Für neun Monate erhält die Gründerin einen monatlichen Zuschuss in Höhe des zuletzt bezogenen ALG I zur Sicherung des Lebensunterhalts sowie 300 Euro zur sozialen Absicherung. Für weitere sechs Monate können 300 Euro pro Monat zur sozialen Absicherung gewährt werden; dafür müssen eine intensive Geschäftstätigkeit und hauptberufliche unternehmerische Aktivitäten nachgewiesen werden.

Die Dauer des Anspruchs auf ALG I verringert sich (in den ersten neun Monaten der Unterstützung) um die Anzahl von Tagen, für die ein Gründungszuschuss gezahlt wurde.

8.3 Arbeitslosengeld II

Das AGL II ist eine bedarfsorientierte Leistung. Es handelt sich also nicht um einen einheitlichen pauschalen Geldbetrag, sondern um notwendige Zahlungen für den Lebensunterhalt, für Unterkunft und Heizung sowie für anfallende Kranken- und Pflegeversicherungsbeiträge. Jedes Einkommen aus einer Erwerbstätigkeit ist dabei grundsätzlich anzurechnen. Es werden jedoch **prozentuale Freibeträge** nach einer komplizierten Berechnungsmethode gewährt.

Bei Einnahmen aus selbstständiger Tätigkeit ist als Einkommen ein Zwölftel des Betriebsgewinns (Ergebnis einer Gewinn-und-Verlust-Rechnung) im betreffenden Kalenderjahr anzugeben. Davon abgezogen werden die Betriebsausgaben, das Ergebnis ist das anzurechnende Einkommen.

> **Hinweis:** Laut ALG-II-Verordnung sind (anders als im Steuerrecht) nur „notwendige und nachgewiesene" Betriebsausgaben abzugsfähig (§ 3 Absatz 2). Die Ausgaben müssen unvermeidbar gewesen sein (hierüber entscheidet der Fallmanager) und tatsächlich geleistet worden sein.

Von dem ermittelten Monatseinkommen wird ein monatlicher Grundfreibetrag in Höhe von 100 Euro abgezogen. Danach werden von dem Restbetrag folgende Freibeträge abgezogen:

- bei einem Einkommen bis 1.000 Euro 20 % (bis 30. Juni 2011 bis 800 Euro),
- bei einem Einkommen über 1.000 Euro 10 %[2] (bis 30. Juni 2011 über 800 Euro).

Die **Obergrenzen** für diese Freibeträge liegen bei einem Einkommen von 1.200 Euro für Alleinstehende und 1.500 Euro für eine Bedarfsgemeinschaft. Alles, was darüber hinausgeht, wird ebenfalls vom ALG II abgezogen.

Hat man einen Gewinn von 400 Euro oder mehr im Monat, muss man die Sozialversicherung selbst übernehmen.

---

[2] Stand: März 2011

8.3.1 ALG II und öffentlich geförderte Kindertagespflege

Werden bei Bezug von ALG II Einkünfte durch öffentlich geförderte Kindertagespflege erzielt, gelten einige Sonderregelungen. Diese wirkten sich durch das „Gesetz zur Fortentwicklung der Grundsicherung für Arbeitsuchende" vom 20. Juli 2006 auf das zu berücksichtigende Einkommen aus.

> **Wichtig:** Grundsätzlich wird die Erstattung des Sachaufwands (Pflegegeld) [→Kap. 5.2] im Sinne des SGB II nicht als Einkommen angesehen.

Für den Abzug des Erziehungsgelds (Förderleistung) vom ALG II gelten im Einzelnen folgende Regelungen:

- Für das erste und zweite Pflegekind wird das Erziehungsgeld nicht angerechnet,
- für das dritte Pflegekind wird es zu 75% angerechnet,
- für das vierte und jedes weitere Pflegekind in voller Höhe (§ 11 Absatz 4 SGB II).

Die Höhe des Erziehungsgelds variiert je nach Betreuungsaufwand, ist jedoch für seine Anrechnung unerheblich. Diese richtet sich allein nach der Anzahl der betreuten Kinder und danach, wie lange sie schon betreut werden. Das Erziehungsgeld für die zwei am längsten betreuten Tageskinder bleibt grundsätzlich anrechnungsfrei (§ 11 Absatz 4 Nr. 1).

Beispiel Frau Müller bezieht ALG II und betreut vier Tageskinder, die öffentliche Förderung erhalten. Ihre monatlichen Einnahmen unterteilen sich wie folgt:

	Einnahmen	Sachaufwand	Förderleistung
1. Kind	462,00 Euro	185,00 Euro	278,00 Euro
2. Kind	647,00 Euro	259,00 Euro	388,00 Euro
3. Kind	75,00 Euro	30,00 Euro	45,00 Euro
4. Kind	518,00 Euro	208,00 Euro	310,00 Euro
Gesamt	1.702,00 Euro		

Die Kinder wurden in der Reihenfolge 1–4 in den Haushalt aufgenommen. Das Erziehungsgeld wird entsprechend angerechnet:

1. Kind	0,00 Euro
2. Kind	0,00 Euro
3. Kind	33,75 Euro (75 % von 45,00 Euro)
4. Kind	310,00 Euro (volle Anrechnung der Förderleistung)
Anrechnungsbetrag:	343,75 Euro

Frau Müller werden also 343,75 Euro auf ihr ALG II angerechnet.

8.3.2 Private Kindertagespflege

Einnahmen von privater Seite fallen nicht unter die Sonderregelungen für öffentlich geförderte Kindertagespflege. In diesem Fall ist bei der Berechnung des Einkommens die **ALG-II-Verordnung** zu beachten [→ S. 50].

Ist das anzurechnende Einkommen geringer als die halbe Regelleistung für ALG-II-Bezieher (ab 1. Juli 2011 sind dies 182,00 Euro[3]), so bleibt es vollständig unberücksichtigt. Die Tagespflegeperson kann in diesem Fall die komplette Summe ohne Abzüge behalten.

Beispiele Frau Weiß bezieht ALG II und betreut zwei Tageskinder in Vollzeit. Die Eltern sind Privatzahler. Ihr auf das ALG II anzurechnendes monatliches Einkommen ergibt sich aus der folgenden Rechnung:

	Einnahmen	Sachaufwand	Förderleistung
1. Kind	900,00 Euro	300,00 Euro	600,00 Euro
2. Kind	900,00 Euro	300,00 Euro	600,00 Euro

Einnahmen	1.800,00 Euro
Abzug Betriebsausgaben	600,00 Euro
Zwischensumme	1.200,00 Euro
Abzug Freibetrag pauschal	100,00 Euro
Zwischensumme	1.100,00 Euro
Abzug Freibeträge prozentual: 20 % von 1.000,00 Euro 10 % von 100,00 Euro	200,00 Euro 10,00 Euro
Anrechnungsbetrag	890,00 Euro

Frau Weiß muss ihre Sozialversicherung selbst tragen [→ Kap. 8.3, S. 49].

Herr Freund bezieht ALG II und betreut ein Tageskind täglich fünf Stunden zu einem Stundensatz von 4,50 Euro. Die Eltern sind Privatzahler. Sein monatlicher Anrechnungsbetrag berechnet sich wie folgt:

Einnahmen	Förderleistung	Sachaufwand
450,00 Euro	161,50 Euro	187,50 Euro

Einnahmen	450,00 Euro
Abzug Betriebsausgaben	187,50 Euro
Zwischensumme	262,50 Euro
Abzug Freibetrag pauschal	100,00 Euro
Zwischensumme	162,50 Euro
Abzug Freibetrag prozentual: 20 % von 162,50 Euro	32,50 Euro
Summe	130,00 Euro

Es erfolgt keine Anrechnung auf das ALG II, da der errechnete Betrag geringer ist als die halbe Regelleistung für ALG-II-Bezieher.

---

[3] Stand: März 2011

8.3.3 Einstiegsgeld

Bezieher von ALG II, die sich mit einer hauptberuflichen Tätigkeit selbstständig machen wollen, können das sogenannte Einstiegsgeld beantragen (§ 16 Absatz 2 Nr. 5 SGB II). Die Förderungsdauer beträgt maximal 24 Monate. Ob und in welcher Höhe man das Einstiegsgeld erhält, entscheidet jeweils die persönliche Ansprechpartnerin (Fallmanagerin) im Jobcenter. Dabei prüft sie, ob die angestrebte Tätigkeit der **beruflichen Eingliederung** dient.

Der **Grundbetrag** des Einstiegsgeldes wird auf der Grundlage der monatlichen Regelleistung des ALG II errechnet. Ergänzend dazu kann ein weiterer Betrag bewilligt werden, der die vorherige Dauer der Arbeitslosigkeit, die Größe des Haushaltes oder die besonderen persönlichen Umstände des Antragstellers berücksichtigt. Das Einstiegsgeld kann auch dann weiter geleistet werden, wenn die Hilfsbedürftigkeit durch oder nach Aufnahme der Erwerbstätigkeit entfällt.

8.4 Wohngeld

Erhält die Tagespflegeperson Wohngeld, so wird ihr steuerpflichtiges Einkommen bei der Einkommensermittlung berücksichtigt (§ 14 Wohngeldgesetz WoGG). Bei Selbstständigen wird das steuerpflichtige Einkommen (Gewinn) durch eine Einnahmen-Überschuss-Rechnung [→ Teil E, Kap. 2.3.2] ermittelt. Von dem Gewinn können dann bestimmte Freibeträge abgezogen werden: Pauschal sind dies mindestens 6 %; diese erhöhen sich auf 10, 20 oder 30 %, je nachdem, ob Einkommensteuern sowie Pflichtbeiträge zu Kranken-, Pflege- und Rentenversicherung gezahlt werden müssen.

Gezahlt werden müssen	Freibetrag vom Gewinn
• gesetzliche Kranken- und Rentenversicherung oder • gesetzliche Rentenversicherung oder • Einkommensteuern	10 %
• gesetzliche Kranken- und Pflegeversicherung und gesetzliche Rentenversicherung oder • Einkommensteuern und Kranken- und Pflegeversicherung oder • Einkommensteuern und gesetzliche Rentenversicherung	20 %
• Einkommensteuern, gesetzliche Kranken- und Pflegeversicherung und gesetzliche Rentenversicherung	30 %

Tab. 2: Freibeträge, die für die Berechnung von Wohngeld vom Einkommen abgezogen werden.

8.5 Altersrente

Wer eine Altersrente erhält und mindestens 65 Jahre alt ist, darf unbegrenzt hinzuverdienen. Für Rentner unter 65 Jahren gilt eine Grenze von monatlich 400 Euro, die für jeweils zwei Monate im Jahr auf 800 Euro angehoben werden darf.

Überschreitet man diese Grenze mit seinem Verdienst, muss man das in jedem Fall der Deutschen Rentenversicherung melden. Die Vollrente wird dann in eine Teilrente umgewandelt, d. h., der Hinzuverdienst wird auf die Rente angerechnet. Allerdings darf man dann auch höhere Beträge zur Rente dazuverdienen. Bei einer Zweidrittelrente sind das für einen Durchschnittsverdiener rund 996 Euro, bei einer halben Rente rund 1.456 Euro (alte Bundesländer).

8.6 Erwerbsminderungsrente

Bei Renten, die wegen einer Erwerbsminderung gezahlt werden, gelten individuelle Hinzuverdienstgrenzen; hierüber erteilt die Deutsche Rentenversicherung Auskunft. Die Adresse finden Sie im Anhang auf S. 133.

Für bestimmte Personen gelten allerdings nicht die individuellen, sondern sogenannte Mindesthinzuverdienstgrenzen. Hierzu zählen Personen, die vor Beginn der Erwerbsminderungs- oder der Altersrente

- in einem Minijob gearbeitet haben,
- keinen Verdienst hatten oder
- nur ein Arbeitsentgelt unter der Hälfte des Durchschnittsverdienstes aller Versicherten erreicht haben.

8.7 Hinterbliebenenrente

Wer eine Hinterbliebenenrente (auch Witwer- oder Witwenrente genannt) bezieht, muss generell keine Obergrenzen für den Verdienst aus einer beruflichen Tätigkeit beachten. Die Einkünfte werden aber ab einer bestimmten Höhe auf die Rentenleistungen angerechnet.

Hier gelten derzeit folgende Freibeträge: in den alten Bundesländern monatlich 718,08 Euro, in den neuen Bundesländern monatlich 637,03 Euro. Überschreitet das Einkommen diese Grenzen, wird es zu 40% auf die Hinterbliebenenrente angerechnet.

C Der Betreuungsvertrag

Insbesondere wenn die Tagespflegeperson vom Jugendamt ein Tageskind vermittelt bekommt, das eine öffentliche Förderung erhält, stellt sich die Frage, ob ein zusätzlicher Vertrag mit den Eltern überhaupt notwendig ist. Gegenstand des Betreuungsverhältnisses ist aber nicht nur die **Bezahlung** – auch wenn diese für die Tagespflegeperson existenziell wichtig ist.

Geregelt werden müssen ebenso die **Betreuungszeiten**; es müssen Absprachen über **Urlaub und Krankheitsausfall** getroffen werden und es sollten ausreichend lange **Kündigungsfristen** vereinbart werden. Dabei müssen immer die Vorgaben und Absprachen seitens des Kostenträgers (z. B. des Jugendamts) berücksichtigt werden.

> **Wichtig:** Auch wenn die Tagespflegeperson ihr Geld aus öffentlichen Mitteln erhält, muss mit den Sorgeberechtigten ein Betreuungsvertrag abgeschlossen werden.

Eine **Vielzahl von Musterverträgen** wird im Internet, von Jugendämtern oder von Verbänden angeboten. Von der ungeprüften und unkritischen Verwendung solcher Formulierungsvorschläge ist jedoch dringend abzuraten.

Oftmals werden in den Mustern alternative Regelungen vorgestellt, von denen nur eine auszuwählen ist, oder es muss gar innerhalb einer Regelung zwischen verschiedenen Alternativen gewählt werden. Das kann leicht zu Verwirrung führen oder unklare Regelungen hervorbringen, die im ungünstigsten Fall zur Unwirksamkeit einzelner Klauseln führen können. So macht es z. B. keinen Sinn, zunächst Beginn und Ende des Betreuungsverhältnisses festzulegen und dann in der nächsten Zeile die Formulierung „Das Betreuungsverhältnis wird auf unbestimmte Zeit geschlossen" stehen zu lassen.

> **Wichtig:** Ein Mustervertrag ist individuell anzupassen, bei Alternativvorschlägen ist jeweils einer auszuwählen. Der Vertrag sollte inhaltlich klar und eindeutig formuliert sein. Es ist besser, wenige klare Regelungen zu treffen als zahlreiche schwammige und zu unübersichtliche.

Auch sollte der Vertrag nicht unnötig aufgebläht werden. Betreuungsverträge, die den **Umfang** eines Taschenbuches haben, werden weder von den Sorgeberechtigten noch von der Tagespflegeperson selbst sorgfältig gelesen. Kommt es später zu Unstimmigkeiten, sind die Vertragsparteien nicht selten erstaunt, welche Vereinbarung sie getroffen haben.

In den Betreuungsvertrag selbst sollten nur wirklich zwingend notwendige Regelungen aufgenommen werden, die für alle mit Sorgeberechtigten abgeschlossenen Verträge gleichermaßen gelten. **Zusatzvereinbarungen**, die nicht auf jedes Betreuungsverhältnis zutreffen, sollten individuell formuliert und als Anlagen dem Vertrag beigefügt werden.

Auch der Mustervertrag in diesem Buch [→ Anhang, S. 121] ist lediglich ein Vorschlag. Er enthält sowohl Beispiele für allgemeine Regelungen als auch für konkrete Formulierungen. Dieses Muster sollte ebenfalls individuell an das einzelne Betreuungsverhältnis und die jeweiligen Rahmenbedingungen angepasst werden.

Ein Betreuungsvertrag sollte grundsätzlich **schriftlich** abgeschlossen werden. Zwar ist auch ein mündlich geschlossener Vertrag rechtswirksam, bei später auftretenden Differenzen ist es aber schwierig, den Nachweis über das früher Vereinbarte zu erbringen. Die Erinnerung der Vertragsparteien verblasst mit der Zeit, sodass auch ohne konkrete Streitigkeiten Unklarheit darüber bestehen kann, was seinerzeit vereinbart worden ist.

Eine schriftliche Vertragsausgestaltung bietet außerdem den Vorteil, dass sich die Tagespflegeperson und Eltern gemeinsam **Gedanken über das künftige Betreuungsverhältnis** machen und auch den Umgang mit möglichen Konfliktsituationen absprechen können. Hierbei zeigt sich oftmals schon im Vorfeld, ob die Vertragsparteien überhaupt zueinander passen.

> **Tipp:** Legen Sie für jedes Tageskind einen Ordner oder eine Hängeregistratur an, in denen Sie neben dem Betreuungsvertrag auch sämtliche Anlagen, Vollmachten, den Impfausweis und das Medikamentenblatt griffbereit aufbewahren.

1 Rechtliche Einordnung

Rechtlich ist ein Vertrag zwischen einer selbstständigen Tagespflegeperson und den Eltern des Kindes als **Dienstvertrag** einzuordnen. Diese Vertragsform wird im Bürgerlichen Gesetzbuch (BGB) in § 611 definiert:

> (1) Durch den Dienstvertrag wird derjenige, welcher Dienste zusagt, zur Leistung der versprochenen Dienste, der andere Teil zur Gewährung der vereinbarten Vergütung verpflichtet.
>
> (2) Gegenstand des Dienstvertrags können Dienste jeder Art sein.

online dejure.org/gesetze/BGB/611.html

Die Rechte und Pflichten, die sich für die Vertragsparteien aus dem Dienstvertrag ergeben, richten sich grundsätzlich nach den §§ 611 ff. des BGB.

Das Gesetz regelt die Inhalte eines <u>Dienstverhältnisses</u> jedoch nur sehr spärlich, sodass der Abschluss eines Betreuungsvertrages auch unter diesem Gesichtspunkt dringend anzuraten ist. Ohne zusätzlichen Vertrag gilt für das Dienstverhältnis der Grundsatz: **Lohn nur für tatsächlich geleistete Dienste**, d. h., die Vergütung der Leistung wird erst nach deren Erbringung geschuldet und fällig. Demnach besteht auch kein Anspruch auf Lohnfortzahlung bei Krankheit oder Urlaub, wie dies in einem abhängigen Beschäftigungsverhältnis (Arbeitsverhältnis) der Fall ist.

Dienstvertrag	Der Dienstberechtigte muss die vereinbarte Vergütung (Gehalt/Lohn) zahlen. Der Dienstverpflichtete hat die Pflicht, die versprochenen Dienste zu leisten.	Regelung im BGB §§ 611–630	Beispiele: Fernunterricht, Zahnreinigung

Darüber hinaus sind die **Kündigungsfristen** für Dienstleistungsverhältnisse recht kurz bemessen. Sie richten sich nach der vereinbarten Vergütung: Ist diese wochenweise vereinbart, so ist die Kündigung spätestens am ersten Werktag einer Woche zum darauffolgenden Sonnabend möglich; bei monatlicher Vergütung kann spätestens am 15. eines Kalendermonats zu dessen Ende gekündigt werden (§ 622 BGB).

2 Inhalte eines Betreuungsvertrags

2.1 Personendaten

Der Betreuungsvertrag wird zwischen der Tagespflegeperson und den Personensorgeberechtigten geschlossen. Das **Sorgerecht** sollte sich die Tagespflegeperson im Zweifelsfall durch entsprechende Urkunden (Jugendamtsurkunde, gerichtlicher Titel) nachweisen lassen. Insbesondere bei unverheirateten oder getrennt lebenden Eltern ist dies wichtig: Wer darf Entscheidungen treffen, wer trägt die Verantwortung? Auch Doppelnamen und unterschiedliche Namen müssen im Vertrag aufgeführt werden. Der Familienname des Kindes sollte unterstrichen werden, denn er ist nicht immer mit dem von Vater oder Mutter identisch.

Gibt es Vereinbarungen darüber, wer außer den Personensorgeberechtigten das Tageskind abholen darf, so sollten diese in einer Anlage zum Vertrag festgehalten werden. Solche Regelungen sind einerseits umfangreich, andererseits auch veränderlich, und es ist einfacher und praktikabler, eine Anlage zu ändern als den gesamten Vertrag.

2.2 Betreuungsbeginn, Betreuungszeiten und Betreuungsort

In den Vertrag aufzunehmen ist der genaue Beginn des Betreuungsverhältnisses. Bei den täglichen Betreuungszeiten sollten auch die Wegezeiten der Eltern berücksichtigt werden.

> **Hinweis:** Bestehen Sie hier auf eine großzügige Regelung, sonst gibt es ständig Ärger wegen überschrittener Abholzeiten. Lassen Sie sich die geleistete Betreuung mindestens monatlich auf einem Stundenzettel von den Sorgeberechtigten quittieren.

Steht das Ende des Betreuungsverhältnisses von vornherein fest (z. B. durch eine Aufnahme in den Kindergarten), so kann die Vertragslaufzeit bereits festgelegt werden. Ansonsten muss (zum Schutz beider Vertragsparteien) eine Kündigungsfrist vereinbart werden. Wird das Betreuungsverhältnis befristet (d.h., das Vertragsende steht fest), kann es grundsätzlich nicht ordentlich gekündigt werden, es sei denn, dies wird ausdrücklich zusätzlich vereinbart. Ein befristeter Vertrag kann nur außerordentlich aus wichtigem Grund gekündigt werden.

> **Tipp:** Eine Befristung gibt der Tagespflegeperson für einen längeren Zeitraum Planungssicherheit.

Der Betreuungsort ist insbesondere dann aufzuführen, wenn er von der Wohnadresse der Tagespflegeperson abweicht.

2.3 Erziehungsgrundsätze und -nachweise

Dass eine Tagespflegeperson bestimmte Erziehungsgrundsätze einhält und über erzieherische Qualifikationen verfügt, erscheint selbstverständlich. Dennoch können sie als Klauseln in den Vertrag aufgenommen werden, da sie so den Eltern die Kompetenz der Tagespflegeperson schriftlich bestätigen.

Der Betreuungsvertrag

Mögliche sinnvolle Angaben sind:

- Vorliegen der Pflegeerlaubnis
- Erziehungsziele (z. B. Toleranz, Selbstständigkeit, Sozialverhalten)
- Zusicherung von gewaltfreier Erziehung
- Nachweis des letzten Erste-Hilfe-Kurses

Weitere Absprachen, wie z. B. hinsichtlich der Anzahl der zu betreuenden Kinder oder nicht grundlegender Ernährungs- und Erziehungsfragen, sind möglich. Allerdings ist aus Sicht der Tagespflegeperson **Vorsicht vor zu detaillierten Regelungen** geboten. Aus ihnen lassen sich schnell rechtlich durchsetzbare Ansprüche der Eltern herleiten, die die Tagespflegeperson gar nicht beabsichtigte und die eventuell auch mit den Interessen anderer Vertragspartner kollidieren.

2.4 Eingewöhnungsphase

Regelungen zur Eingewöhnungsphase können direkt im Betreuungsvertrag getroffen werden; ein separater Vertrag ist hierfür nicht erforderlich. Das heißt, bereits für die Eingewöhnungsphase sollten alle relevanten Daten wie Name oder Anschrift abgefragt werden und sämtliche Regelungen festgelegt werden, die für das gesamte Betreuungsverhältnis gelten sollen.

Zusätzlich sollte vereinbart werden, dass die Eingewöhnungsphase eine „Probezeit" ist und nach einem vereinbarten Zeitraum (z. B. nach 14 Tagen oder vier Wochen) endet. Daran anschließend beginnt das (Haupt-)Betreuungsverhältnis. Aufgrund der kürzeren Vertragslaufzeit ist es eventuell sinnvoll, eine abweichende Vergütungsregelung und eine kurze Kündigungsfrist festzulegen. Zusatzvereinbarungen, die nur für die Probezeit gelten (beispielsweise über die Anwesenheit der Eltern), sollten an dieser Stelle im Vertrag schriftlich formuliert werden. Auch sollte hier festgehalten werden, ob und in welcher Höhe die Eingewöhnung öffentlich gefördert wird oder ob die Vergütung von den Sorgeberechtigten gezahlt werden muss.

Wird auf die Eingewöhnungsphase verzichtet, sollte auch dies im Vertrag festgehalten werden.

2.5 Vergütung, Zahlungsmodalitäten und Zusatzvereinbarungen

Es gibt verschiedene Möglichkeiten, die Betreuungsvergütung und die Zahlungsmodalitäten im Vertrag festzuhalten. Zunächst muss die Frage geklärt werden, ob die Sorgeberechtigten die Betreuung ausschließlich privat zahlen oder ob eine (teilweise) Kostenübernahme durch den Träger der öffentlichen Jugendhilfe erfolgt [→ Teil B, Kap. 5.1. und 5.2]. Bei einer öffentlichen Förderung muss klargestellt werden, ob die **schriftliche Kostenübernahmeerklärung** bereits vorliegt; andernfalls müssen sich die Sorgeberechtigten (vorerst) verpflichten, die Kosten zu tragen. Eine solche Verpflichtung ist auch für den Fall notwendig, dass die spätere Kostenübernahme durch das Jugendamt entfällt.

In Bezug auf die Vereinbarung der Vergütung müssen weitere Fragen geklärt werden:

- Wird ein Stundenlohn gezahlt oder soll eine Monatspauschale vereinbart werden?
- Orientiert man sich an den Sätzen des örtlichen Jugendamtes oder gibt es eine individuelle Vereinbarung über die Höhe der Vergütung?
- Sind in der vereinbarten Summe Betriebsausgaben enthalten (wenn ja: welche) oder werden diese zusätzlich bezahlt?
- Welche Vereinbarungen hinsichtlich der Verpflegung sind notwendig?

Die Bezahlung des monatlichen Betrages sollte **im Voraus** erfolgen. So muss die Tagespflegeperson nicht in Vorleistung treten und es wird verhindert, dass bei einem vorzeitigen Weggang des Tageskindes die letzte Zahlung ausbleibt. Wird bei flexiblen Betreuungszeiten ein Stundensatz vereinbart, so kann ein Grundbetrag als Vorauszahlung festgelegt werden; am Monatsende muss dann eine stundengenaue Abrechnung erfolgen.

> **Wichtig:** Die Bezahlung muss per Überweisung oder Lastschrift erfolgen; eine Barzahlung gegen Quittung erkennen Finanzämter nicht mehr an.

Im Vertrag sollte geregelt werden, wie zusätzliche Betreuung nach Absprache oder ein unabgesprochenes **Überschreiten der Betreuungszeiten** ausgeglichen werden soll. Man kann hierfür etwa einen anderen Stundensatz vereinbaren. Schließlich sollten auch Regelungen für **Sonderausgaben**, etwa für Schulhefte, Windeln, Übernachtungen oder Freizeitaktivitäten, getroffen werden.

2.6 Regelungen für den Krankheitsfall

Die Tagespflegeperson darf zum Schutz der anderen Tageskinder keine Kinder betreuen, die eine ansteckende Erkrankung oder Fieber haben. In diesem Fall übernehmen die Sorgeberechtigten die Betreuung. Auch das muss im Vertrag festgehalten werden. Ein wiederholter Verstoß gegen diese Vereinbarung kann zur außerordentlichen Kündigung berechtigen. Treten Erkrankungen während der Betreuungszeiten auf, muss gegebenenfalls der Arzt oder Notarzt gerufen werden. Für diese Fälle benötigt die Tagespflegeperson eine **Vollmacht** und eine Kopie von **Impfausweis und Vorsorgeheft**.

Erkrankt die Tagespflegeperson oder ein Haushaltsangehöriger, ist eine **Regelung zur Vertretung** wichtig. Auch diese sollte in einem Anhang zum Vertrag getroffen werden. Des Weiteren sollte geregelt werden, wie viele Krankheitstage von Tageskind und Tagespflegeperson vergütet werden.

> **Wichtig:** Bei einer Förderung durch den Träger der öffentlichen Jugendhilfe muss dessen (finanzielle) Regelung zu Ausfallzeiten wegen Krankheit oder Urlaub berücksichtigt und eventuell ergänzt werden.

Der Betreuungsvertrag

2.7 Urlaub und betreuungsfreie Tage

Die Tagespflegeperson sollte den Sorgeberechtigten bis zu einem vertraglich festgelegten Zeitpunkt ihre Urlaubsplanung für das laufende Kalenderjahr mitteilen. Im Betreuungsvertrag wird vereinbart,

- an wie vielen Tagen im Kalenderjahr wegen Urlaubs der Tagespflegeperson keine Betreuung stattfindet,
- ob eine Vertretung angeboten wird und
- wie die Vergütung in dieser Zeit geregelt wird.

Wichtig: Auch eine Urlaubs- oder Krankheitsvertretung der Tagespflegeperson muss eine Pflegeerlaubnis des zuständigen Jugendamts besitzen. Anderenfalls greift die gesetzliche Unfallversicherung des Tageskindes nicht.

Bei einer Förderung durch den Träger der öffentlichen Jugendhilfe ist dessen finanzielle Regelung zu urlaubsbedingten Ausfallzeiten zu berücksichtigen und eventuell zu ergänzen. Außerdem müssen auch die **gesetzlichen Feiertage** geregelt werden. Gibt es darüber hinaus weitere **Schließtage**, an denen keine Betreuung stattfindet, die aber nicht als Urlaub gerechnet werden (z. B. Silvester, Rosenmontag, Heiligabend)?

Von allzu komplizierten Urlaubsregelungen, insbesondere von solchen, die an die Urlaubsansprüche von Arbeitnehmern angelehnt werden, ist abzuraten. Regelungen, die man immer wieder in Betreuungsverträgen liest, sind z. B.:

- Der Urlaub wird anteilig zur Länge der Vertragsdauer vereinbart, d. h., wenn ein Betreuungsverhältnis erst im April beginnt, sollen anteilig Urlaubstage entfallen.
- Die Urlaubstage werden durch die Multiplikation der Betreuungstage pro Woche und der gewünschten Urlaubswochen errechnet.
- Nicht genommener Urlaub darf ins nächste Kalenderjahr übertragen werden oder ist finanziell abzugelten.

Aus solchen Regelungen ergeben sich auf jeden Fall Probleme, wenn mehrere Betreuungsverhältnisse mit unterschiedlichem Betreuungsumfang nebeneinander bestehen. Hier kommt es oftmals auf eine sehr genaue Formulierung an, um die Vereinbarung im Zweifel praktisch durchsetzen zu können. Zudem kann bei derartigen arbeitnehmerähnlichen Regelungen das Problem einer möglichen Scheinselbstständigkeit auftauchen [→ Teil B, Kap. 1.1.1].

Beispiel: Frau Schröder vereinbart in ihren Betreuungsverträgen, dass die ihr zustehenden Urlaubstage aus der Anzahl der wöchentlichen Betreuungstage und der von ihr gewünschten vier Wochen Urlaub zu errechnen sind (Betreuungstage x Urlaubswochen). Bei einer täglichen Betreuung ergibt sich somit ein Anspruch auf 20 Urlaubstage im Jahr. Zudem soll bei einem unterjährig beginnenden Betreuungsverhältnis die Anzahl der Urlaubstage anteilig verringert werden.
Im Mai bucht Frau Schröder einen zweiwöchigen Familienurlaub für die Herbstferien. Als sie im Juli ein neues Tageskind aufnimmt, das an drei Tagen in der Woche betreut werden soll, ergibt sich ein Problem: Das neue Tageskind wird an lediglich drei Tagen in der Woche betreut. Dadurch reduziert sich Frau Schröders Urlaubsanspruch nach ihrer eigenen vertraglichen Regelung auf 12 Urlaubstage pro Jahr. Da das Betreuungsverhältnis erst im August beginnt, muss die Anzahl der Urlaubstage zudem nochmals anteilig verringert werden, und zwar um 7 Tage (für 7 Monate). Erschrocken stellt Frau Meier fest, dass sie aufgrund ihres eigenen Vertrags für das laufende Jahr nur noch einen Anspruch auf 5 Tage Urlaub hat.

2.7.1 Vorschlag für eine sinnvolle Regelung

Die Betreuungsverträge können **einheitlich 20 betreuungsfreie Urlaubstage** (4 Wochen) der Tagespflegeperson im Kalenderjahr vorsehen. Dabei wird klargestellt, dass sie an diesen Urlaubstagen von jeglicher Betreuungsleistung gegenüber allen Tageskindern freigestellt wird. Außerdem wird in jedem Vertrag individuell geregelt, wie viele Urlaubstage zu vergüten sind:

- Bei einem Betreuungsverhältnis, das regelmäßig 5 Betreuungstage pro Woche umfasst, werden 20 Urlaubstage (5 Tage x 4 Wochen) vergütet.

- Bei einem Betreuungsverhältnis, das regelmäßig 3 Betreuungstage pro Woche umfasst, werden 12 Urlaubstage (3 Tage x 4 Wochen) vergütet.

- Bei einem Betreuungsverhältnis, das regelmäßig nur 2 Betreuungstage pro Woche umfasst, werden nur 8 Urlaubstage (2 Tage x 4 Wochen) vergütet.

Sofern das Betreuungsverhältnis unterjährig beginnt oder endet, können die zu vergütenden Urlaubstage entsprechend reduziert werden.

> **Achtung!** Die Regelungen zu Lohnfortzahlungen im Krankheitsfall oder für die Zeit des Urlaubs der Tagespflegeperson sind mit Vorsicht zu behandeln und sollten genau durchdacht werden, da eine Lohnfortzahlung typisch für das Vorliegen eines (abhängigen) Arbeitsverhältnisses ist. Bei Erfüllen weiterer Gesichtspunkte (z. B. nur ein Auftraggeber) besteht dann möglicherweise eine Scheinselbstständigkeit [→ Teil B, Kap. 1.1.1].

2.8 Versicherungen

Der Betreuungsvertrag sollte einen Hinweis darauf enthalten, dass für das Tageskind eine **Unfallversicherung** [→ Teil D, Kap. 1.2] abgeschlossen werden muss; in diesem Zusammenhang kann auch auf die Möglichkeit der gesetzlichen Versicherung hingewiesen werden. Die Tagespflegeperson sollte auf einen Nachweis der Versicherung bestehen. Sie selbst weist im Vertrag auf ihre **Haftpflichtversicherung** [→ Teil D, Kap. 3] hin und darauf, dass diese die Tageskinder ausdrücklich mit einbezieht. Der Vertrag kann auch eine Regelung in Bezug auf Schäden enthalten, die das Tageskind bei der Tagespflegeperson verursacht; diese werden nicht von der Haftpflichtversicherung übernommen.

2.9 Beendigung des Vertragsverhältnisses

2.9.1 Ordentliche Kündigung

Es sollte eine **akzeptable Kündigungsfrist** vereinbart werden. Dabei sind individuelle Gegebenheiten, insbesondere bei Nachrückern auf einer Warteliste, und die persönlichen Umstände der Eltern zu berücksichtigen. Eine Kündigungsfrist von 6 Wochen zum Quartalsende sollte nicht überschritten werden.

> **Hinweis:** Die gesetzlichen Kündigungsfristen für Dienstverträge sind sehr kurz bemessen [→ Kap. 1, S. 55]. Daher sollte auf eine einzelvertragliche Regelung nicht verzichtet werden.

2.9.2 Außerordentliche Kündigung

Unter bestimmten Voraussetzungen kann auch eine fristlose Kündigung ohne Einhaltung einer Kündigungsfrist ausgesprochen werden. Hierzu ist keine besondere Regelung im Betreuungsvertrag nötig und es ist auch kein Ausschluss durch eine vertragliche Regelung möglich (§ 626 BGB).

Allerdings sind einige Regeln zu beachten: Es muss auf jeden Fall ein **wichtiger Grund** vorliegen, welcher der kündigenden Person die Fortsetzung des Dienstverhältnisses bis zum Ablauf der Kündigungsfrist unzumutbar macht. Dabei sind immer der Einzelfall und die Interessen beider Vertragsparteien zu berücksichtigen. Ob tatsächlich ein wichtiger Grund vorliegt, muss jeweils sorgfältig geprüft werden; die Gerichte stellen hier sehr hohe Anforderungen. Ein wichtiger Grund ist anzunehmen, wenn wiederholt gegen Vertragsvereinbarungen verstoßen wird, z. B. wenn mehrfach ein erkranktes Kind in die Betreuung gegeben oder die Vergütung immer wieder mit erheblicher Verspätung gezahlt wird.

> **Tipp:** Es ist sinnvoll, im Betreuungsvertrag festzuhalten, dass die außerordentliche Kündigung einer schriftlichen Begründung bedarf. So wird diese nachvollziehbar und überprüfbar dargelegt.

Eine außerordentliche Kündigung muss mit einer **Frist von zwei Wochen** ausgesprochen werden. Die Frist beginnt mit dem Zeitpunkt, zu dem die kündigende Partei von dem wichtigen Grund Kenntnis erlangt.

2.9.3 Aufhebungsvertrag

Der Betreuungsvertrag kann von beiden Vertragsparteien jederzeit durch einen sogenannten Aufhebungsvertrag einvernehmlich beendet werden. Dies ist immer dann sinnvoll, wenn beide Parteien das Vertragsverhältnis nicht mehr fortsetzen wollen und sich über den Beendigungszeitpunkt sowie die weiteren Modalitäten – z. B. noch bestehende (gegenseitige) Ansprüche – einigen können.

2.10 Schweigepflicht und Datenschutz

Der Betreuungsvertrag sollte den Hinweis enthalten, dass die Schweigepflicht wechselseitig gilt und über das Ende des Betreuungsverhältnisses hinausgeht.

Es ist sinnvoll, dass die Tagespflegeperson gegenüber bestimmten Stellen von ihrer Schweigepflicht und von datenschutzrechtlichen Bestimmungen entbunden wird, z. B. gegenüber dem Jugendamt, dem Finanzamt oder den Sozialkassen [→ Teil F, Kap. 1.2]. Das kann bereits an dieser Stelle vereinbart werden.

2.11 Schriftform

In den Vertrag aufgenommen werden sollte auf jeden Fall der Hinweis, dass die Schriftform auch für Änderungen und Ergänzungen gilt. Das heißt, sie müssen schriftlich erfolgen.

2.12 Salvatorische Klausel

Diese Klausel stellt klar, dass die Unwirksamkeit einzelner Klauseln des Vertrages nicht die Wirksamkeit der übrigen berührt. Das bedeutet, der gesamte Vertrag verliert nicht gleich seine Gültigkeit, wenn eine einzelne Vorschrift unwirksam ist.

2.13 Vollmachten und Anlagen

Wichtige Vollmachten und Anlagen sind dem Vertrag anzuhängen; folgende Beispiele finden Sie im Anhang auf S. 125ff:

- Kontaktdaten
- Beförderung im Pkw mit Haftungsfreistellung
- Vereinbarung über Foto- und Filmaufnahmen
- Schweigepflichtentbindungserklärungen
- Vertretungsregelungen
- Vereinbarung über die Medikamentengabe im Notfall
- Notfallvollmachten

Diese Liste ist nicht vollständig und kann bei Bedarf erweitert werden.

2.14 Gerichtsstandvereinbarung

Eine Gerichtsstandvereinbarung macht keinen Sinn. Diese ist nur zulässig

- für Kaufleute oder
- wenn eine der Vertragsparteien keinen allgemeinen Gerichtsstand in Deutschland hat oder
- wenn die Vereinbarung zwischen Nichtkaufleuten nach Entstehen einer Streitigkeit getroffen wird.

Da die ersten beiden Voraussetzungen in der Tagespflege nicht zutreffen und eine Vereinbarung ansonsten nur nachträglich getroffen werden kann, ist eine Regelung im Betreuungsvertrag unwirksam und überflüssig.

2.15 Sonstiges

Unter dem Punkt „Sonstiges" können weitere Vereinbarungen getroffen werden, die für alle Betreuungsverhältnisse gelten. Möglich sind z. B. Regelungen in Bezug auf Haustiere im Haushalt der Tagespflegeperson, Vereinbarungen zum Rauchen oder zu Materialien, die von den Sorgeberechtigten zu stellen sind.

3 Kaution, Reservierungsgebühr und Vertragsstrafe

Oftmals liest man in Betreuungsverträgen, dass die Sorgeberechtigten bei oder bereits vor Vertragsschluss eine Kaution oder „Reservierungsgebühr" an die Tagespflegeperson zahlen sollen.

In diesen Vereinbarungen werden die Begriffe „Kaution", „Sicherheitsleistung" und „Reservierung" jedoch in den meisten Fällen rechtlich nicht richtig eingeordnet und falsch angewendet. In Verträgen kommt es jedoch auf eine genaue Formulierung an, damit die entsprechende Klausel rechtswirksam ist.

3.1 Erläuterung der Rechtsbegriffe

3.1.1 Kaution

Eine Kaution (lat. *cautio* = Sicherheit, Vorsicht) im rechtlichen Sinne ist eine **Sicherheitsleistung**. Man kennt den Begriff vor allem aus dem Mietrecht: Dort wird die Mietsicherheit umgangssprachlich als Kaution bezeichnet. Sie wird von der Mieterin als Sicherheit für künftige Ansprüche des Vermieters aus dem Mietverhältnis hinterlegt und kann in Anspruch genommen werden, wenn die Mieterin ihre Miet- oder Schadensersatzpflichten nicht erfüllt.

Im Betreuungsrecht kann man sich eine Kaution als Sicherheit für etwaige Schäden der Tagespflegeperson vorstellen, die im Rahmen eines bestehenden Betreuungsverhältnisses auftreten. Dies können beispielsweise nicht gezahlte Betreuungshonorare sein, aber auch Schäden, die das Tageskind im Haushalt der Tagespflegeperson verursacht und die daher nicht von deren Haftpflichtversicherung übernommen werden.

In beiden Fällen muss allerdings berücksichtigt werden, dass bei einem späteren Kautionseinbehalt der **Anspruch tatsächlich und rechtlich begründet** sein muss. Das heißt, die Rechtslage muss klar sein und die angeführten Fakten müssen der Wahrheit entsprechen. Im Zweifelsfall – also wenn die Sorgeberechtigten dem Kautionseinbehalt widersprechen – wird ein Gericht darüber entscheiden, ob der Tagespflegeperson ein Schaden entstanden ist, für den die Sorgeberechtigten ersatzpflichtig sind. Das Gericht muss sich dann auch mit der Frage beschäftigen, ob die Tagespflegeperson einen Anspruch auf das Betreuungshonorar hat oder ob die Eltern eine Schadensersatzpflicht trifft – es ist z. B. möglich, dass die Tagespflegeperson ihre Aufsichtspflicht verletzt hat.

Eine Kaution ist also kein Freifahrtschein, sondern unterliegt (bei Widerspruch der anderen Vertragspartei) der rechtlichen Überprüfung.

3.1.2 Reservierungsgebühr

Reservierungsgebühren sind vor allem aus dem Maklerrecht bekannt. Sie dienen der **finanziellen Absicherung** des Maklers, der vor Abschluss des Kaufvertrags bereits finanzielle Aufwendungen hatte. Die Reservierungsgebühr stellt einen entsprechenden Ausgleich für diese Aufwendungen dar.

Der Bundesgerichtshof (BGH) hat allerdings entschieden, dass solche erfolgsunabhängigen Aufwendungsersatzansprüche nur zulässig sind, wenn sie explizit den **Ersatz des konkreten materiellen Aufwands** beinhalten. Sofern die Reservierungsgebühr ausschließlich dazu dient, den Vertragspartner mehr oder weniger zum Abschluss des Vertrages zu zwingen, da er andernfalls sein Geld verliert, ist eine entsprechende Regelung unwirksam.

3.2 Ziel der Klauseln

Zunächst stellt sich die Frage, was mit Vereinbarungen zu Kaution, Reservierungsgebühr und Sicherheitsleistung eigentlich erreicht werden soll. Der Hintergrund ist sicherlich die Erfahrung, dass Eltern eine Tagespflegeperson für die Zukunft suchen, aber noch nicht genau wissen, in welchem Umfang die Betreuung stattfinden soll oder ob sie die Tagespflege zum angestrebten Zeitpunkt überhaupt brauchen werden, weil es vielleicht noch alternative Betreuungsmöglichkeiten gibt.

Die Tagespflegeperson ihrerseits möchte natürlich auch Planungssicherheit haben und ihre Betreuungsplätze möglichst voll auslasten. Die Gefahr, dass zugesagte Verträge kurzfristig wieder abgesagt werden, birgt für sie ein hohes finanzielles Risiko.

Tja... äh... wir haben für Sören jetzt doch einen Platz in der Kita...

3.3 Rechtliche Möglichkeiten

Ein Dauerschuldverhältnis – wie es der Betreuungsvertrag begründet – kann entweder befristet oder unbefristet sein. Ist es unbefristet, wird es durch Kündigung beendet, wobei meistens eine Kündigungsfrist zu beachten ist. Genau dieser Aspekt aber macht eine Sicherheitsleistung wie etwa eine Reservierungsgebühr immer dann fragwürdig, wenn der Vertrag bereits unterschrieben worden ist: Die Tagespflegeperson ist in diesem Fall bereits durch die Kündigungsfrist geschützt, selbst wenn die Kündigung vor Vertragsbeginn erfolgt.

3.3.1 Kündigung vor Vertragsbeginn

Wenn ein zwischen zwei Vertragsparteien abgeschlossener Vertrag bereits vor Vertragsbeginn gekündigt werden soll, so ist dies auch nach der Rechtsprechung des Bundesarbeitsgerichts möglich.

Die Tagespflegeperson als Auftragnehmerin hat ein berechtigtes Interesse an einer Mindestrealisierung des Dienstverhältnisses; daher sollte eine Kündigung vor Betreuungsbeginn erst mit dem Beginn des Dienstverhältnisses wirksam werden. Das bedeutet, dass die Sorgeberechtigten auf jeden Fall verpflichtet sind, die Vergütung bis zum Ablauf der Kündigungsfrist zu zahlen. So hat die Tagespflegeperson gegenüber dem Fall, dass das Betreuungsverhältnis bereits am ersten Betreuungstag wieder ordentlich gekündigt wird, keine Nachteile.

Formulierungsvorschlag „Für den Fall, dass der Betreuungsvertrag bereits vor Beginn des Betreuungsverhältnisses wieder gekündigt wird, vereinbaren die Vertragsparteien, dass die Kündigungsfrist erst mit Beginn des Betreuungsverhältnisses wirksam wird."

3.3.2 Reugeld (Abfindung)

Den Sorgeberechtigten (und der Tagespflegeperson) kann alternativ auch das Recht eingeräumt werden, gegen Zahlung eines Reugelds vom Vertrag **zurückzutreten**. Dies bedarf einer gesonderten Vereinbarung im Betreuungsvertrag (§ 353 BGB). Erfolgt der Rücktritt vom Vertrag ohne Zahlung des Reugelds, muss der Rücktrittsgegner (im Fall des Betreuungsvertrags die Tagespflegeperson) unverzüglich den Rücktritt zurückweisen.

> **Formulierungsvorschlag** „Für den Fall, dass die Sorgeberechtigten vor Beginn des Betreuungsverhältnisses vom Betreuungsvertrag zurücktreten, zahlen sie an die Tagespflegeperson eine Abfindung in Höhe eines halben monatlichen Betreuungshonorars."

3.3.3 Vertragsstrafe

Auch die Vereinbarung einer Vertragsstrafe (auch Konventionalstrafe genannt) ist möglich. Dabei handelt es sich um eine Geldsumme, die der Vertragspartnerin gezahlt werden muss, wenn der Versprechende seine vertraglichen Verpflichtungen nicht oder nicht in vereinbarter Weise erfüllt.

Wenn also die Sorgeberechtigten die vereinbarte Betreuung nicht in Anspruch nehmen, weil sie diese nicht mehr benötigen oder Alternativen gefunden haben, dann kann die Tagespflegeperson bei entsprechender vertraglicher Vereinbarung die Zahlung eines vorher festgelegten Betrags als Vertragsstrafe verlangen.

Die Vertragsstrafe kann unwirksam sein, wenn die vereinbarte Geldsumme nicht in einem angemessenen Verhältnis zum Vertragsverstoß steht. In diesem Fall kann sie auf Antrag des Schuldners durch ein gerichtliches Urteil auf eine angemessene Höhe herabgesetzt werden (§ 343 BGB). In den Vertrag könnte folgende Formulierung aufgenommen werden:

> **Formulierungsvorschlag** „Eine Kündigung des Betreuungsvertrags vor Beginn des Betreuungsverhältnisses wird ausgeschlossen. Für den Fall, dass die vereinbarte Betreuung aus von den Sorgeberechtigten zu vertretenden Gründen zum vereinbarten Zeitpunkt nicht in Anspruch genommen wird, vereinbaren die Vertragsparteien eine Vertragsstrafe in Höhe eines halben monatlichen Betreuungshonorars."

3.3.4 Selbstständiges Schuldversprechen

Sofern die Eltern noch keinen Vertrag abschließen, sondern sich den Betreuungsplatz tatsächlich nur **reservieren** (freihalten) wollen, handelt es sich bei einer dafür zu zahlenden „Gebühr" rechtlich gesehen um ein sogenanntes „selbstständiges Schuldversprechen" (§ 780 BGB). Die Sorgeberechtigten „versprechen" der Tagespflegeperson die Zahlung eines bestimmten Geldbetrags, damit sie später einen Betreuungsvertrag abschließen können.

Soll die Reservierungsgebühr etwaige materielle **Aufwendungen der Tagespflegeperson** im Falle eines Nichtabschlusses abdecken, muss dies zuvor so vereinbart werden und die Tagespflegeperson muss ihre Ausgaben konkret nachweisen. Einen Ersatz ihres Verdienstausfalls erhält sie damit jedoch nicht.

Vor diesem Hintergrund ist sehr fraglich, ob eine Reservierungsgebühr tatsächlich Sinn macht. Wenn diese auch den Verdienstausfall auffangen soll, der durch den nicht belegten Platz entsteht, so dürfen die Sorgeberechtigten dennoch nicht schlechter gestellt werden, als sie es wären, wenn sie die Kündigungsfrist einhalten würden. Daher ist auch die Regelung, dass die Gebühr verrechnet wird, wenn das Betreuungsverhältnis nach der Probezeit zustande kommt, unwirksam, da es die Sorgeberechtigten unangemessen benachteiligt: Ihre Kündigungsmöglichkeit in der Probezeit läuft damit ins Leere.

3.3.5 Zusammenfassung

Zum Schutz der Tagespflegeperson vor Verdienstausfällen und als Sicherheit für die Sorgeberechtigten hinsichtlich eines Betreuungsplatzes bieten sich folgende Möglichkeiten an:

- die Vereinbarung einer Kündigungsmöglichkeit vor Vertragsbeginn,
- die Vertragsstrafe oder
- eine Abfindungsklausel.

Alle drei Möglichkeiten setzen voraus, dass der Vertrag bereits **abgeschlossen** worden ist. Hinsichtlich der Höhe des zu zahlenden Geldbetrags sind die jeweiligen vertraglichen Kündigungsfristen zu beachten. Die Zahlungsverpflichtungen dürfen die Sorgeberechtigten gegenüber dem Fall, dass sie die vertraglichen Kündigungsfristen einhalten, **finanziell nicht schlechter stellen**.

4 Durchsetzung von Vergütungsansprüchen

Oftmals werden Tagespflegepersonen mit der Situation konfrontiert, dass die Sorgeberechtigten die vereinbarte Vergütung nicht oder immer wieder verspätet zahlen. Manchmal wird auch ein Betreuungsverhältnis ohne Einhaltung der vereinbarten Kündigungsfrist (grundlos) gekündigt und offene Beträge werden nicht mehr gezahlt.

Für die Tagespflegeperson ist es in solchen Fällen wichtig zu wissen, wie sie ihre Ansprüche gegenüber den Sorgeberechtigten durchsetzen kann, d.h., wie sie an ihr Geld kommt.

4.1 Vertragsinhalt

Dazu muss man sich zunächst noch einmal mit der rechtlichen Einordnung des Betreuungsverhältnisses auseinandersetzen [→ Kap. 1, S. 55]. Es handelt sich dabei um einen Dienstvertrag, für den grundsätzlich gilt: „Lohn nur für geleistete Dienste" (§§ 611 ff. BGB).

Der Dienstvertrag ist aber auch ein **gegenseitiges Schuldverhältnis**, d.h., beide Seiten sind dazu verpflichtet, die geschuldete Leistung zu erbringen. Die Tagespflegeperson ist verpflichtet, ihre Betreuungsleistung zu erbringen, und die Sorgeberechtigten sind verpflichtet, das vereinbarte Betreuungsgeld zu zahlen.

4.2 Verzug und Zahlungsaufforderung

Wenn die Tagespflegeperson ihre Leistung – also die Betreuung – bereits erbracht hat und die Sorgeberechtigten nicht zahlen, kann die Tagespflegeperson zum einen ihr sogenanntes **Zurückbehaltungsrecht hinsichtlich weiterer Leistungen** geltend machen, d.h. sie leistet keine weitere Betreuung bis zum Ausgleich der Forderung. Zum anderen kann sie ihren bereits entstandenen Vergütungsanspruch gegenüber den Eltern in mehreren Schritten durchsetzen.

Durch eine entsprechende Ankündigung in der Rechnung geraten die Sorgeberechtigten automatisch 30 Tage nach Rechnungseingang in Verzug. Wird eine kürzere Zahlungsfrist vereinbart, muss bei Nichtzahlung **schriftlich gemahnt** werden, um die Sorgeberechtigten in Verzug zu setzen. Dabei sollte eine genaue Frist gesetzt werden, angemessen sind zwei Wochen. Einen Formulierungsvorschlag finden Sie im Anhang auf S. 120. Als Nächstes ist dafür zu sorgen, dass die Zahlungsaufforderung der Empfängerin auch zugeht. Dafür muss das Schreiben entweder an die Empfängerin persönlich übergeben und mit Datumsangabe quittiert werden oder durch die Post als Einwurfeinschreiben zugestellt werden.

Achtung! Ein einfaches Schreiben oder Einschreiben per Rückschein reicht nicht aus!

Der Betreuungsvertrag

Wurde im Vertrag ein regelmäßiger Zahlungstermin vereinbart (z. B. der dritte Werktag im Monat), so geraten die Sorgeberechtigten bei Nichteinhaltung automatisch in Verzug; eine Fristsetzung ist dann nicht mehr notwendig, aber unschädlich.

4.3 Annahmeverzug

Hat die Tagespflegeperson ihre Betreuungsleistung noch nicht erbracht und kann diese auch nicht erbringen, weil die Sorgeberechtigten nicht mehr erscheinen oder ohne wichtigen Grund fristlos gekündigt haben, so kann sie grundsätzlich auf die Einhaltung der vereinbarten Kündigungsfrist und auf die Zahlung des vereinbarten Honorars bis zu deren Ablauf bestehen.

Dies muss sie den Sorgeberechtigten (schriftlich) mitteilen und zugleich die **weitere Betreuung anbieten**. Nehmen die Sorgeberechtigten dieses Angebot nicht an, so geraten sie in Annahmeverzug und sind verpflichtet, die Betreuungsvergütung bis zum Ablauf der Kündigungsfrist zu entrichten, obwohl sie die Betreuung nicht in Anspruch genommen haben.

> **Beispiel** Frau Klein betreut das Kind der Familie Groß. Zunächst funktioniert die Betreuung reibungslos. Im Laufe der Zeit kommt es aber immer wieder zu Unregelmäßigkeiten: Das Kind wird immer wieder zu spät abgeholt und das Betreuungsgeld wird nicht pünktlich gezahlt. Auf diese Dinge angesprochen, reagieren die Eheleute Groß unwirsch und zeigen sich uneinsichtig. Als die Situation für Frau Klein nicht mehr tragbar ist, kündigt sie den Betreuungsvertrag ordentlich und fristgerecht. Nachdem sie die ordentliche Kündigung erhalten haben, bringen die Eltern das Kind ohne weitere Erklärung nicht mehr in die Betreuung.
>
> Um ihren Anspruch auf das Betreuungshonorar nicht zu verlieren, muss Frau Klein die Familie Groß in Annahmeverzug setzen. Sie bietet also unter Hinweis auf das bestehende Vertragsverhältnis ihre Dienstleistung ausdrücklich an: „Hiermit teile ich Ihnen mit, dass ich willens und bereit bin, die Betreuung Ihres Kindes … bis zum Ablauf der Kündigungsfrist fortzusetzen. Ich fordere Sie auf, das Kind zu den vereinbarten Zeiten in die Betreuung zu geben. Sollten Sie dieser Aufforderung nicht nachkommen, weise ich bereits jetzt darauf hin, dass Sie das nicht von der Zahlung des vereinbarten Betreuungshonorars entbindet."

4.4 Mahnbescheid

Wird nach der Zahlungsaufforderung nicht gezahlt, ist der nächste Schritt die Beantragung eines sogenannten Mahnbescheids. Dies ist beim örtlich zuständigen Mahngericht möglich. Inzwischen haben die Mahngerichte ein elektronisches Verfahren eingeführt.

www.online-mahnantrag.de

Nach Auswahl des Bundeslands erscheint ein Formular, in welches Sie die Personalien, Art und Höhe des Anspruchs, die Entstehung des Anspruches und die Zinsen eintragen müssen. Anschließend muss das Formular ausgedruckt und unterschrieben werden, dann wird es mitsamt dem ausgedruckten Barcode an das Mahngericht übersandt (Achtung: nicht knicken!).

Das Mahngericht erlässt dann den Mahnbescheid. Hierüber wird der Antragsteller informiert und gleichzeitig zur Zahlung der für das Mahnverfahren fälligen Gerichtskosten aufgefordert. Die Höhe der Gerichtskosten richtet sich nach dem Streitwert, also der Höhe des strittigen Betrages. Der Antragsteller muss hier zunächst in jedem Fall die Kosten tragen (Vorleistung); er kann sie jedoch von der Gegenseite zurückverlangen, wenn er den Rechtsstreit gewinnt.

Gegen den Mahnbescheid können die Sorgeberechtigten innerhalb von zwei Wochen **Widerspruch** einlegen. In diesem Fall geht das Verfahren automatisch in das streitige Verfahren über, d.h., das Mahngericht gibt die Angelegenheit an das zuständige Prozessgericht ab. Nach Zahlung eines weiteren Gerichtskostenvorschusses fordert das Gericht die Klägerseite zur Anspruchsbegründung auf und stellt die Klage der Gegenseite zu.

Prozesskosten und die damit im Zusammenhang stehenden Folgekosten können als Betriebsausgaben [→ Teil E, Kap. 2.2.2] abgesetzt werden. Allerdings muss dafür der Gegenstand des Prozesses unmittelbar durch die Einkunftsart verursacht oder veranlasst sein. Wenn die Tagespflegeperson also nicht gezahlte Betreuungshonorare gerichtlich einklagt, kann sie die in diesem Zusammenhang entstehenden Gerichts- und Anwaltskosten als Betriebsausgaben absetzen.

4.5 Vollstreckungsbescheid

Legen die Sorgeberechtigten keinen Widerspruch gegen den Mahnbescheid ein, so kann nach Ablauf von zwei Wochen beim Mahngericht ein Vollstreckungsbescheid beantragt werden. Hierzu werden dem Gläubiger (in diesem Fall der Tagespflegeperson) die entsprechenden Formulare automatisch vom Gericht übersandt; diese sind sehr einfach auszufüllen.

Gegen den Vollstreckungsbescheid ist binnen zwei Wochen nochmals ein **Einspruch** möglich. Erfolgt dieser, so wird der Rechtsstreit entsprechend dem Fall eines Widerspruchs gegen den Mahnbescheid dem zuständigen Prozessgericht übergeben.

Wird kein Einspruch eingelegt, kann der Gläubiger beziehungsweise sein rechtlicher Vertreter (Anwalt) den Vollstreckungsbescheid dem zuständigen Gerichtsvollzieher übergeben, damit dieser beim Schuldner die Forderung auf dem Weg der **Zwangsvollstreckung** eintreiben kann. Der Vollstreckungsbescheid bleibt 30 Jahre gültig, das bedeutet, so lange kann die Vollstreckung versucht werden.

4.6 Klage

Ist von vornherein klar, dass die Sorgeberechtigten gegen einen Mahnbescheid Widerspruch einlegen werden, sollte sogleich Klage eingereicht werden. In diesem Fall muss dies beim **örtlich zuständigen Amtsgericht** geschehen – entscheidend ist der Wohnsitz der Sorgeberechtigten. Vor dem Amtsgericht ist es nicht zwingend notwendig, sich durch einen Anwalt vertreten zu lassen.

Achtung! In einigen Bundesländern bestehen Besonderheiten hinsichtlich der Höhe des Streitwerts. Wenn die einzuklagende Forderung einen bestimmten Wert unterschreitet, *muss* ein Schlichtungsverfahren oder ein Mahnverfahren durchgeführt werden. In Nordrhein-Westfalen gilt dies z. B. für einen Streitwert bis 600 Euro, in Hessen bis 750 Euro.

5 Medikamentengabe in der Tagespflege

Grundsätzlich erfolgt **keine Medikamentengabe aus eigenem Antrieb** durch die Tagespflegeperson. Dies umfasst neben Medikamenten im eigentlichen Sinne auch Medizinprodukte. Die Tagespflegeperson verabreicht also dem Tageskind ohne schriftliche Einwilligung der Eltern keine

- Medikamente (Fiebersaft, Hustensaft),
- homöopathischen Mittel (z. B. Arnika-Globuli),
- Wundsalben/-cremes,
- Arzneitees (Hustentee, Magentee) oder
- Stärkungsmittel.

Ohne Absprache sollte sie auch kein eigenes Pflaster aufkleben, da Allergiegefahr besteht. Mit den Eltern sollte außerdem ganz klar abgesprochen werden, welche Maßnahmen im Notfall ergriffen werden dürfen: Pflaster auf blutende Wunden aufkleben oder aufsprühen? Salbe bei Insektenstichen? Kühlakku bei Beulen?

Die entsprechenden Mittel sollten von den Eltern mit dem Namen des Kindes versehen und zusammen mit einer **schriftlichen Einwilligung** bei der Tagespflegeperson hinterlegt werden. In der schriftlichen Einwilligung sollte für jede Maßnahme das genaue Produkt genannt werden, auch z. B. bei Pflaster und Wundcreme.

Tipp: Legen Sie für jedes Tageskind ein kleines Körbchen mit persönlichen Pflegemitteln, Wasch- und Verbandszeug an.

Ist das Tageskind auf die regelmäßige Einnahme von verschreibungspflichtigen Medikamenten angewiesen – z. B. wegen einer chronischen Erkrankung –, so ist **eine Zusatzvereinbarung über die Medikamentenverabreichung** unabdingbar. In dieser müssen klare Regelungen für den Umgang mit der betreffenden Erkrankung getroffen werden. Voraussetzung für eine Medikamentengabe ist in solchen Fällen auch eine ärztliche Verordnung.

Am besten ist es, wenn die das Kind behandelnde Ärztin die Tagespflegeperson über die richtige Gabe der verordneten Medikamente sowie deren Aufbewahrung informiert und sie entsprechend einweist. Dabei sind auch Informationen über mögliche Nebenwirkungen wichtig. Die Sorgeberechtigten sollten verpflichtet werden, für diese Einweisung zu sorgen.

Eine Pflicht zur schriftlichen Dokumentation der Medikamentengabe gibt es zwar nicht, die Tagespflegeperson sollte diese aus haftungsrechtlichen Gründen dennoch mit Datum, Uhrzeit, Kind und Medikament führen [→ Anhang, S. 119].

D Versicherungen

Sowohl Tagespflegepersonen als auch Eltern sollten sich mit dem Abschluss von Versicherungen gegen bestimmte Risiken absichern. Aber welche Versicherung ist wirklich sinnvoll? Wichtig ist es, darauf zu achten, dass die Versicherung im Schadensfall auch tatsächlich greift. Außerdem sollte man im Vorfeld klären, welche Schäden nicht abgesichert werden können und wie hoch die Versicherungsbeiträge sind.

1 Unfallversicherung

1.1 Die Unfallversicherung der Tagespflegeperson

Die Tagespflegeperson wird durch die gesetzliche Unfallversicherung bei **Arbeitsunfällen** und **Berufskrankheiten** sowie deren Folgen abgesichert. Abgedeckt sind auch Fahrten im Rahmen der beruflichen Tätigkeit – hier allerdings nur sogenannte „Wegeunfälle", also Unfälle auf dem direkten Weg zur oder von der Arbeit.

Beispiele Frau Heller holt ihre Tageskinder mittags aus dem Kindergarten und der Schule ab. Auf diesem Weg passiert ein Verkehrsunfall, bei dem Frau Heller leicht verletzt wird. Es handelt sich um einen Arbeitsunfall.

Frau Reimer bringt ihre Tageskinder morgens zum Kindergarten und in die Schule. Anschließend fährt sie zum Friseur. Auf diesem Weg wird auch sie in einen Verkehrsunfall verwickelt und leicht verletzt. Da der Unfall nicht auf direktem Weg zur oder von der Arbeit passiert ist, handelt es sich um keinen Arbeitsunfall. Die gesetzliche Unfallversicherung greift nicht.

> **Hinweis:** Wird von der Tagespflegeperson eine eigene Unfallversicherung nachgewiesen, erstattet das Jugendamt die Kosten hierfür, soweit diese „angemessen" sind [→ Teil B, Kap. 5.2.2].

1.1.1 Selbstständige Tagespflegepersonen

Selbstständige Tagespflegepersonen sind in der gesetzlichen Unfallversicherung **pflichtversichert**. Das ergibt sich aus § 2 Absatz 1 Nr. 9 Sozialgesetzbuch (SGB) VII und bedeutet, dass eine private Unfallversicherung nicht ausreichend ist. Wer also eine selbstständige Tätigkeit als Tagespflegeperson aufnimmt, muss sich bei der **Berufsgenossenschaft für Gesundheitsdienst und Wohlfahrtspflege** (BGW) in Hamburg für die gesetzliche Unfallversicherung anmelden; auch den aktuellen Jahresbeitrag kann man hier erfragen. Der Beitragssatz wird jeweils im April des Folgejahres für das vorangegangene Jahr festgelegt.

> **Wichtig:** Die Meldung bei der BGW muss innerhalb einer Woche nach Aufnahme der Tätigkeit erfolgen.

Versicherungen

1.1.2 Angestellte Tagespflegepersonen

Abhängig beschäftigte Tagespflegepersonen müssen von ihrem Arbeitgeber (z. B. den Eltern) bei der gesetzlichen Unfallversicherung angemeldet werden. Dieser muss auch die Beiträge vollständig tragen. Die Tagespflegeperson sollte sich die Meldung zur Unfallversicherung nachweisen lassen, um sicherzugehen, dass sie Versicherungsschutz genießt.

1.2 Die Unfallversicherung für das Tageskind

Die Tageskinder sind durch die Unfallversicherungsträger auf Landesebene, also die **Landesunfallkassen**, gesetzlich unfallversichert (§ 2 Absatz 1 Nr. 8 SGB VII). Voraussetzung für diese Versicherung ist, dass die Tagespflegeperson für die Tagespflege geeignet ist. Das trifft jedenfalls immer dann zu, wenn die Tagespflegeperson im Besitz einer gültigen Pflegeerlaubnis ist. Das Jugendamt meldet das Kind zur gesetzlichen Unfallversicherung an und ihm muss auch ein Unfall umgehend gemeldet werden.

Eine sehr **kurzfristige Vertretung** der Tagespflegeperson – wenn sie beispielsweise kurz zum Arzt muss oder ihre eigenen Kinder von der Schule abholt – hat keine Auswirkungen auf den Versicherungsschutz der Tageskinder, auch wenn die Vertretung keine Pflegeerlaubnis hat. Wenn die Vertretung jedoch längerfristig stattfindet – wie beispielsweise im Urlaubsfall –, muss auch die Vertretung eine Pflegeerlaubnis haben, damit der Versicherungsschutz für die Tageskinder weiter besteht. Anderenfalls sind die Tageskinder nur über ihre Krankenversicherung abgesichert. Reicht das den Eltern nicht aus, müssen sie eine zusätzliche **private Unfallversicherung** abschließen.

Eine Tagespflegeperson oder eine Großtagespflegestelle, die wiederholt auf Vertretungen ohne Pflegeerlaubnis zurückgreift, kann auch selbst für ihre Tageskinder eine zusätzliche private Unfallversicherung abschließen. Die entsprechenden Antragsformulare müssen allerdings in jedem Fall von den Sorgeberechtigten unterschrieben werden.

> **Achtung!** Tageskinder, die nicht vom Jugendamt bei der Landesunfallkasse gemeldet werden, müssen unbedingt eine private Unfallversicherung haben. Die Tagespflegeperson sollte sich das zu Beginn des Betreuungsverhältnisses nachweisen lassen.

2 Krankenversicherung

2.1 Selbstständige Tagespflegepersonen

Wer selbstständig tätig ist, muss grundsätzlich eine freiwillige gesetzliche oder private Krankenversicherung (KV) abschließen. Die Höhe der Beiträge hängt vom zu versteuernden Einkommen (gesetzliche KV) bzw. vom persönlichen Gesundheitsrisiko (private KV) ab. Als Berechnungsgrundlage wird ein Einkommen ab 365 Euro herangezogen.

> **Wichtig**: Die Beiträge werden aufgrund des aktuellen Steuerbescheids bemessen. Dadurch findet ein Ausgleich zu hoher oder zu niedriger Beiträge aus dem vorangegangen Jahr statt. Die erstmalige Beitragseinstufung erfolgt unter Vorbehalt bis zur Vorlage des ersten Einkommensteuerbescheids.

Die <u>öffentliche Förderung</u> der Kindertagespflege umfasst auch die hälftige Erstattung nachgewiesener Aufwendungen zu einer angemessenen Kranken- und Pflegeversicherung der Tagespflegeperson (§ 23 Absatz 2 SGB VIII). Diese Regelung wird sehr unterschiedlich interpretiert und gehandhabt [→ Teil B, Kap. 5.2.3].

2.1.1 Familienversicherung in der gesetzlichen Krankenversicherung

In Bezug auf die Krankenversicherungspflicht von selbstständigen Tagespflegepersonen haben die gesetzlichen Krankenversicherungen (GKV) eine Absprache getroffen. Danach können verheiratete Tagespflegepersonen, die nicht mehr als fünf Kinder gleichzeitig betreuen, über ihren Partner in einer gesetzlichen Krankenkasse beitragsfrei mitversichert werden (Familienversicherung). Voraussetzung hierfür ist, dass der Partner selbst bereits in der gesetzlichen KV ist. Zudem darf der zu versteuernde Gewinn der Tagespflegeperson monatlich nicht mehr als 365 Euro betragen. Diese Absprache gilt zunächst bis zum 31. Dezember 2013.

Beispiel Frau Gruber ist selbstständige Tagesmutter und verheiratet. Sie hatte im Jahr 2010 Einnahmen in Höhe von insgesamt 7968 Euro. Demgegenüber standen Betriebsausgaben in Höhe von insgesamt 3600 Euro. Ihr zu versteuernder Gewinn für 2010 betrug also 4368 Euro. Auf zwölf Monate verteilt, kam Frau Gruber auf einen monatlichen Gewinn von 364 Euro (4368/12). Damit lag sie unter der Einkommensgrenze von 365 Euro und konnte sich in 2010 beitragsfrei in der gesetzlichen Krankenversicherung ihres Mannes mitversichern.

> **Achtung!** Bei einer Urlaubs- oder Krankheitsvertretung von Kollegen kann die Einkommensgrenze schnell überschritten werden. Besprechen Sie diese Fälle mit Ihrer Krankenversicherung!

2.1.2 Freiwillige gesetzliche Krankenversicherung

Nebenberufliche Tätigkeit

Versichert sich eine nebenberuflich tätige Person freiwillig in einer gesetzlichen Krankenkasse, so bemisst sich der Beitrag nach dem tatsächlichen Einkommen (zu versteuernder Gewinn). Es gilt jedoch eine sogenannte **Mindestbeitragsbemessungsgrenze**. Dabei handelt es sich um den Betrag, der bei der Berechnung der Versicherungsbeiträge als Mindesteinkommen zugrunde gelegt wird – unabhängig davon, ob die Versicherte diese Einkommenshöhe tatsächlich erreicht oder darunter bleibt.

Die Mindestbeitragsbemessungsgrenze bei nebenberuflicher Tätigkeit liegt derzeit bei 851,67 Euro[4]. Für freiwillig Versicherte gilt ein ermäßigter Beitragssatz von 14,9 %, sodass sich ein monatlicher Versicherungsbeitrag von mindestens 126,90 Euro ergibt. Der Beitragssatz für die Pflegeversicherung liegt aktuell bei 1,95 %, das ergibt einen Beitrag von mindestens 16,61 Euro. Ist das tatsächliche Einkommen höher als 851,67 Euro, so berechnet sich der Beitrag entsprechend dem tatsächlichen Einkommen aufgrund der geltenden Beitragssätze. Die Absprache der GKV besagt auch, dass Tagespflegepersonen, die nicht mehr als fünf Kinder gleichzeitig betreuen, unabhängig von der Höhe ihrer Einnahmen und ihrer tatsächlichen Arbeitszeit grundsätzlich als nebenberuflich tätig einzustufen sind (§ 10 SGB V).

Beispiel Frau Schäfer ist nebenberuflich tätig und hat einen monatlich zu versteuernden Gewinn von 1.000,00 Euro. Sie zahlt einen monatlichen Krankenversicherungsbeitrag von 149,00 Euro und einen Beitrag von 19,50 Euro für die Pflegeversicherung. Insgesamt zahlt sie also monatlich 168,50 Euro. Im Folgejahr erhöht sich Frau Schäfers monatlich zu versteuernder Gewinn auf 1.500,00 Euro, sie ist aber weiterhin nebenberuflich tätig. Ihr monatlicher Krankenversicherungsbeitrag beträgt nun 223,00 Euro, der Beitrag für die Pflegeversicherung 29,25 Euro. Insgesamt muss sie im Monat 252,25 Euro zahlen.

---

[4] Stand für alle hier genannten Werte: März 2011

Versicherungen

Hauptberufliche Tätigkeit

Sind Selbstständige hauptberuflich tätig, so zahlen sie für die Krankenversicherung mindestens 285,52 Euro, für die Pflegeversicherung 37,37 Euro. Die Mindestbeitragsbemessungsgrenze liegt hier nämlich bei 1.916,25 Euro.

> **Beispiel** Im dritten Jahr ist Frau Schäfer hauptberuflich in einer Einrichtung tätig und hat einen monatlich zu versteuernden Gewinn von 1.500 Euro. Ihr monatlicher Krankenversicherungsbeitrag beträgt daher 285,52 Euro, der Beitrag für die Pflegeversicherung 37,37 Euro. Insgesamt zahlt sie monatlich 322,89 Euro.

Die **Höchstbeiträge** für die freiwillige gesetzliche Krankenversicherung liegen bei monatlich 553,16 Euro, für die Pflegeversicherung bei 72,39 Euro[5].

Achtung! Ist die Ehepartnerin nicht gesetzlich versichert, wird ihr Einkommen teilweise auf das des selbstständig Tätigen angerechnet. Für die Berechnung der Beitragshöhe werden also die beitragspflichtigen Einnahmen beider Ehepartner zusammengerechnet (Regelung des Spitzenverbandes der gesetzlichen Krankenkassen, § 2 Absatz 4).

Bei gleichzeitiger Ausübung von selbstständiger Tätigkeit und Minijob können die GKV selbst festlegen, welche Einnahmen für die Beitragsberechnung herangezogen werden. Das kann zur Folge haben, dass zusätzliche Beiträge auf die Minijobeinnahmen gezahlt werden müssen.

2.1.3 Private Krankenversicherung

Bei der privaten Krankenversicherung richten sich die monatlichen Beiträge nach dem jeweiligen Tarif des Anbieters und sind außerdem von Eintrittsalter, Geschlecht und persönlichem Gesundheitsstatus abhängig.

Krankenversicherung (KV)
(Stand 2011)

- **Monatlich zu versteuernder Gewinn < 365 Euro**
  - Beitragsfreie Familienversicherung, wenn Ehepartner Mitglied in der gesetzlichen Krankenversicherung
  - Keine Familienversicherung möglich: eigene Krankenversicherung

- **Monatlich zu versteuernder Gewinn > 365 Euro**
  - **Eigene Krankenversicherung**
    - **Private KV**: Beitrag richtet sich individuell nach Alter, Geschlecht, Vorerkrankung
    - **Freiwillige gesetzliche KV**: Ermäßigter Beitragssatz: 14,9 %, Pflegeversicherung (PV) 1,95 %
      - **Nebenberufliche Tätigkeit**: Mindestbeitragsbemessungsgrenze 851,67 Euro; KV: mindestens 126,90 Euro; PV: mindestens 16,61 Euro. Bei bis zu fünf gleichzeitig betreuten Kindern ist die Tätigkeit immer nebenberuflich (gilt bis 31.12.2013).
      - **Hauptberufliche Tätigkeit**: Mindestbeitragsbemessungsgrenze 1.916,25 Euro; KV: mindestens 258,52 Euro; PV: mindestens 37,37 Euro

---

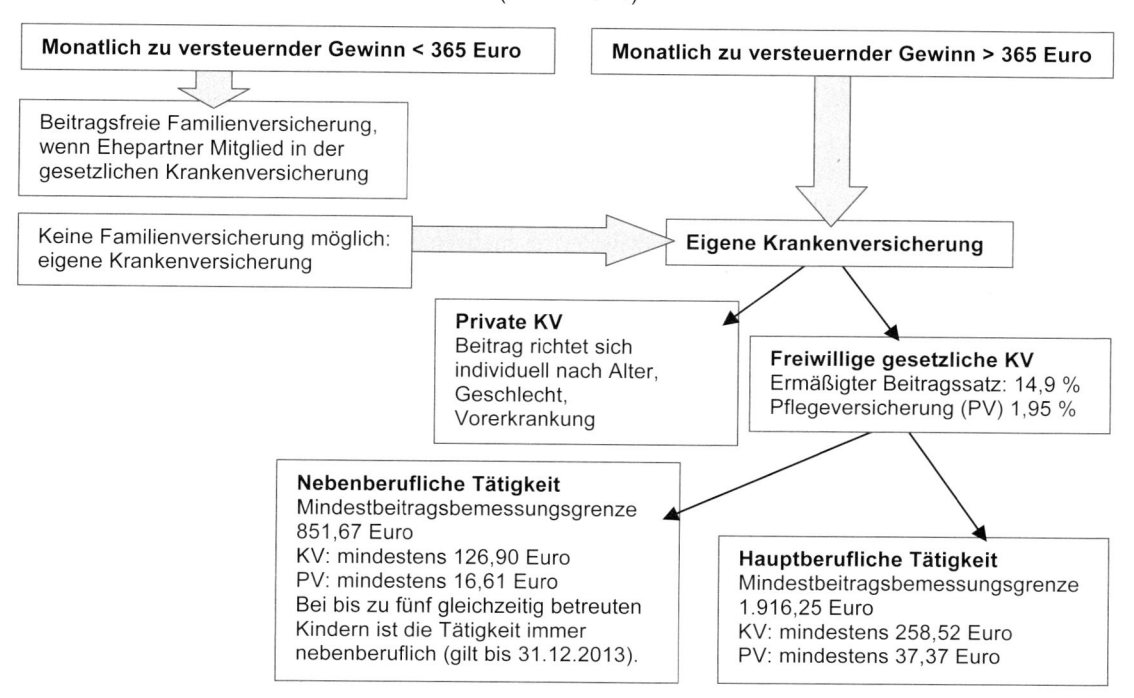

[5] Stand für alle hier genannten Werte: März 2011

2.2 Abhängig beschäftigte Tagespflegepersonen

Besteht eine abhängige Beschäftigung, so muss der Arbeitgeber (bei Tagespflegepersonen die Eltern) den Arbeitnehmer bei einer gesetzlichen Krankenkasse anmelden. Die Höhe der Beiträge richtet sich nach dem jeweiligen Beitragssatz der Krankenkassen, dieser beträgt derzeit einheitlich 15,5 %. Davon sind 8,2 % vom Arbeitnehmer und 7,3 % vom Arbeitgeber zu entrichten, der Pflegesatz beträgt einheitlich 0,975 % jeweils für Arbeitgeber und Arbeitnehmer. Manche Krankenkassen erheben von ihren Versicherten einen Zusatzbeitrag.

> **Hinweis:** Auch für abhängig Beschäftigte ist eine Familienmitversicherung möglich, wenn die Ehepartnerin das Hauptfamilieneinkommen bestreitet und Mitglied in einer gesetzlichen Krankenkasse ist. Ausschlaggebend ist auch hier das zu versteuernde Einkommen der Tagespflegeperson. Dies darf bei abhängiger Beschäftigung maximal 400 Euro betragen.

2.3 Abhängige Beschäftigung und nebenberufliche Selbstständigkeit

Arbeitet eine hauptberuflich abhängig Beschäftigte (Angestellte) zusätzlich im Nebenberuf selbstständig, so löst dies grundsätzlich keine eigene Sozialversicherungspflicht aus. Die selbstständige Tätigkeit muss allerdings tatsächlich nebenberuflich sein. Die Grenze zur hauptberuflichen Tätigkeit liegt bei 18 Stunden wöchentlich; außerdem muss die Hauptarbeitskraft auf die angestellte Tätigkeit aufgewandt werden. Steht dagegen die selbstständige Tätigkeit im Vordergrund, so werden die Versicherungsbeiträge vom Gesamteinkommen berechnet.

Beispiel Frau Schwarz möchte nach der Elternzeit wieder an ihren alten Arbeitsplatz zurückkehren, und zwar in Teilzeit mit 15 Wochenstunden. An ihren freien Tagen möchte sie ein Tageskind betreuen, insgesamt 25 Stunden in der Woche. Hier steht die selbstständige Tätigkeit im Hinblick sowohl auf den Zeitaufwand als auch auf die Einnahmen im Vordergrund: Frau Schwarz wendet ihre Hauptarbeitskraft für die selbstständige Tätigkeit auf und bezieht daraus auch ihr Haupteinkommen. Daher werden ihre Sozialversicherungsbeiträge vom Gesamteinkommen berechnet.

3 Haftpflichtversicherung

3.1 Haftung

Kinder unter sieben Jahren können prinzipiell nicht haftbar gemacht werden, da sie für Schäden, die sie anderen zufügen, nicht verantwortlich sind (§ 828 Bürgerliches Gesetzbuch BGB). Im Straßenverkehr gilt sogar eine Altersgrenze von zehn Jahren. Eine Folge dieser Regelung ist, dass es nicht ohne weiteres möglich ist, Kinder dieses Alters zu versichern. Viele Haftpflichtversicherer bieten jedoch inzwischen auch die Möglichkeit an, unter Siebenjährige zu versichern. Damit können Eltern gelassener möglichen Schäden durch ihre Kinder entgegensehen, weil sie weder den Geschädigten auf die fehlende Haftung ihres Sprösslings verweisen noch den Schaden um des lieben Friedens willen aus eigener Tasche bezahlen müssen.

Sieben- bis Achtzehnjährige sind für von ihnen verursachte Schäden selbst verantwortlich, soweit die notwendige Einsichtsfähigkeit vorhanden ist und sie vorsätzlich oder fahrlässig handeln. Vorsätzlich sind Taten, bei denen man um den Schadenseintritt im Voraus weiß und ihn will („Ich will, dass die Vase kaputtgeht"). Grobe Fahrlässigkeit liegt dann vor, wenn die „erforderliche Sorgfalt in besonders schwerem Maße verletzt wird". („Ich weiß, dass es gefährlich ist, aber es wird schon gut gehen")

Dies gilt auch für Sieben- bis Zehnjährige im Straßenverkehr: Hier wird als vorsätzliche Handlung z. B. das Bewerfen vorbeifahrender Autos mit Steinen angesehen und als fahrlässig etwa eine Beschädigung von parkenden Autos durch zu dichtes Vorbeifahren mit dem Fahrrad.

Fahrlässigkeit — *Vorsatz*

Schädigt das Kind einen Dritten, muss die Aufsichtsperson beweisen, dass sie ihre Aufsichtspflicht nicht verletzt hat. Das gilt auch, wenn sich das Kind selbst verletzt. Hier tritt zwar zunächst die Krankenversicherung ein, sie erhebt aber bei einer Verletzung der Aufsichtspflicht Regressansprüche.

3.2 Aufsichtspflicht

Die Aufsichtspflicht ist bei Tagespflegepersonen häufig ein sehr angstbehaftetes Thema, weil hier eine große Unsicherheit herrscht. So ist immer wieder von angeblichen Vorgaben hinsichtlich des Umfangs und des Inhalts der Aufsichtspflicht die Rede, z. B.: „Man muss ständig neben den Kindern stehen" oder „Je nach Alter des Kindes kann das Kind x Minuten ohne Aufsicht sein".

Die Unsicherheit rührt auch daher, dass zwar die Folgen einer Aufsichtspflichtverletzung rechtlich umfassend geregelt sind, Inhalt und Umfang der Aufsichtspflicht aber nicht näher konkretisiert werden. Da jeweils der Einzelfall zu berücksichtigen ist, ist eine diesbezügliche Regelung auch recht schwierig.

3.2.1 Aufsichtspflichtige Person

Da Kinder unter sieben Jahren nicht für von ihnen verursachte Schäden verantwortlich sind, müssen sie beaufsichtigt werden (§ 832 BGB). Für die Zeit der Betreuung in Tagespflege übertragen die Personensorgeberechtigten ihre eigene Aufsichtspflicht auf die Pflegeperson (§ 832 Absatz 2 BGB). Es spielt dabei keine Rolle, ob die Tagespflegeperson selbstständig oder angestellt ist. Die Aufsichtspflicht besteht auch ohne Vertrag, eine tatsächliche Betreuung reicht aus.

3.2.2 Unmittelbare Aufsichtspflicht

Die unmittelbare Aufsichtspflicht bezieht sich auf alle Umstände einer unmittelbaren Situation, also beispielsweise

- die Örtlichkeit,
- die Gegenstände, mit denen das Kind spielt (Mikado-Spiel),
- bestimmte Beschäftigungen (Basteln mit Prickelnadel oder Schere),
- Aktionen (Gemüseschneiden mit Messer) oder
- eine konkrete Situation (ein Streit zwischen mehreren Kindern).

3.2.3 Mittelbare Aufsichtspflicht

Für die mittelbare Aufsichtspflicht spielt nicht nur das Alter des Kindes eine Rolle. Sie verlangt vielmehr eine Einschätzung

- des Charakters des Kindes,
- seines Verständnisses,
- seiner Einsichtsfähigkeit und
- seines bisherigen Verhaltens.

> **Pflichten der Tagespflegeperson**
> ⇨ Einschätzen von Kind und Situation
> ⇨ situationsabhängige Überwachung
> ⇨ Information über Gefahrenquellen und Umgang damit
> ⇨ Ausspruch von Ge- und Verboten
> ⇨ Eingreifen bei konkreter Gefahr

Die korrekte Ausübung der Aufsichtspflicht verlangt keine Dauerüberwachung der Kinder. Auch sollen Gefahren und Risiken nicht komplett von ihnen ferngehalten werden. Schließlich gehört es auch zum Erziehungsauftrag, Kinder zu einem sicheren Umgang mit Schere, Messer, Gabel oder Hammer sowie zu einem **verantwortungsbewussten Handeln in gefährlichen Situationen** zu erziehen.

Kinder sollen schrittweise an Gefahren herangeführt werden und selbstständig – also ohne Eingreifen der Tagespflegeperson – lernen, mit ihnen umzugehen. Insofern gehört zu einer verantwortungsvollen Ausübung der Aufsichtspflicht auch die Information der Kinder über bestimmte Gefahrenquellen und den richtigen Umgang mit diesen.

Des Weiteren müssen Ge- und Verbote klar geäußert werden, wenn Kinder beispielsweise wiederholt keine Einsicht zeigen oder bestimmte Risiken nicht vermeidbar sind. In einer **konkreten Gefährdungssituation** des zu beaufsichtigenden Kindes oder Dritter muss die Aufsichtsperson verbal oder körperlich eingreifen, um einen Schadensfall zu vermeiden.

> **Hinweis für die Praxis:** Eine korrekte Ausübung der Aufsichtspflicht bedeutet, dass der Aufsichtspflichtige ständig überprüfen muss, was er welchem Kind in welcher Situation zutrauen kann.

3.2.4 Beginn und Ende der Aufsichtspflicht

Wann die Aufsichtspflicht beginnt und wann sie endet, richtet sich danach, was die Vertragsparteien miteinander vereinbart haben. In der Tagespflege beginnt die Aufsichtspflicht grundsätzlich mit der Übergabe des Kindes an die Tagespflegeperson und endet mit der Übergabe an die Sorgeberechtigten. Wird ein Kind jedoch morgens einfach an der (noch verschlossenen) Eingangstür „abgestellt" und erlangt die Tagespflegeperson davon Kenntnis, so muss sie das Kind auf jeden Fall in ihre Obhut nehmen und möglicherweise weitere Schritte einleiten. Gleiches gilt, wenn Kinder nicht oder verspätet abgeholt werden: Die Aufsicht über das Kind muss unbedingt gewährleistet sein. Das Verhalten der Sorgeberechtigten in den beschriebenen Fällen stellt eine vertragliche Pflichtverletzung dar, auf welche die Tagespflegeperson im Wiederholungsfall unbedingt reagieren sollte.

3.2.5 Folgen einer Aufsichtspflichtverletzung

Aufsichtspflichtverletzungen können strafrechtliche, zivilrechtliche beziehungsweise arbeitsrechtliche Konsequenzen haben. Die Verletzung der Aufsichtspflicht an sich ist aber nicht strafbar. Wenn in deren Folgen jedoch ein Kind oder ein Dritter verletzt oder gar getötet wurde, so werden strafrechtliche Ermittlungen eingeleitet. Die Staatsanwaltschaft muss dann der Aufsichtsperson eine (grob) fahrlässige oder vorsätzliche Verletzung ihrer Aufsichtspflicht nachweisen.

Wenn aufgrund einer Verletzung der Aufsichtspflicht ein Kind einen Schaden erleidet (§ 823 BGB) oder ein Kind einem Dritten einen Schaden zufügt, so kann von dem Geschädigten (oder seinem gesetzlichen Vertreter) vor einem Zivilgericht ein **Schadensersatzanspruch** oder auch ein **Schmerzensgeld** eingeklagt werden. Voraussetzung hierfür ist, dass die Aufsichtspflichtverletzung vorsätzlich oder (grob) fahrlässig erfolgte. Im Zivilverfahren kommt es zu einer **Umkehr der Beweislast**, d.h., die Aufsichtsperson muss beweisen, dass sie ihre Aufsichtspflicht nicht verletzt hat oder dass der Schaden auch bei gehöriger Aufsichtsführung eingetreten wäre (sogenanntes „unabwendbares Ereignis").

> **Wichtig:** Nach dem § 832 des BGB ist ein Schaden in aller Regel auf eine Aufsichtspflichtverletzung zurückzuführen.

Wurde eine Aufsichtspflichtverletzung gerichtlich festgestellt, müssen etwaige Personen-, Sach- und Vermögensschäden ersetzt und eventuelle Schmerzensgeldansprüche erfüllt werden. In der Regel werden die Kosten von der gesetzlichen Unfallversicherung oder der Betriebs- beziehungsweise Berufshaftpflichtversicherung übernommen.

> **Achtung!** Die Versicherungen greifen nicht, wenn die Aufsichtspflicht vorsätzlich oder grob fahrlässig verletzt wurde (Letzteres gilt nur für die Unfallversicherung).

Haftpflichtversicherungen übernehmen auch gesetzliche und außergerichtliche Kosten bei Rechtsstreit oder Strafverfahren. Wird z.B. zu Unrecht Schadensersatz verlangt, übernimmt die Versicherung die Gerichts- und Anwaltskosten, um die unberechtigten Ansprüche abzuwenden. In diesem Fall kommt sie einer Rechtsschutzversicherung gleich.

Unabhängig davon, ob ein Schaden eingetreten ist, können Aufsichtspflichtverletzungen auch arbeitsrechtliche Folgen haben. Diese reichen von der formlosen Belehrung über Verweis und Abmahnung bis hin zur ordentlichen oder sogar fristlosen Kündigung. Die Folge muss aber in angemessenem Verhältnis zur Schwere der Pflichtverletzung stehen.

Beispiele Das Verwaltungsgericht Koblenz machte einen neunjährigen Jungen für einen von ihm gelegten Brand verantwortlich. Er hatte im Sommer 2002 vor einer Scheune einen Strohhalm angezündet, der zu Boden fiel. Daraufhin war der Schuppen in Brand geraten. Die Feuerwehrkosten in Höhe von rund 20.500 Euro wurden dem Jungen in Rechnung gestellt. Die Eltern des Jungen klagten dagegen. Sie argumentierten, dem Neunjährigen habe die Einsicht in die Gefährlichkeit seines Tuns gefehlt. Diese Klage wies das Verwaltungsgericht zurück.

Ein sechsjähriger Junge baut mit seinem gleichaltrigen Freund im Garten mit Brettern, Nägeln und Werkzeug ein Floß. Die Mutter sieht in regelmäßigen Abständen nach den beiden. Plötzlich ruft der Sohn laut nach seiner Mutter. Als sie in den Garten kommt, hat der Freund bereits mit dem Hammer die im Garten installierte Wärmepumpe zerstört. Kosten: rund 10.000 Euro. Die Haftpflichtversicherung der Eltern des Jungen lehnt eine Schadensregulierung ab, da dieser noch nicht sieben Jahre alt sei; die Haftpflichtversicherung der Mutter sieht keine Aufsichtspflichtverletzung und lehnt die Schadensregulierung ebenfalls ab.

> **Hinweis:** Die Versicherungen greifen nicht, wenn die Tagespflegeperson ihre Aufsichtspflicht nicht verletzt hat, wenn also der Schaden unvermeidbar war. Umgekehrt heißt das: Die Versicherung zahlt nur dann, wenn die Aufsichtspflicht verletzt wurde.

3.3 Mitnahme im Pkw

Manche Tagespflegepersonen nehmen ihre Tageskinder regelmäßig im Pkw mit und wünschen sich auch hier eine Absicherung. Grundsätzlich ist bei Unfällen eine Absicherung durch die Haftpflichtversicherung gegeben. Die Versicherungen haften jedoch in unterschiedlicher Höhe. Bei einem Verkehrsunfall mit schweren Folgen kann die Versicherungssumme möglicherweise nicht ausreichen. Daher sollte sich die Tagespflegeperson von den Sorgeberechtigten eine Haftungsfreistellung unterschreiben lassen. Ein Muster hierzu finden Sie im Anhang auf S. 126.

Die **Insassen-Unfallversicherung** deckt ausschließlich folgende Schadensfälle ab:

- Unfälle, die nicht von einer Verkehrsteilnehmerin, sondern durch ein unabwendbares Ereignis verursacht wurden (z. B. durch ein die Fahrbahn kreuzendes Reh),
- Unfälle, die durch Fußgänger oder Radfahrer ohne private Haftpflichtversicherung verursacht wurden.

Da die Tageskinder im Rahmen der Tagespflege gesetzlich unfallversichert sind, ist eine solche Zusatzversicherung eigentlich überflüssig.

> **Hinweis für die Praxis:** Bei Aufnahme eines Betreuungsverhältnisses sollte die Tagespflegeperson bei ihrer eigenen Haftpflichtversicherung nachfragen, ob diese für die übernommene Aufsichtspflicht über die Tageskinder eintritt, und eventuell den Versicherungsschutz erweitern.

Schäden, die das Tageskind im Haushalt der Pflegepersonen anrichtet, sind nicht versicherbar, da es den Status eines eigenen Kindes erhält. Es kann eine Klausel in den Betreuungsvertrag aufgenommen werden, wonach die Eltern Schäden, welche ihr Kind bei der Tagespflegeperson verursacht, in bestimmter Höhe übernehmen müssen. Voraussetzung dafür ist, dass die Tagespflegeperson ihre Aufsichtspflicht nicht verletzt hat.

Eine Betreuung außerhalb der eigenen Wohnung muss die Tagespflegeperson bei ihrer Haftpflichtversicherung angeben; möglicherweise muss sie eine Betriebshaftpflichtversicherung abschließen. Teilweise bieten die Jugendämter eine Sammelhaftpflichtversicherung für Tagespflegepersonen an.

4 Rentenversicherung

4.1 Angestellte Tagespflegepersonen

Abhängig beschäftigte Tagespflegepersonen sind über die Eltern des Tageskindes (Arbeitgeber) in der gesetzlichen Rentenversicherung pflichtversichert. Beide Seiten zahlen jeweils die Hälfte von 19,9 % des monatlich zu versteuernden Einkommens (Stand 2011).

Sind abhängig Beschäftigte nebenberuflich selbstständig tätig, so löst dies keine eigene Sozialversicherungspflicht aus [→ Kap. 2.3].

4.2 Selbstständige Tagespflegepersonen

Die Frage nach der Rentenversicherungspflicht von selbstständigen Tagespflegepersonen erregte bereits vor Änderung der steuerrechtlichen Behandlung von Einnahmen aus öffentlich geförderter Tagespflege zum 1. Januar 2009 [→ Teil E, Kap. 2, S. 85] die Gemüter, denn grundsätzlich sind Selbstständige nicht sozialversicherungs-, also auch nicht rentenversicherungspflichtig. Hinsichtlich der Rentenversicherungspflicht selbstständiger Tagespflegepersonen war und ist die Rechtsprechung allerdings uneinheitlich.

Versicherungen

Das Bundessozialgericht (BSG) hat sich bereits 2005 in einer richtungweisenden Entscheidung dahingehend geäußert, dass die selbstständigen Tagespflegepersonen generell der Rentenversicherungspflicht unterliegen. Begründet wird dies mit einer Bewertung der Tätigkeit der Tagespflegeperson als **erzieherische Tätigkeit** im Sinne des § 2 SGB VI durch das BSG. Für die Rentenversicherungspflicht selbstständiger Erzieher sei keine besondere Qualifikation erforderlich. Als Erziehung sei vielmehr jede Einwirkung auf das Kind anzusehen, die dessen Entwicklung fördert. Eine solche Einwirkung geschieht auch während der Betreuung durch eine Tagespflegeperson (Urteil des BSG vom 22. Juni 2005, Aktenzeichen B 12 RA 12/04 R).

Eine Ausnahme in Bezug auf die Versicherungspflicht selbstständiger Tagespflegepersonen wird lediglich dann gemacht, wenn diese nicht mehr als 400 Euro zu versteuernden Gewinn monatlich erwirtschaftet – für die Zeit vor 2009 ist es daher besonders wichtig, ob man steuerfreie Einnahmen aus öffentlichen Kassen hatte (öffentliche Förderung).

Auch die Deutsche Rentenversicherung und das Bundesministerium für Familie knüpfen die Frage nach der Rentenversicherungspflicht von selbstständigen Tagespflegepersonen an die Steuerpflicht.

Wichtig: Für selbstständige Tagespflegepersonen, deren zu versteuerndes Einkommen 400 Euro im Monat übersteigt, besteht eine gesetzliche Rentenversicherungspflicht. Diese bestand in Einzelfällen auch vor 2009. Tagespflegepersonen, die bereits seit vielen Jahren tätig sind und nicht in die Deutsche Rentenversicherung einzahlen, laufen Gefahr, rückwirkend nachberechnet zu werden; jeder Fall unterliegt einer Einzelfallprüfung. Sofern bei der Nichtmeldung gar ein Vorsatz nachgewiesen werden kann, werden auch die Verjährungsfristen aufgehoben. Es droht dann eine Nachzahlung für mehrere Jahre.

Bei öffentlich geförderter Kindertagespflege erstattet das Jugendamt die Beiträge zu einer „angemessenen" Alterssicherung zur Hälfte [→ Teil B, Kap. 5.2.3]. Was dabei als angemessen gilt, ist bisher nicht unstrittig geklärt. Das Verwaltungsgericht Schleswig-Holstein hat als erstes Gericht ein Urteil zum Anspruch einer Tagespflegeperson auf Erstattung von Aufwendungen zu ihrer Alterssicherung gefällt. Dabei kommt es zu dem Schluss, dass die Beitragssätze der gesetzlichen Rentenversicherung als angemessen anzusehen sind. (Urteil vom 11. Februar 2010, Aktenzeichen 15 A 162/09).

Achtung! Selbstständige Tagespflegepersonen müssen die Aufnahme ihrer Tätigkeit innerhalb von drei Monaten der Deutschen Rentenversicherung melden.

Rentenversicherung (RV)
(Stand 2011)

Monatlich zu versteuernder Gewinn < 400 Euro
→ Keine Versicherungspflicht in gesetzlicher Rentenversicherung

Freiwillige Altersvorsorge

Riestern auch für Selbstständige ohne Mindestbeitrag
Voraussetzung: Ehepartner zahlt Mindestbeitrag

Monatlich zu versteuernder Gewinn > 400 Euro
→ Versicherungspflicht in gesetzlicher RV (§ 2 SGB VI)
Beitragssatz 19,9 %, mindestens 79,60 Euro, Höchstbetrag 1.094,60 Euro

Riestern ist zusätzlich möglich, wenn im Beitragsjahr pflichtversichert in gesetzlicher RV

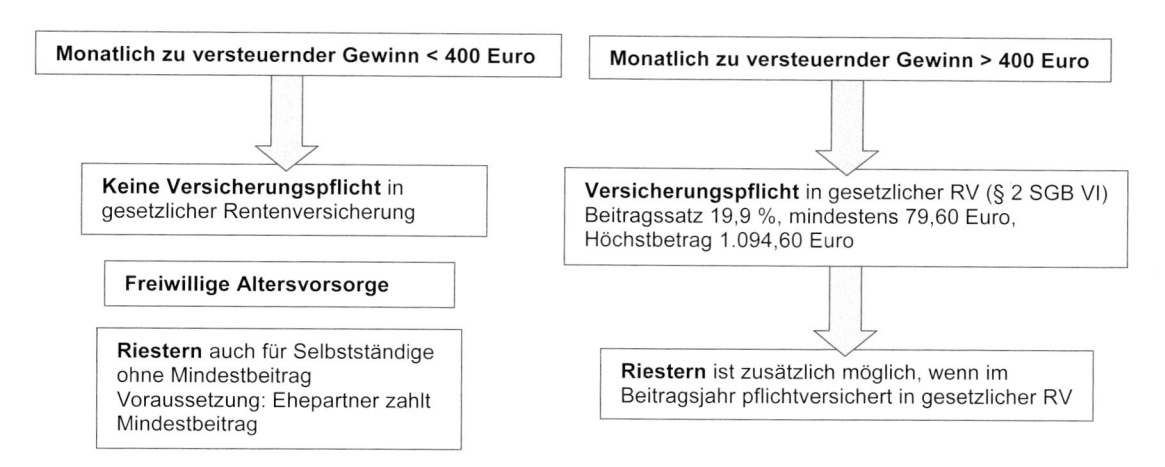

4.2.1 Beitragsbemessung

Grundlage für die Ermittlung der Beiträge zur gesetzlichen Rentenversicherung ist der Steuerbescheid des Vorjahrs. Im ersten Jahr der selbstständigen Tätigkeit muss der erwartete zu versteuernde Gewinn geschätzt werden.

> **Tipp:** Geben Sie hier keinen zu hohen Wert an: Zu viel gezahlte Beträge werden nicht erstattet.

Es ist sinnvoll, bei der Anmeldung die „einkommensgerechte Beitragszahlung" zu wählen. Es fällt dann lediglich ein Betrag in Höhe von derzeit 19,9 %[6] des zu versteuernden Gewinns an, mindestens jedoch 79,60 Euro. Der Höchstbeitrag ist auf 1.094,50 Euro begrenzt. Die Beiträge sind zunächst an die Deutsche Rentenversicherung zu zahlen; die hälftige Erstattung durch das Jugendamt erfolgt rückwirkend aufgrund des Versicherungsnachweises [→ Teil B, Kap. 5.2.3].

> **Hinweis:** Wenn das monatliche Einkommen unter 400 Euro zu versteuerndem Gewinn liegt, kann ein Antrag auf Befreiung von der gesetzlichen Rentenversicherungspflicht gestellt werden. Sollte sich der zu versteuernde Gewinn für absehbare Zeit um mindestens 30 % verringern oder die 400-Euro-Grenze unterschreiten, kann bei der Deutschen Rentenversicherung formlos eine Beitragsanpassung beantragt werden.

Es gibt auch die Möglichkeit, den sogenannten **Regelbeitrag** zu zahlen. Dessen Höhe wird jährlich durch Rechtsverordnung festgelegt. Er beträgt zurzeit monatlich 508,45 Euro in den alten und 431,83 Euro in den neuen Bundesländern. Wenn Sie sich für den Regelbeitrag entscheiden, brauchen Sie nicht Jahr für Jahr Ihr Einkommen beim Rentenversicherungsträger nachzuweisen. Außerdem müssen Sie in den ersten drei Kalenderjahren nach einer Existenzgründung immer nur den halben Regelbeitrag zahlen.

Die Zahlung des Regelbeitrags ist sinnvoll, wenn der zu versteuernde Gewinn monatlich über 2.555 Euro (alte Bundesländer) beziehungsweise über 2.170 Euro (neue Bundesländer) liegt. Der Beitragssatz von 19,9 % des steuerpflichtigen Einkommens entspricht genau dem Regelbeitrag, ein höherer Gewinn wirkt sich also nicht in höheren Beiträgen aus.

Beispiele Frau Koenen ist selbstständige Tagesmutter. Sie hatte in 2010 Einnahmen in Höhe von insgesamt 8.376 Euro sowie Betriebsausgaben in Höhe von insgesamt 3.600 Euro. Ihr zu versteuernder Gewinn für 2010 betrug damit 4.776 Euro. Frau Koenen musste im Jahr 2010 nicht in die gesetzliche Rentenversicherung einzahlen, da ihr monatlich zu versteuernder Gewinn unter 400 Euro lag (4.776 Euro/12 Monate = 398 Euro).

Herr Schumacher ist hauptberuflich selbstständiger Tagesvater. Im Jahr 2010 hatte er Einnahmen in Höhe von insgesamt 43.200 Euro sowie Betriebsausgaben in Höhe von insgesamt 16.200 Euro. Der zu versteuernde Gewinn für 2010 betrug damit 27.000 Euro. Für die Rentenversicherung wählte Herr Schumacher einkommensgerechte Beitragszahlung. Da sein monatlich zu versteuernder Gewinn 2.250 Euro betrug (27.000 Euro/12 Monate), musste er im Jahr 2010 monatlich 447,74 Euro in die gesetzliche Rentenversicherung einzahlen.

Herr Jakobs hat in 2010 seine selbstständige Tätigkeit aufgenommen und verdient dasselbe wie Herr Schumacher. Allerdings hat er sich für die Zahlung des Regelbeitrags entschieden. In den ersten drei Jahren nach Aufnahme der selbstständigen Tätigkeit muss er nur den halben Regelbeitrag zahlen, das sind 254,23 Euro. Damit steht er günstiger da als mit der einkommensgerechten Beitragszahlung.

---

[6] Stand für alle hier angegebenen Werte: März 2011

Versicherungen

Achtung! Wird zusätzlich zu einer selbstständigen Tätigkeit, aus der man weniger als 400 Euro Gewinn erzielt, ein Minijob ausgeübt, so werden die Einkünfte aus beiden Tätigkeiten zusammengerechnet. Liegen die Gesamteinkünfte dann über 400 Euro, werden sie für die Sozialversicherung herangezogen.

4.2.2 Riester-Förderung für verheiratete Selbstständige

Obwohl Selbstständige grundsätzlich keinen Anspruch auf eine Riester-Förderung haben, gibt es für viele dennoch die Möglichkeit, in den Genuss der staatlichen Förderung zu kommen.

Einen eigenen Riester-Vertrag können Selbstständige abschließen, wenn sie im Beitragsjahr in der gesetzlichen Rentenversicherung pflichtversichert sind. Dies trifft für Tagespflegepersonen mit einem zu versteuernden monatlichen Gewinn über 400 Euro zu. Als fiktives „Bruttoeinkommen" muss auf den Antragsformularen die – meist pauschalierte – Berechnungsgrundlage für den Rentenversicherungsbeitrag angegeben werden.

Achtung! Der Abschluss eines Riester-Vertrages entbindet nicht von der Beitragspflicht in der Deutschen Rentenversicherung.

Auch Verheiratete, die weniger als 400 Euro verdienen und nicht beitragspflichtig in der Deutschen Rentenversicherung sind, können in den Genuss der staatlichen Förderung kommen. Die Voraussetzungen dafür sind, dass

- beide Ehepartner in Deutschland einkommensteuerpflichtig sind,
- nicht dauernd getrennt leben und
- der zulagenberechtigte (also abhängig beschäftigte) Ehepartner einen Riester-Vertrag abschließt und dort die Mindestbeiträge (4% des Bruttoeinkommens des Vorjahrs) einzahlt.

In diesem Fall kann die Selbstständige einen eigenen Riester-Vertrag abschließen, erhält die vollen staatlichen Zulagen (Zuschüsse) und muss dafür laut Gesetz nicht einmal einen eigenen Mindestbeitrag einzahlen. Die Zusatzrente finanziert in diesem Fall der Staat quasi zu 100%. Natürlich lassen sich durch zusätzliche Eigenbeiträge die späteren Rentenleistungen weiter aufstocken.

Die staatliche Grundförderung pro Person beträgt 154 Euro, pro Kind 185 Euro und für ab 2008 geborene Kinder sogar 300 Euro jährlich. Der steuerliche Sonderausgabenabzug [→ Teil E, Kap. 2.3.5] steht allerdings nur dem direkt geförderten Partner zu.

Beispiel: Herr und Frau Eich sind verheiratet und haben zwei Kinder. Herr Eich ist angestellt und verdient im Jahr 40.000 Euro, seine Frau ist selbstständige Tagesmutter und verdient weniger als 400 Euro monatlich. Sie ist also nicht in der gesetzlichen Rentenversicherung pflichtversichert. Bei einem Mindestanteil von 4% des Gehalts von Herrn Eich fällt für ihn, abzüglich der Zulagen, ein Eigenanteil von 76,83 Euro im Monat an. Frau Eich muss keinen Mindestbeitrag zahlen; sie kann die kompletten Zulagen (Grundförderung und Kinderzulagen) in den Vertrag fließen lassen und bekommt somit quasi vom Staat den Großteil ihrer Altersvorsorge finanziert.

5 Arbeitslosenversicherung

Bei selbstständiger Tätigkeit ist der Fall der Arbeitslosigkeit nicht gesetzlich abgesichert, es gibt also bei Verdienstausfällen kein Arbeitslosengeld (ALG). Für Tagespflegepersonen, die unmittelbar vor der Aufnahme einer selbstständigen Tätigkeit versicherungspflichtig beschäftigt waren oder Arbeitslosengeld bezogen haben, besteht im Einzelfall die Möglichkeit einer **freiwilligen Weiterversicherung**.

Voraussetzung hierfür ist, dass sie innerhalb der letzten 24 Monate mindestens 12 Monate in einem Versicherungspflichtverhältnis nach dem SGB III, z.B. einem Angestelltenverhältnis, gestanden haben. Dabei kann es sich um ein durchgehendes Beschäftigungsverhältnis handeln, es können aber auch einzelne Beschäftigungen zusammengerechnet werden. Auch der Bezug einer Entgeltersatzleistung wie z.B. ALG I – unabhängig von dessen Dauer – wird als Voraussetzung akzeptiert, ebenso wie das Leisten von Zivildienst beziehungsweise Wehrpflicht oder die Erziehung von Kindern unter drei Jahren. Die freiwillige Weiterversicherung in der Arbeitslosenversicherung kann nicht begründet werden, wenn anderweitig noch eine Versicherungspflicht (z.B. durch Kindererziehungszeiten oder Wehrpflicht) besteht.

Der **Antrag** auf freiwillige Weiterversicherung in der Arbeitslosenversicherung muss innerhalb der ersten drei Monate der Selbstständigkeit bei der Arbeitsagentur am Wohnort gestellt werden. Anhand einer Gewerbeanmeldung oder einer Bescheinigung des Steuerberaters muss nachgewiesen werden, dass eine selbstständige Tätigkeit ausgeübt wird, die mindestens 15 Stunden wöchentlich beansprucht. Der Beitrag liegt in 2011 bei 38,25 Euro monatlich in den alten Bundesländern und bei 33,60 Euro in den neuen Bundesländern. Im Jahr 2012 werden sich die Beiträge verdoppeln.

Wer mit seiner beruflichen Selbstständigkeit scheitert, kann die Arbeitslosenversicherung in Anspruch nehmen, wenn die sonstigen Voraussetzungen für den Bezug von ALG I erfüllt sind (Meldung als arbeitslos beziehungsweise arbeitsuchend). Die Höhe des Arbeitslosengeldes richtet sich dann nach einem fiktiven Arbeitsentgelt. Dieses ist abhängig von der beruflichen Qualifikation des Arbeitslosen wie etwa Hoch- oder Fachhochschulabschluss, Meister oder einer abgeschlossenen Ausbildung.

> **Hinweis:** Bei abhängiger Beschäftigung ist die Arbeitslosenversicherung Pflicht; Arbeitgeber und Arbeitnehmer zahlen jeweils die Hälfte der Beiträge [→ S. 38].

6 Berufsunfähigkeitsversicherung

Da „Tagespflegeperson" kein anerkannter Beruf ist, kann keine Berufsunfähigkeitsversicherung abgeschlossen werden. Möglich ist aber eine Erwerbsunfähigkeitsversicherung. Die Berufsunfähigkeitsversicherung greift ein, wenn der Versicherte in seinem zuletzt ausgeübten Beruf nicht mehr arbeiten kann; die Erwerbsunfähigkeitsversicherung dagegen zahlt erst dann, wenn auf absehbare Zeit keinerlei Erwerbstätigkeit mehr regelmäßig ausgeübt werden kann.

7 Rechtsschutzversicherung

Eine Rechtsschutzversicherung ist sinnvoll, wenn man um Schadensersatzansprüche streiten muss sowie bei Belangen in Bezug auf Steuerrecht, Sozialrecht und Strafrecht. Vor Versicherungsabschluss sollte genau geklärt werden, welche Rechtsstreitigkeiten versichert sind.

Bei **Streitigkeiten aus dem Betreuungsvertrag** – wenn es also um die Wirksamkeit des Vertrags oder einzelner Klauseln geht oder darum, dass die Betreuungsvergütung nicht gezahlt wird – sind die Rechtschutzversicherungen nicht leistungspflichtig. Daher versichern sie solche Fälle erst gar nicht.

Versicherungen

8 Berechnungsbeispiele zu den Versicherungsbeiträgen

Den folgenden Beispielen liegt die Annahme zugrunde, dass nur Kinder betreut werden, für die eine öffentliche Förderung besteht. Falls Kinder von Privatzahlern betreut werden, erfolgt möglicherweise keine hälftige Erstattung der Beiträge für die Kranken- und Rentenversicherung durch das Jugendamt [→ Teil B, Kap. 5.2.3].

In den ersten drei Jahren nach Aufnahme der Selbstständigkeit kann auf Antrag bei der Rentenversicherung der halbe Regelbeitrag gezahlt werden (zurzeit 254,23 Euro). Das bietet sich etwa in Beispiel 3 an, wo dadurch 103,97 Euro monatlich gespart werden könnten.

Der Beitrag für die Arbeitslosenversicherung gilt nur für das Jahr 2011. In 2012 wird sich der Beitrag verdoppeln.

Zu versteuernder Gewinn maximal 365 Euro (alte Bundesländer), nebenberufliche Tätigkeit, nicht verheiratet:

	Gesamtbetrag	Mögliche Erstattung durch das Jugendamt
Krankenversicherung mit Pflegeversicherung:	143,51 Euro	71,55 Euro
Rentenversicherung (optional):	evtl. 79,60 Euro	bei Nachweis 39,80 Euro
Haftpflichtversicherung:	individuell	nein
Unfallversicherung:	7,12 Euro	7,12 Euro
Arbeitslosenversicherung (optional):	38,25 Euro	nein
Summe:	268,48 Euro	118,67 Euro

149,81 Euro sind allein von der Tagespflegeperson zu tragen.

Zu versteuernder Gewinn maximal 1.000 Euro (alte Bundesländer), nebenberufliche Tätigkeit:

	Gesamtbetrag	Mögliche Erstattung durch das Jugendamt
Krankenversicherung mit Pflegeversicherung:	168,50 Euro	84,25 Euro
Rentenversicherung:	199,00 Euro	99,50 Euro
Haftpflichtversicherung:	individuell	nein
Unfallversicherung:	7,12 Euro	7,12 Euro
Arbeitslosenversicherung (optional):	38,25 Euro	nein
Summe:	412,87 Euro	190,87 Euro

222 Euro sind allein von der Tagespflegeperson zu tragen.

Zu versteuernder Gewinn: bis 1.800 Euro (alte Bundesländer), hauptberufliche Tätigkeit

	Gesamtbetrag	Mögliche Erstattung durch das Jugendamt
Krankenversicherung mit Pflegeversicherung:	322,89 Euro	161,45 Euro
Rentenversicherung:	358,20 Euro	179,10 Euro
Haftpflichtversicherung:	individuell	nein
Unfallversicherung:	7,12 Euro	7,12 Euro
Arbeitslosenversicherung (optional):	38,25 Euro	nein
Summe:	347,67 Euro	726,46 Euro

378,79 Euro sind allein von der Tagespflegeperson zu tragen.

E Steuern

1 Meldung an das Finanzamt

Wer eine selbstständige Tätigkeit aufnimmt, muss dies innerhalb eines Monats dem zuständigen Finanzamt schriftlich mitteilen. Die Zuständigkeit richtet sich nach dem Wohnsitz. Diese Mitteilung kann formlos erfolgen. Das Finanzamt verschickt dann den Vordruck „Fragebogen zur steuerlichen Erfassung", der ausgefüllt zurückgeschickt werden muss. Hier müssen Angaben zu den persönlichen und betrieblichen Verhältnissen gemacht werden, unter anderem zur Art der ausgeübten Tätigkeit und zum Zeitpunkt der Betriebseröffnung (Gründung). Weitere Einkünfte – auch des Ehegatten – müssen ebenfalls angegeben werden.

online www.formulare-bfinv.de
Auf dieser Webseite finden Sie den Fragebogen zur steuerlichen Erfassung sowie alle anderen für Ihre Steuererklärung nötigen Formulare.[7]

1.2 Hinweise zum Fragebogen

Auf der ersten Seite sind persönliche Angaben zu machen. Die Zeilen 38–47 müssen Sie ausfüllen, wenn Sie eine Steuerberaterin beauftragen. In Zeile 52 tragen Sie „selbstständige Kindertagespflege" ein. Bieten Sie die Tagespflege nicht in Ihrer Wohnung an, müssen Sie in Zeile 53 die Anschrift der angemieteten Räume angeben. In Zeile 77 erklären Sie den Zeitpunkt der Aufnahme Ihrer Tätigkeit. In Zeile 93 werden die voraussichtlichen Einkünfte (zu versteuernder Gewinn!) eingetragen; dieser Eintrag sollte gut überdacht werden, denn er wirkt sich auf die Einkommensteuervorauszahlung aus.

In Zeile 100 kreuzen Sie „Einnahmen-Überschuss-Rechnung" an. Wenn Sie Angestellte beschäftigen, füllen Sie die Zeilen 105–110 aus. Wenn Sie eine Pflegeerlaubnis haben, sind Sie von der Umsatzsteuer befreit; kreuzen Sie in Zeile 128 „Ja" an, tragen als Art des Umsatzes „selbstständige Kindertagespflege" ein und ergänzen „§ 4" mit „Nr. 25". Fügen Sie eine Kopie Ihrer Pflegeerlaubnis bei. Bei einem Zusammenschluss von Tagespflegepersonen müssen die Zeilen 151 ff. ausgefüllt werden.

2 Die Einkommensteuererklärung

Jeder, der Einkommen aus selbstständiger Tätigkeit erwirtschaftet, muss eine Einkommensteuererklärung abgeben. Diese muss bis zum 31. Mai des Folgejahres (die Steuererklärung für das Jahr 2010 also bis 31. Mai 2011) beim Finanzamt eingehen. Hierzu gibt es häufig viele Fragen und Unsicherheiten, die im Folgenden geklärt werden sollen.

> **Tipp:** Wer keine Steuerberaterin hat und bei der Erstellung der Steuererklärung unsicher ist, kann diese auch mit Hilfe eines Steuerprogramms für den PC erstellen.

---

[7] Stand für alle Steuerformulare: Februar 2011

Steuern

Bis zum 31. Dezember 2008 waren die Einnahmen aus öffentlich geförderter Tagespflege grundsätzlich steuerfrei, sie unterlagen also – im Gegensatz zu privaten Einnahmen aus selbstständiger Kindertagespflege – nicht der Einkommensteuerpflicht. Seit dem 1. Januar 2009 sind **alle Einnahmen aus selbstständiger Kindertagespflege steuerpflichtig**. Dies hat auch Auswirkungen auf die Rentenversicherungspflicht von selbstständigen Tagespflegepersonen [→ Teil D, Kap. 4].

2.1 Steuerfreibetrag

Einnahmen bis zu einer bestimmten Grenze sind nicht einkommensteuerpflichtig, das bedeutet, man muss für sie keine Einkommensteuer zahlen. Diese Summen werden Freibeträge genannt. Sie wurden zum 1. Januar 2010 auf 8.004 Euro bei Alleinstehenden und 16.008 Euro bei Ehegatten erhöht.

In welcher Höhe nach Abzug des Freibetrags Steuern anfallen, hängt beispielsweise davon ab,

- ob die Tagespflegeperson neben ihren Einkünften aus der Tagespflege noch weitere Einkünfte erzielt hat (z. B. aus Vermietung und Verpachtung oder aus Rentenzahlungen) oder
- ob ihre Einkünfte mit denen des Ehegatten gemeinsam versteuert werden.

Eine Einkommensteuererklärung muss aber in jedem Fall abgegeben werden, auch wenn die Freibetragsgrenze im betreffenden Steuerjahr nicht erreicht worden ist.

Die Vorschrift des § 3 Nr. 11 und 26 Einkommensteuergesetz (EStG), wonach Bezüge aus öffentlichen Mitteln und Einnahmen aus bestimmten nebenberuflichen Tätigkeiten) bis zu 2.100 Euro steuerfrei sind, ist auf die Kindertagespflege **nicht anwendbar**.

online www.bundesfinanzministerium.de
BMF-Schreiben „Tagespflegepersonen; Betriebsausgabenpauschale, Zufluss von Betreuungsgeldern 2008" vom 20. Mai 2009

2.2 Das „zu versteuernde Einkommen"

Das zu versteuernde Einkommen ist der Teil der Einnahmen, der den **Gewinn** ausmacht. Er wird durch den Abzug der Betriebsausgaben(pauschalen) von den Betriebseinnahmen ermittelt.

2.2.1 Die Betriebsausgabenpauschale

Tagespflegepersonen dürfen von ihren Einnahmen pauschale Betriebsausgaben in Höhe von 300 Euro pro Kind im Monat beziehungsweise 75 Euro pro Kind in der Woche abziehen. Erst wenn die Einnahmen diese Betriebsausgabenpauschale übersteigen, fallen Einkommensteuern an. Für die Berechnung der Pauschale werden eine tägliche Betreuungszeit von maximal acht Stunden und eine Fünftagewoche zugrunde gelegt. Wer ein Tageskind weniger als acht Stunden täglich oder weniger als fünf Tage pro Woche betreut, muss die Pauschale entsprechend herunterrechnen. Das Bundesfinanzministerium (BMF) hat dafür folgende **Formel** veröffentlicht:

$$\frac{300 \text{ Euro} \times \text{vereinbarte wöchentliche Betreuungszeit}}{40 \text{ Stunden}}$$

Dabei ist allerdings zu beachten, dass für die wöchentliche Betreuungszeit **pro Tag nicht mehr als acht Stunden** angesetzt werden dürfen.

> **Beispiel** Herr Brand betreut ein Tageskind an drei Tagen in der Woche jeweils zehn Stunden täglich. Er berechnet die Höhe der Betriebsausgabenpauschale nach der vorstehenden Formel und kommt auf einen Betrag von 225 Euro. Herr Brand hat bei seiner Berechnung jedoch nicht berücksichtigt, dass er pro Tag maximal acht Stunden ansetzen kann. Die anzurechnende Betreuungszeit beläuft sich also auf 3 Tage x 8 Stunden = 24 Stunden und die Betriebsausgabenpauschale auf 180 Euro im Monat (300 Euro x 24 Stunden/40 Stunden).

	1 Tag	2 Tage	3 Tage	4 Tage	5 Tage
1 Stunde	7,50 Euro	15,00 Euro	22,50 Euro	30,00 Euro	37,50 Euro
2 Stunden	15,00 Euro	30,00 Euro	45,00 Euro	60,00 Euro	75,00 Euro
3 Stunden	22,50 Euro	45,00 Euro	67,50 Euro	90,00 Euro	112,50 Euro
4 Stunden	30,00 Euro	60,00 Euro	90,00 Euro	120,00 Euro	150,00 Euro
5 Stunden	37,50 Euro	75,00 Euro	112,50 Euro	150,00 Euro	187,50 Euro
6 Stunden	45,00 Euro	90,00 Euro	135,00 Euro	180,00 Euro	225,00 Euro
7 Stunden	52,50 Euro	105,00 Euro	157,50 Euro	210,00 Euro	262,50 Euro
8 Stunden	60,00 Euro	120,00 Euro	180,00 Euro	240,00 Euro	300,00 Euro

Tab. 3: Abziehbare Betriebsausgabenpauschalen nach Betreuungszeiten pro Woche

Die Betriebsausgabenpauschale darf nicht höher angesetzt werden als die tatsächlichen Einnahmen. Für Zeiten, in denen keine Betreuung stattfand, darf sie nur dann abgezogen werden, wenn das Betreuungsgeld in dieser Zeit weitergezahlt wurde.

> **Achtung!** Die Betriebsausgabenpauschale kann nicht verwendet werden, wenn die Betreuung im Haushalt der Sorgeberechtigten oder in unentgeltlich zur Verfügung gestellten Räumen stattfindet. In diesen Fällen müssen die Betriebsausgaben einzeln nachgewiesen werden.

2.2.2 Der Einzelnachweis

Auch wenn die Betriebsausgabenpauschale in Frage kommt, kann freiwillig ein Einzelnachweis über die Betriebsausgaben geführt werden. Dies bietet sich manchmal in der Anfangsphase an, wenn hohe Investitionen getätigt werden.

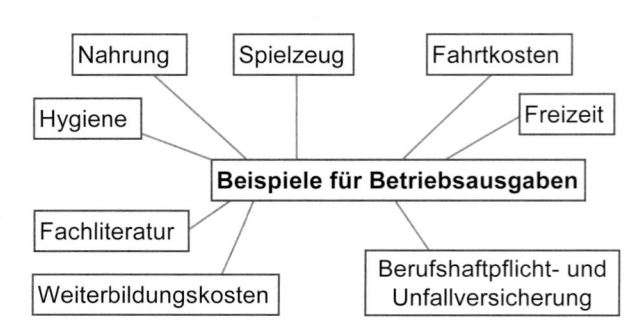

Beispiele für Betriebsausgaben: Nahrung, Spielzeug, Fahrtkosten, Hygiene, Freizeit, Fachliteratur, Weiterbildungskosten, Berufshaftpflicht- und Unfallversicherung

2.3 Das Ausfüllen der Formulare

Die Einkommensteuererklärung wird auf den amtlichen Vordrucken abgegeben. Diese erhält man bei den Finanzämtern oder beim Bundesfinanzministerium. Sie können auch im Internet abgerufen werden [→ S. 84].

2.3.1 Der Mantelbogen

Auch Selbstständige müssen den Mantelbogen ausfüllen. Auf Seite 1 werden die persönlichen Daten des Steuerpflichtigen, Steuernummer und Bankverbindung angegeben. Hier kann gewählt werden, ob eine getrennte oder Zusammenveranlagung erfolgen soll. Bei der Zusammenveranlagung werden die gemeinsamen Einkommen von Eheleuten zunächst getrennt ermittelt, anschließend zusammengerechnet und dann halbiert (sogenanntes Ehegattensplitting). Der auf dieser Grundlage ermittelte Steuerbetrag wird dann für den gemeinsamen Jahressteuerbetrag verdoppelt. Die Zusammenveranlagung ist daher insbesondere für Ehepaare mit unterschiedlich hohen Einkommen interessant.

Auf Seite 2 werden Angaben zu den Einkunftsarten gemacht. Hier sind auch Angaben zu eigenen Kindern erforderlich. Außerdem können auf dieser Seite Sonderausgaben wie z. B. Ausgaben zur Berufsausbildung, Spenden oder Unterhaltsleistungen geltend gemacht werden.

Auf Seite 3 erfolgt die Angabe außergewöhnlicher Belastungen. Auf Seite 4 können noch sonstige Angaben, beispielsweise zu Lohnersatzleistungen (z.B. Krankengeld oder Arbeitslosengeld), gemacht werden, und am Ende wird der Mantelbogen – und damit die gesamte Steuererklärung – von den Steuerpflichtigen unterschrieben.

2.3.2 Die Anlage EÜR (Einnahmen-Überschuss-Rechnung)

Das nächste Formular ist die Anlage EÜR, die sogenannte „Einnahmen-Überschuss-Rechnung". Dabei handelt es sich um eine einfache Gegenüberstellung der Einnahmen und der Ausgaben. Hier werden zunächst wieder die persönlichen Daten des Steuerpflichtigen, die Steuernummer und in Zeile 5 die Art der selbstständigen Tätigkeit – „Kindertagespflege" – angegeben. In Zeile 12 und Zeile 20 wird die Summe der Einnahmen aus dieser Tätigkeit eingetragen. Diese sind umsatzsteuerfrei (§ 4 Umsatzsteuergesetz UStG).

In Zeile 21 werden die Betriebsausgabenpauschalen für alle Betreuungsverhältnisse im Steuerjahr zusammengerechnet angegeben, bei Einzelnachweis werden die Betriebsausgaben in den entsprechenden nachfolgenden Zeilen eingetragen. In Zeile 57 muss dann nochmals die Summe der Betriebsausgaben angegeben werden. Die eigentliche **Gewinnermittlung** erfolgt in den Zeilen 61 bis 72 durch folgende Rechnung:

    Summe der Betriebseinnahmen

   – Summe der Betriebsausgaben

   = Gewinn/Verlust

Damit ist die Anlage EÜR fertig ausgefüllt. Beizufügen ist eine (formlose) Aufstellung der einzelnen Einnahmen und Ausgaben. Hierzu finden Sie ein Muster im Anhang auf S. 119.

2.3.3 Anlage S (Selbstständige Tätigkeit)

Als Nächstes muss die Anlage S, „Einkünfte aus selbstständiger Tätigkeit", ausgefüllt werden. Auch hier müssen wieder die persönlichen Daten des Steuerpflichtigen und die Steuernummer angegeben werden. In Zeile 4 wird der Gewinn aus der nochmals zu bezeichnenden Tätigkeit („Kindertagespflege") angegeben. Dieser ergibt sich aus der Rechnung in der Anlage EÜR.

2.3.4 Anlage Vorsorgeaufwand

Beiträge zu bestimmten Versicherungen sind sogenannte Vorsorgeaufwendungen. Diese gelten steuerlich als Sonderausgaben und sind beschränkt absetzbar; der Höchstbetrag hierfür liegt bei 2.800 Euro; erfolgt ein steuerfreier Zuschuss zur Krankenversicherung, sind es 1.900 Euro. Ihre Aufwendungen müssen Sie um steuerfreie Zuschüsse und Beitragsrückerstattungen (z. B. vom Jugendamt) kürzen. Die Beiträge zu Ihrer gesetzlichen Rentenversicherung tragen Sie (gekürzt um die Erstattungsbeiträge) in Zeile 6 ein. Werden steuerfreie Leistungen durch das Jugendamt erbracht, müssen Sie die in Zeile 11 gestellte Frage mit „Ja" = „1" beantworten.

In Zeile 18 können Sie die Beiträge für eine freiwillige Krankenversicherung, in Zeile 21 die Beiträge für die Pflegeversicherung eintragen. Verlangt Ihre Krankenversicherung einen Zusatzbeitrag, so wird dieser in Zeile 19 eingetragen. In Zeile 24 werden die Zuschüsse zu Kranken- und Pflegeversicherung angegeben. Zusatzversicherungen (Wahlleistungen, Chefarztbehandlung) können Sie in Zeile 30 angeben. Beiträge zu einer privaten Krankenversicherung werden in Zeile 31 eingetragen, die Zuschüsse des Jugendamts in Zeile 34. Zusatzversicherungen (Einbettzimmer, Chefarztbehandlung etc.) gehören in Zeile 35 (abzüglich der Zuschüsse des Jugendamts). In Zeile 46 tragen Sie Beiträge zu einer freiwilligen Versicherung gegen Arbeitslosigkeit ein und in Zeile 47 die Beiträge zu einer eigenen Berufsunfähigkeits- oder Erwerbsunfähigkeitsversicherung.

Beiträge für eine private Unfallversicherung gehören zu den Vorsorgeaufwendungen, wenn die Unfallversicherung ausschließlich private Risiken abdeckt. Sind sowohl private als auch berufliche Risiken versichert, gelten die Beiträge je zur Hälfte als Sonderausgaben (Zeile 48 – private Risiken) und als Betriebsausgaben (berufliche Risiken). Hat man die Betriebkostenpauschale gewählt, so sind die Beiträge darin bereits inbegriffen.

> **Achtung!** Vergessen Sie nicht, für alle Versicherungen die steuerfreien Zuschüsse abzuziehen!

In Zeile 48 können Sie auch Beiträge zu einer privaten Haftpflichtversicherung geltend machen. Beiträge zu Kasko-, Hausrat- und Rechtsschutzversicherungen können nicht als Vorsorgeaufwendungen angegeben werden, Beiträge zu einer Berufshaftpflichtversicherung gelten als Betriebsausgaben.

2.3.5 Anlage AV (Altersvorsorgebeiträge)

Wenn Sie eine private Altersvorsorge (Riester-Rente) abgeschlossen haben, können Sie bei dem Versicherungsanbieter eine Altersvorsorgezulage, d. h. einen staatlichen Zuschuss beantragen. Der Altersvorsorgevertrag muss nach dem Altersvorsorgeverträge-Zertifizierungsgesetz anerkannt sein. Darüber hinaus können Sie in Ihrer Einkommensteuererklärung mit der Anlage AV die Beiträge als zusätzliche Sonderausgaben angeben. Das Finanzamt prüft dann, ob eine zusätzliche steuerliche Förderung in Form eines Sonderausgabenabzugs in Betracht kommt. Als Voraussetzung hierfür müssen Sie zuvor gegenüber dem Anbieter Ihres Altersvorsorgevertrages einwilligen, dass dieser Ihre Daten an die Finanzverwaltung übermittelt. Dazu gehören

- die zu berücksichtigenden Altersvorsorgebeiträge unter Angabe der Vertragsdaten,
- die steuerliche Identifikationsnummer und
- die Zulage- oder Sozialversicherungsnummer.

Beiträge zur Deutschen Rentenversicherung werden hier auf jeden Fall anerkannt – auch wenn man im betreffenden Steuerjahr nur zeitweise pflichtversichert war. Zu den Pflichtversicherten der deutschen gesetzlichen Rentenversicherung gehören auch die meisten selbstständigen Tagespflegepersonen [→ Teil D, Kap. 4.2].

Steuern

In Zeile 11 des Formulars tragen Sie die Einnahmen ein, nach denen Ihr Beitrag bei der Deutschen Rentenversicherung berechnet wurde. Haben Sie Entgeltersatzleistungen (z. B. Krankengeld oder ALG I) oder Arbeitslosengeld (ALG) II erhalten, muss das zusätzlich in Zeile 13 angegeben werden. In den Zeilen 21–24 müssen noch Angaben zu Ihren Kindern und dem Bezug des Kindergeldes gemacht werden.

Auf Seite 2 können Sie die jeweiligen Altersvorsorgeverträge angeben; dafür müssen Sie den Anbieter, die Vertrags- und die Zertifizierungsnummer kennen. Außerdem tragen Sie die eingezahlten Beiträge und – sofern das auf Sie zutrifft – die Tilgungsleistungen bei Anschaffung von selbst genutztem Wohneigentum (auch das wird gefördert!) ein. Die Altersvorsorgezulage, die sich direkt auf die Versicherungsbeiträge auswirkt, wird für maximal zwei Verträge gewährt. Hier können Sie dagegen mehr als zwei Verträge angeben, die dann für einen Sonderausgabenabzug in Frage kommen (Zeile 6).

2.3.6 Anlage Kind

Haben Sie Kinder, so müssen Sie für diese jeweils eine Anlage „Kind" ausfüllen. Diese Anlage ist im Wesentlichen selbsterklärend. Auch bereits volljährige Kinder können unter bestimmten Voraussetzungen berücksichtigt werden (z. B. wenn sie sich in der Ausbildung befinden). Haben volljährige Kinder ein eigenes Einkommen, so müssen auch dazu Angaben gemacht werden.

Auf Seite 3 der Anlage „Kind" können Sie Kinderbetreuungskosten angeben, sofern Sie oder Ihre Ehepartnerin erwerbstätig waren. Abziehbar sind Betreuungskosten in Höhe von zwei Dritteln der Aufwendungen, höchstens jedoch 4.000 Euro pro Kind und Kalenderjahr. Hilfreich für alle weiteren Fragen rund um die steuerliche Berücksichtigung von Kinderbetreuungskosten ist ein BMF-Schreiben vom 19. Januar 2007.

www.bundesfinanzministerium.de

2.3.7 Ausfüllhilfen

Hilfreich für das Ausfüllen der einzelnen Formulare sind auch die jeweiligen Ausfüllhilfen, die Sie mit den Steuerformularen beim Finanzamt oder im Internet [→ S. 84] bekommen.

3 Rechnungen

Die Tagespflegeperson ist verpflichtet, den Personensorgeberechtigten Rechnungen über die von ihnen gezahlten Betreuungskosten auszustellen, damit diese die Kosten für die Kinderbetreuung steuerlich geltend machen können. Wichtig ist, dass auf der Rechnung folgende Angaben stehen:

- Rechnungsdatum
- Leistungszeitraum
- Leistungsgegenstand
- Forderungshöhe (Rechnungsbetrag)
- Angabe zur Umsatzsteuerbefreiung nach § 19 und § 4 Nr. 25 UStG
- Zahlungsziel

Eine Musterrechnung finden Sie im Anhang auf S. 120.

4 Einkommensteuervorauszahlung

Selbstständige können verpflichtet sein, viermal im Jahr Vorauszahlungen auf die Einkommensteuer zu leisten, und zwar zum 10. März, 10. Juni, 10. September und 10. Dezember. Die Höhe der Vorauszahlungen wird anhand des im Vorjahr erwirtschafteten Gewinns festgesetzt (im ersten Jahr wird der erwartete Gewinn zugrunde gelegt).

> *Im Frühling, im Sommer, im Herbst und im Winter ...*
>
> *... ist die Einkommenssteuervorauszahlung fällig!*

Wichtig: Vorauszahlungen müssen nur dann geleistet werden, wenn sie im Jahr mindestens 400 Euro betragen.

Bei verheirateten Tagespflegepersonen wird bei der Ermittlung der Vorauszahlungen unter bestimmten Voraussetzungen auch das Einkommen des Ehepartners berücksichtigt. Das ist dann der Fall, wenn die Ehepartner ihre Steuererklärung gemeinsam abgeben (Zusammenveranlagung). Zur Ermittlung der Vorauszahlungen werden beide Einkommen addiert und durch zwei geteilt; daraus wird dann die voraussichtliche Steuerschuld ermittelt.

Achtung! Wenn keine oder zu niedrige Vorauszahlungen festgesetzt wurden, kann es zu erheblichen Steuernachzahlungen kommen. Deshalb ist es besonders wichtig, Rücklagen für etwaige Steuernachzahlungen zu bilden.

5 Umsatzsteuer

Tagespflegepersonen sind nicht umsatzsteuerpflichtig (§ 4 Nr. 25 UStG). Voraussetzung für die Befreiung von der Umsatzsteuer ist eine gültige Pflegeerlaubnis. Die Befreiung greift auch, wenn eine Betriebserlaubnis besteht (Erlaubnis für den Betrieb einer Einrichtung, in der Kinder oder Jugendliche ganztägig oder für einen Teil des Tages betreut werden oder Unterkunft erhalten, § 45 SGB VIII).

6 Beispiele zur Höhe der Einkommensteuer

Eine praktische Hilfe für das Berechnen der Einkommensteuer ist der Abgabenrechner im Internet. Den richtigen Rechner finden Sie unter dem Navigationspunkt „Einkommensteuer".

www.abgabenrechner.de

Die folgenden Berechnungsbeispiele für unterschiedliche persönliche und Einkommensverhältnisse wurden mit dem Abgabenrechner erstellt. Hierbei handelt es sich um Näherungswerte, die eine erste Orientierung bieten sollen.

Frau Lehmann ist alleinstehend und hat einen monatlich zu versteuernden Gewinn in Höhe von 364 Euro. Ihr Jahresgewinn beträgt 4.368 Euro. Frau Lehmann zahlt keine Einkommensteuer.

Frau Jansen ist alleinstehend und hat einen monatlich zu versteuernden Gewinn in Höhe von 1.000 Euro. Ihr Jahresgewinn beträgt 12.000 Euro. Frau Lehmann muss 705,10 Euro Einkommensteuer pro Jahr zahlen.

Herr Brenner ist verheiratet und hat aus einer selbstständigen Tätigkeit einen monatlich zu versteuernden Gewinn in Höhe von 1.000 Euro. Sein Jahresgewinn beträgt 12.000 Euro. Herr Brenner zahlt keine Einkommensteuer.

Herr Scheibe ist alleinstehend und hat aus einer selbstständigen Tätigkeit einen monatlich zu versteuernden Gewinn in Höhe von 2.000 Euro. Sein Jahresgewinn beträgt 24.000 Euro. Herr Scheibe muss 3.815 Euro Einkommensteuer im Jahr zahlen.

Frau Mey ist verheiratet und hat aus einer selbstständigen Tätigkeit einen monatlich zu versteuernden Gewinn in Höhe von 2.000 Euro. Ihr Jahresgewinn beträgt 24.000 Euro. Frau Mey muss 1.410 Euro Einkommensteuer im Jahr zahlen.

---

7 Zusammenschluss (GbR)

Schließen sich mehrere Tagespflegepersonen zur gemeinsamen Betreuung von Tageskindern zusammen [→ Teil A, Kap. 3.3.4], so bilden sie rechtlich gesehen eine **Gesellschaft bürgerlichen Rechts** (GbR), auch BGB-Gesellschaft genannt. Die GbR muss eine eigene Einkommensteuererklärung abgeben. Diese erfolgt ebenso wie bei selbstständigen Tagespflegepersonen mit einer Einnahmen-Überschuss-Rechnung auf dem Formular EÜR [→ Kap. 2.3.2]. Jede an der Gesellschaft beteiligte Tagespflegeperson erklärt dann den ihr zugeordneten Gewinn mit der Anlage S [→ Kap. 2.3.3].

Zusätzlich muss jeder Gesellschafter eine „Erklärung zur gesonderten und einheitlichen Feststellung von Grundlagen zur Einkommensbesteuerung" (Anlage ESt 1 B) sowie die Anlagen „Angaben über die Feststellungsbeteiligten" (FB 1) und „Aufteilung von Besteuerungsgrundlagen" (FE) abgeben. Die **Feststellungserklärung** dient dazu, dem Finanzamt mitzuteilen, wie der entstandene Gewinn oder Verlust auf die Gesellschafter der GbR aufgeteilt wird.

Der Steuererklärung muss zudem der **Gesellschaftsvertrag** beigefügt werden, der neben der namentlichen Nennung aller Gesellschafter insbesondere auch Regelungen zum Zweck der Gesellschaft, zur Vertretung nach außen sowie zur Verteilung von Gewinn und Verlust enthalten sollte.

> **Achtung:** Wird die Steuererklärung für die GbR nicht von einem Steuerberater erstellt, sollte man beim zuständigen Finanzamt (richtet sich nach Sitz der GbR) nachfragen, welche Formulare im Einzelfall einzureichen sind. Je nach individueller Ausgestaltung der GbR kann es hier Unterschiede geben.

F Schweigepflicht und Datenschutz

Als Tagespflegeperson erfährt man eine Menge zum Teil sehr privater Dinge über die Familien der Tageskinder und umgekehrt. So erhält die Tagespflegeperson Auskunft über die Familienverhältnisse und die Entwicklung des Kindes. Beim Bringen und Abholen werden Neuigkeiten ausgetauscht, private oder berufliche Probleme mitgeteilt. Insbesondere durch die Tageskinder selbst erfahren Tagespflegepersonen und Eltern von bestimmten Gewohnheiten und Verhaltensweisen der jeweils anderen, die manchmal überraschen, wenn nicht gar peinlich berühren.

Manche Informationen können eine Voreingenommenheit gegenüber einzelnen Personen erzeugen, die nicht mehr rückgängig zu machen ist. Durch unbedachtes Verhalten können zudem andere verletzt und geschädigt werden. Daher sollten sich Tagespflegepersonen und auch Eltern bewusst sein, dass der Privatbereich des jeweils anderen Vertragspartners im eigenen Interesse geschützt werden muss.

1 Schweigepflicht

1.1 Die Schweigepflicht im StGB

Die „Verschwiegenheitspflicht" (auch Schweigepflicht) im engeren Sinn ist die rechtliche Verpflichtung bestimmter Berufsgruppen, ihnen anvertraute oder bekannt gewordene Geheimnisse nicht an Dritte weiterzugeben. Die Schweigepflicht dient unmittelbar dem **Schutz der persönlichen Privatsphäre** einer Person, die sich bestimmten Berufsgruppen beziehungsweise staatlichen oder privaten Institutionen anvertraut. Dementsprechend schützt die Schweigepflicht das **Recht auf informationelle Selbstbestimmung**.

In Deutschland hat der Gesetzgeber die Schweigepflicht mit dem stärksten ihm zur Verfügung stehenden Mittel geregelt: der Androhung von Geld- oder Freiheitsstrafe (§ 203 Strafgesetzbuch StGB: Verletzung von Privatgeheimnissen). Diese Vorschrift gilt z. B. für Ärzte, Apotheker, Psychologen, Rechtsanwälte, Notare, Steuerberater, Sozialarbeiter, Sozialpädagogen oder Eheberater. Tagespflegepersonen gehören zu keiner der in § 203 genannten Berufsgruppen, sie können sich also nach dieser Vorschrift nicht strafbar machen.

Für jedermann gelten aber die Vorschriften über **Beleidigungsdelikte** (§§ 185 ff. StGB). Diese dienen dem Schutz der persönlichen Ehre des Menschen. Im Einzelnen umfassen die Beleidigungsdelikte beispielsweise

- die Beleidigung, d. h. die Kundgabe von Miss- oder Nichtachtung durch Werturteile (§ 185),
- die Verleumdung, d. h. die Behauptung unwahrer, ehrenrühriger Tatsachen gegenüber Dritten (§ 187),
- die üble Nachrede, d. h. eine ehrverletzende Tatsachenbehauptung, die nicht „erweislich wahr" ist (§ 186).

1.2 Vertraglich vereinbarte Schweigepflicht

Eine Verschwiegenheitspflicht kann sich aber auch als Nebenpflicht aus zivilrechtlichen Verträgen, also beispielsweise dem Betreuungsvertrag, ergeben. Zu Beginn des Betreuungsverhältnisses sollte die Tagespflegeperson daher den vertraulichen Umgang mit Informationen mit den Eltern der Tageskinder besprechen und diesen in den Vertrag aufnehmen. Das beruhigt beide Seiten und belegt, dass die Tagespflegeperson ihre Arbeit professionell angeht. Ein Formulierungsbeispiel finden Sie im Anhang auf S. 124.

Für bestimmte Fälle und Notfälle sollte von den Sorgeberechtigten eine Entbindung von der Schweigepflicht hinterlegt werden, beispielsweise wenn die Tagesmutter eine Kontaktperson für Erzieherinnen und Lehrerinnen ist. Ein Muster finden Sie im Anhang auf S. 128.

Tipp: Ein Austausch über den Pflegealltag z. B. mit Kollegen oder dem Ehepartner, ist wichtig. Die betroffenen Personen sollten jedoch anonymisiert und nicht eindeutig beschrieben werden.

2 Datenschutz

Werden Jugendhilfeleistungen gewährt, so ist das für die Leistungsempfänger mit der Preisgabe einer Vielzahl von Informationen über ihre persönlichen Verhältnisse verbunden. Diese Informationen – die sogenannten Sozialdaten – sind immer privater, oft genug gar intimer Natur. Entsprechend sorgfältig muss mit ihnen umgegangen werden. Der Schutz von Daten, die im Zusammenhang mit Maßnahmen und Leistungen der Kinder- und Jugendhilfe erhoben, verarbeitet oder in anderer Art genutzt werden, ist in Sozialgesetzbuch (SGB) I, X und VIII geregelt. Für die Träger der öffentlichen Jugendhilfe enthält das SGB VIII datenschutzrechtliche Vorschriften, die ihrer Situation Rechnung tragen (§§ 61 bis 68).

Das SGB I nennt bestimmte „Stellen", die Daten erheben, nutzen oder verarbeiten dürfen; unter diese fällt auch das Jugendamt, Tagespflegepersonen dagegen nicht. Daher gelten die datenschutzrechtlichen Vorschriften für sie nicht unmittelbar. Allerdings kommt für Tagespflegepersonen der „verlängerte Sozialdatenschutz" des SGB X § 78 in Betracht. Danach dürfen auch andere Personen oder Stellen, denen sogenannte Sozialdaten übermittelt werden, diese nur zu dem Zweck verarbeiten oder nutzen, zu dem sie ihnen zulässigerweise übermittelt worden sind.

Außerdem gelten für Tagespflegepersonen unmittelbar die Bestimmungen des Bundesdatenschutzgesetzes (BDSG) sowie die jeweiligen Datenschutzgesetze der Bundesländer. Diese Regelungen gelten für die Jugendhilfe allerdings nur, wenn es keine spezielle Regelung in den §§ 61–68 des SGB VIII gibt. Anderenfalls haben die Regelungen des SGB VIII Vorrang. Die nachfolgend behandelten Begriffe werden sowohl in den Spezialvorschriften des SGB VIII als auch in den allgemeinen Datenschutzgesetzen verwendet.

2.1 Sozialdaten

Die Datenschutzgesetze schützen die **personenbezogenen Daten** des Einzelnen. Der speziellere Begriff der Sozialdaten ist in § 67 des SGB X definiert. Danach sind Sozialdaten Einzelangaben über die persönlichen und sachlichen Verhältnisse einer Person (personenbezogene Daten), die von den sozialrechtlichen Leistungsträgern zur Erfüllung ihrer gesetzlichen Aufgaben gesammelt und gespeichert werden. Auch Bewertungen, Diagnosen und Prognosen enthalten geschützte Einzelangaben über eine Person. Das Gesetz nennt diese Person „Betroffener".

Im Rahmen der Kindertagespflege sind alle personenbezogenen Angaben geschützt, die etwa im Zusammenhang mit der Erziehung eines Kindes erhoben oder verwendet werden und die einer bestimmten Person zugeordnet werden können. Im Einzelnen kann es sich dabei um Angaben wie beispielsweise Geburtsdaten, Religionszugehörigkeit, Nationalität, Krankheiten, Familienstand, Einkommen, Kinderzahl, Beruf oder der Arbeitgeber der Eltern handeln. Es ist dabei unerheblich, in welcher Form diese Daten erhoben werden: schriftlich oder mündlich, durch ein Gruppenfoto oder die Videoaufnahme einer Kindergruppe.

In Bezug auf das Jugendamt, die Finanzbehörden und Sozialversicherungsträger sollte bereits im Betreuungsvertrag eine schriftliche Einwilligung in die Weitergabe von personenbezogenen Daten erteilt werden. Diese Einwilligung kann jedoch nur in Bezug auf konkrete Sachverhalte und nicht generell im Voraus erteilt werden, denn der Betroffene muss wissen, welche Daten jeweils weitergegeben werden sollen. Daher sollte die Einwilligung auf die Tagespflege bezogen erteilt werden. Einen Formulierungsvorschlag finden Sie im Anhang auf S. 125.

2.2 Datenerhebung

Datenerhebung ist jede Form gezielter Gewinnung personenbezogener Daten des Betroffenen durch Befragung oder zweckgerichtete Beobachtung. Sie ist für die Jugendhilfe in § 62 SGB VIII geregelt. Danach dürfen Daten nur erhoben werden, wenn sie für die Erfüllung der Erziehungsaufgabe erforderlich sind.

> **Wichtig:** Wird – schriftlich oder mündlich – nach Religion, Einkommen, Krankheiten oder Geschwistern gefragt, muss klar sein, inwieweit diese Daten *notwendig* (und nicht nur *nützlich*) für die Erziehung des Kindes sind.

Ist geklärt, welche Daten erforderlich sind, müssen diese beim Betroffenen selbst erhoben werden. Dabei muss immer darauf hingewiesen werden, zu welchem Zweck die Daten erhoben werden. Werden Tagespflegepersonen von Dritten nach Sozialangaben gefragt, so sollten sie diese unmittelbar an die Betroffenen verweisen. Betroffener ist das Kind oder der Jugendliche für seine eigenen Daten, soweit diese selbst <u>einsichtsfähig</u> sind, also die Bedeutung des Datenschutzes verstehen können.

Bei Dritten dürfen Daten über das Kind oder seine Eltern grundsätzlich nur erhoben werden, wenn die Betroffenen darin einwilligen. Umgekehrt dürfen Dritte (z. B. das Jugendamt) keine Daten über Kinder oder Eltern (etwa bei der Tagespflegeperson) abfragen, wenn diese nicht zuvor ihre Einwilligung gegeben haben. Nur unter ganz bestimmten gesetzlichen Voraussetzungen können Daten über den Betroffenen auch ohne dessen Einwilligung bei Dritten erfragt werden, z. B. wenn dies für die Erfüllung des Schutzauftrags bei einer Kindeswohlgefährdung notwendig ist.

Lieblingseissorte, Einschlafgewohnheiten, Name des Kuscheltiers, erstes Wort...

2.3 Datenübermittlung

Werden Daten an Personen oder Stellen außerhalb einer Einrichtung weitergegeben, handelt es sich um eine Datenübermittlung. Dies betrifft z. B. Schulen, Jugendämter, aber auch (andere) Eltern, die für das Kind nicht sorgeberechtigt sind. Auch die Datenübermittlung ist nur mit einer Einwilligung des Betroffenen zulässig oder wenn z. B. bei einer Kindeswohlgefährdung eine gesetzliche Übermittlungsbefugnis vorliegt (§ 67b SGB X) [→ Kap. 3].

Zum Teil verpflichten die Jugendämter in einer Nebenbestimmung zur Pflegeerlaubnis die Tagespflegeperson, personenbezogene Daten der Sorgeberechtigten an das Jugendamt weiterzugeben. In diesem Fall kann die Tagespflegeperson nur ein Betreuungsverhältnis eingehen, wenn die Sorgeberechtigten einer solchen Datenübermittlung zustimmen.

> **Wichtig:** Personenbezogene Daten werden durch das Gesetz geschützt. Sie müssen beim Betroffenen selbst erhoben werden und dürfen nur mit dessen Einwilligung weitergegeben werden. Tagespflegepersonen dürfen personenbezogene Daten nur für den Zweck nutzen, zu dem sie ihnen bekannt gegeben wurden.

3 Exkurs Kindeswohlgefährdung

Eine große Unsicherheit herrscht bei Tagespflegepersonen, wenn es um die mögliche Gefährdung von Kindern geht. Aus Angst, die Schweigepflicht oder datenschutzrechtliche Bestimmungen zu verletzen, gehen sie dann möglicherweise einer Auseinandersetzung mit diesem Thema aus dem Weg. Daher muss zum einen klar sein, was eine Gefährdung des Kindeswohls umfasst, zum anderen, welche Möglichkeiten und Verpflichtungen zu handeln es gibt.

Im Rahmen des Kinder- und Jugendhilfeweiterentwicklungsgesetzes (KICK) wurde der § 8a in das SGB VIII aufgenommen. Absatz 1 beschreibt zunächst nur die Aufgabe „Kinderschutz" für die öffentliche Jugendhilfe. Hiervon zu trennen ist die Erlaubnis zur Datenweitergabe in Kinderschutzfällen. Der Auftrag, in entsprechenden Fällen tätig zu werden, richtet sich im Gesetz an hauptamtliche Fachkräfte eines Trägers (Absatz 2). Damit sind selbstständige Tagespflegepersonen also nicht erfasst. Tagespflegepersonen werden allerdings durch die **Pflegeerlaubnis** in die Verpflichtung genommen, das Jugendamt über wichtige Ereignisse zu unterrichten, die für die Betreuung des Kindes bedeutsam sind (§ 43, Absatz 3 SGB VIII). Gibt es Anhaltspunkte für eine Kindeswohlgefährdung, so sollten Tagespflegepersonen diese zunächst einmal eingehend **beobachten** und mittels eines Beobachtungsbogens festhalten. Im nächsten Schritt sollten sie das **Gespräch** mit den Eltern beziehungsweise den Sorgeberechtigten suchen. Lassen sich dabei die Auffälligkeiten nicht erklären oder verfestigt sich der Verdacht, dass etwas nicht stimmt, sollte nach einer weiteren Überprüfung der Anhaltspunkte eine (anonyme) **Beratung** durch Fachkräfte in Beratungsstellen oder bei den Jugendämtern in Anspruch genommen werden.

Drei Schritte des Handelns bei Kindeswohlgefährdung

Beobachtung
⇩
Gespräch
⇩
Beratung

Ist **Gefahr im Verzug**, besteht also Gefahr für das Leben oder die Unversehrtheit des Kindes, so muss die Tagespflegeperson unverzüglich das Jugendamt oder – bei Nichterreichbarkeit – die Polizei informieren. Hier kann man sich im Einzelfall auf die Vorschrift des rechtfertigenden Notstands berufen (§ 34 StGB). Eine Nichtweitergabe wichtiger Daten könnte in solchen Fällen sogar einen Verstoß gegen eine strafrechtliche Garantenpflicht bedeuten: Die Tagespflegeperson ist verpflichtet, für das Wohl der ihr anvertrauten Kinder einzustehen.

Wichtig: Im Zweifelsfall hat der Kinderschutz Vorrang vor dem Datenschutz.

Vernach-lässigung	Körperliche Gewalt	Häusliche Gewalt	Seelische Misshandlung	Sexueller Missbrauch
Andauernde oder wiederholte Unterlassung fürsorglichen Handelns durch sorgeverantwortliche Personen (Eltern oder andere), z. B. keine ausreichende oder altersgerechte Ernährung, mangelnde Pflege, das Fehlen von emotionaler Zuwendung	Ein nicht zufälliges Zufügen körperlicher Schmerzen, auch wenn es „erzieherisch" gemeint ist oder der Kontrolle kindlichen Verhaltens dient. [→ Teil A, Kap. 2.4.1: Recht auf gewaltfreie Erziehung]	Gewaltanwendung innerhalb einer häuslichen Gemeinschaft.	Beabsichtigte Einflussnahme, die Kinder durch kontinuierliche Herabsetzung, Ausgrenzung oder andere Formen der Demütigung in ihrer Entwicklung bedeutend beeinträchtigt oder schädigt, z. B. Ablehnung, Isolation, Bloßstellung, Ignoranz	Sexuelle Handlung einer erwachsenen oder in Relation zum Opfer bedeutend älteren Person mit, vor oder an einem Kind.

Tab. 4: Formen der Kindeswohlgefährdung

G Landesrecht

Die einzelnen Bundesländer haben die Regelungen des Sozialgesetzbuchs (SGB) VIII in Bezug auf die Förderung von Kindern in Kindertagespflege ergänzt und konkretisiert. Im Folgenden sollen daher die verschiedenen Landesgesetzgebungen erörtert werden, sofern sie für die Kindertagespflege – insbesondere für die Tagespflegeperson – relevant sind und über die bundesgesetzlichen Regelungen hinausgehen.

Das Landesrecht kann insbesondere bestimmen, dass mehr als fünf gleichzeitig anwesende Kinder von einer Tagespflegeperson mit pädagogischer Ausbildung betreut werden dürfen (§ 43 Absatz 3 SGB VIII). Davon zu unterscheiden sind die Bestimmungen, wie viele Betreuungsverträge parallel abgeschlossen werden dürfen. So kann es sein, dass eine Tagespflegeperson acht Betreuungsverträge abschließen darf, diese acht Kinder dürfen jedoch nicht alle gleichzeitig betreut werden. Die Betreuungszeiten müssen dann so verteilt sein, dass maximal fünf Kinder gleichzeitig anwesend sind.

Das Landesrecht kann ebenfalls regeln, dass Kindertagespflege „in anderen geeigneten Räumen" – also nicht in den Privaträumen der Tagespflegeperson – geleistet werden darf (§ 22 SGB VIII). Soweit die Bundesländer hierzu Regelungen getroffen haben, wird an geeigneter Stelle darauf eingegangen.

Bund und Länder haben in der Verwaltungsvereinbarung „Investitionsprogramm Kinderbetreuungsfinanzierung 2008–2013" festgelegt, dass das Schaffen von neuen Betreuungsplätzen für Kinder unter drei Jahren durch Zuschüsse zu Investitionen unterstützt werden soll. Die Länder regeln Höhe und Form der Zuschüsse jeweils in eigenen Richtlinien.

Es können jedoch nicht alle Einzelheiten der jeweiligen Landesgesetzgebung behandelt werden. Insbesondere die Vorschriften zur Finanzierung und Beitragsausgestaltung von Betreuungsangeboten, zur Trägerschaft in der Kinder- und Jugendhilfe, zum Betrieb von Einrichtungen und zu Personalfragen werden an dieser Stelle ausgeklammert.

1 Baden-Württemberg

Ergänzend zum SGB VIII gibt es in Baden-Württemberg das Kindertagesbetreuungsgesetz (KiTaG) sowie das „Kinder- und Jugendhilfegesetz für Baden-Württemberg" (LKJHG). Wichtig ist auch die „Verwaltungsvorschrift des Ministeriums für Arbeit und Soziales zur Kindertagespflege" (VwV).

Jedes Kind ist vor der Aufnahme in die Kindertagespflege ärztlich zu untersuchen. Die **Zahl der zu betreuenden Kinder** (maximal fünf gleichzeitig) kann in der Pflegeerlaubnis im Sinne des Kindeswohls eingeschränkt werden. Dies ist insbesondere der Fall, wenn die Räume nur für eine geringere Anzahl von Kindern geeignet sind oder wenn die Tagespflegeperson die Mindestqualifikationen nicht nachweisen kann. Eine Tagespflegeperson darf maximal acht Verträge abschließen. **In anderen geeigneten Räumen** dürfen höchstens neun Kinder gleichzeitig von mehreren Tagespflegepersonen betreut werden. Hier soll der Abschluss von insgesamt zwölf Verträgen möglich sein. Allerdings muss bei mehr als sieben Kindern mindestens eine Tagespflegeperson eine pädagogische Fachkraft sein.

Für Tagespflegepersonen, die ab dem Jahr 2011 mit der Betreuung in Kindertagespflege beginnen, beträgt die **Grundqualifikation** 160 Unterrichtsstunden zu je 45 Minuten. Werden die Kinder in anderen Räumen außerhalb der Privatwohnung der Tagespflegeperson betreut, ist eine **Zusatzqualifikation** von 40 Unterrichtseinheiten zu je 45 Minuten erforderlich.

Wenn Tagespflegepersonen zusätzliche Betreuungsplätze für Kinder unter drei Jahren schaffen, können sie für jeden Platz eine **Ausstattungspauschale** von 500 Euro erhalten. Weitere Voraussetzungen legt die Verwaltungsvorschrift (VwV) des Ministeriums für Arbeit und Sozialordnung, Familien und Senioren zur Umsetzung des Investitionsprogramms des Bundes „Kinderbetreuungsfinanzierung" 2008–2013 fest. Für Investitionsmaßnahmen bei Kindertagespflege in anderen geeigneten Räumen sieht die VwV für jeden zusätzlich geschaffenen Betreuungsplatz für Kinder unter drei Jahren einen Festbetrag von 2.000 Euro vor, höchstens

Landesrecht

jedoch 70 % der anerkannten Ausgaben. Tageselternvereine erhalten eine Ausstattungspauschale von einmalig höchstens 3.000 Euro.

> www.sozialministerium-bw.de
> Auf dieser Webseite finden Sie das KiTaG, das LKJHG, die VwV Investitionen Kleinkindbetreuung sowie das Qualifizierungskonzept des Landes.

> www.kvjs.de
> Die Webseite des Kommunalverbands für Jugend und Soziales Baden-Württemberg. Hier finden Sie die VwV Kindertagespflege.

2 Bayern

In Bayern ergänzt das „Bayerische Kinderbildungs- und -betreuungsgesetz" (BayKiBiG) die Bundesgesetzgebung. Es definiert Tagespflege als Bildung, Erziehung und Betreuung von Kindern durch eine Tagespflegeperson im Umfang von durchschnittlich mindestens 10 Stunden wöchentlich pro Kind in geeigneten Räumlichkeiten.

Pro Tagespflegeperson können **bis zu fünf fremde Kinder gleichzeitig** betreut werden (§ 44 SGB VIII). Werden mehr als acht Kinder von mehreren Tagespflegepersonen in Zusammenarbeit betreut, muss mindestens eine Tagespflegeperson eine pädagogische Fachkraft sein.

Kindertagespflege wird hier immer nur kindbezogen gefördert, d. h. individuell nach Betreuungszeiten und -aufwand. Weitere Bedingungen sind:

- Die Tagespflegeperson kann die Teilnahme an einer geeigneten, vom örtlichen Träger der öffentlichen Jugendhilfe genehmigten Qualifizierungsmaßnahme nachweisen.

- Für Ausfallzeiten der Tagespflegeperson wird vom örtlichen Träger der öffentlichen Jugendhilfe eine geeignete Ersatzkraft gestellt.

- Der Träger der öffentlichen Jugendhilfe begleitet und berät die Tagespflegeperson fachlich.

- Die Tagespflegeperson wurde vom örtlichen Träger der öffentlichen Jugendhilfe oder von einem von diesem beauftragten Träger vermittelt und ist mit dem Kind nicht verwandt und nicht verschwägert (jeweils bis zum dritten Grad).

- Die Tagespflegeperson erhält zusätzliche Leistungen in Form eines Qualifizierungszuschlags, eines Beitrags zur Altersvorsorge und gegebenenfalls zur Krankenversicherung.

In der Verordnung zur Ausführung des Bayerischen Kinderbildungs- und -betreuungsgesetzes (AVBayKiBiG) werden die **zusätzlichen Leistungen** des Jugendamts erläutert. Der Beitrag zur Krankenversicherung beträgt mindestens die Hälfte der für eine angemessene Krankenversicherung notwendigen Aufwendungen.

Der **Qualifizierungszuschlag** beträgt 20% des vom örtlichen Träger der öffentlichen Jugendhilfe festgesetzten Tagespflegegeldes, mindestens jedoch 20% des durchschnittlichen, vom Bayerischen Landkreistag empfohlenen Tagespflegegeldes. Er ist abhängig von der erfolgreichen Teilnahme an einer Qualifizierungsmaßnahme im Umfang von mindestens 100 Stunden und der Bereitschaft, an Fortbildungsmaßnahmen im Umfang von mindestens 15 Stunden jährlich teilzunehmen sowie auch unangemeldete Kontrollen zuzulassen.

> www.verwaltung.bayern.de
> Die Webseite der bayerischen Staatsregierung

> www.stmas.bayern.de
> Die Webseite des Ministeriums für Arbeit und Sozialordnung, Familie und Frauen

3 Berlin

Das Kindertagesförderungsgesetz (KitaFöG) mit den „Ausführungsvorschriften zur Finanzierung der Kindertagespflege" (AV FinKTP) ergänzt in Berlin die Bundesgesetzgebung. Des Weiteren wichtig sind die Kindertagesförderungsverordnung (VOKitaFöG), das Tagesbetreuungskostenbeteiligungsgesetz (TKBG) und das Rundschreiben „Festlegungen zur Qualifizierung und Fortbildung von Tagespflegepersonen".

Die Kindertagespflege für bis zu fünf Kinder ist dort ein Angebot **vorrangig für Kinder bis zum vollendeten dritten Lebensjahr**. Sie kann in besonderen Bedarfsfällen auch für ältere Kinder genutzt werden.

Das KitaFöG beschäftigt sich ausführlich mit der **Gesundheitsvorsorge** auch in der Kindertagespflege. Jedes Kind muss vor der Aufnahme in eine Kindertagespflegestelle ärztlich untersucht werden und die Tagespflegeperson kann auch nach längerer Abwesenheit außerhalb der Schließ- oder Ferienzeiten eine ärztliche Untersuchung verlangen. In Kindertagespflegestellen darf in Gegenwart der Kinder nicht geraucht werden.

Der öffentliche Gesundheitsdienst führt in den Kindertagespflegestellen zahnärztliche Reihenuntersuchungen und bei dreieinhalb- bis viereinhalbjährigen Kindern eine einmalige ärztliche Untersuchung auf Seh- und Hörstörungen sowie auf motorische und Sprachauffälligkeiten durch. Dabei wird auch der Impfstatus geprüft, soweit dies nicht aufgrund anderer Vorsorgemaßnahmen entbehrlich ist. Zur Vorbereitung dieser Untersuchungen übermitteln die Tagespflegepersonen dem Gesundheitsamt eine Liste der Kinder, die an der Untersuchung teilnehmen, unter Angabe von Namen, Anschrift und Geburtsdatum der Kinder und ihrer Personensorgeberechtigten. Diese Liste darf nur die Daten zu den Kindern enthalten, deren Eltern in die Untersuchungen eingewilligt haben.

Werden bei einem Kind gewichtige Anhaltspunkte für die **Gefährdung des Wohls** wahrgenommen, die ein sofortiges Handeln verlangen, so muss die Tagespflegeperson das zuständige Jugendamt unverzüglich davon in Kenntnis setzen. Darüber hinaus sollen die Tagespflegepersonen darauf hinarbeiten, dass Maßnahmen zum Schutz und Wohl des Kindes und zur Unterstützung der Eltern ergriffen werden. Sie arbeiten dabei mit den zuständigen Stellen der Bezirke zusammen und beteiligen sich an den lokalen Netzwerken für Kinderschutz, die von den örtlichen Jugendämtern koordiniert werden.

Zur Umsetzung des „Aktionsprogramms Kindertagespflege" des Bundesministeriums für Familie, Senioren, Frauen und Jugend [→ S. 30] hat das Land Berlin in einem Rundschreiben Maßnahmen zur **Qualifizierung und Fortbildung** von Tagespflegepersonen festgelegt.

Tagespflegepersonen müssen an einem Vorbereitungsseminar im Umfang von 30 Unterrichtsstunden à 45 Minuten nach dem Curriculum des Deutschen Jugendinstituts (DJI) teilnehmen. Spätestens im Jahr nach der Tätigkeitsaufnahme muss die Grundqualifizierung erfolgen, die aus 130 Unterrichtsstunden sowie einem Abschlusskolloquium besteht und mit dem Grundzertifikat abschließt. Nach Abschluss der Grundqualifizierung muss jährlich eine Fortbildung im Umfang von 12 Stunden nachgewiesen werden.

Pädagogische Fachkräfte sind nur zur Teilnahme am Vorbereitungsseminar verpflichtet. An der Grundqualifizierung *können* sie teilnehmen. Tagespflegepersonen, die für bis zu drei Kinder eine ergänzende Betreuung zu Kindertagespflege, Tageseinrichtung oder Schule anbieten, sind nur zur Teilnahme am Kurs „Erste Hilfe bei Säuglingen und Kleinkindern" verpflichtet. An den anderen Qualifizierungen und Fortbildungen *können* sie teilnehmen.

Tagespflegepersonen, die Kinder mit Behinderungen betreuen, müssen zusätzliche Qualifikationen nachweisen.

Nach Erhalt des Grundzertifikats können Tagespflegepersonen durch weitere Qualifizierung das **Berliner Aufbauzertifikat** erwerben. Dieses berechtigt zur Betreuung von bis zu fünf Kindern, wenn keine pädagogische Fachausbildung nachgewiesen werden kann. Voraussetzungen für das Zertifikat sind die Teilnahme an weiterführenden Kursen im Umfang von insgesamt 84 Unterrichtsstunden, eine pädagogische Konzeption in schriftlicher Form und pro Jahr eine mindestens sechsmalige Teilnahme an einer Gesprächsgruppe im Umfang von ca. je zwei Stunden.

Zwei Tagespflegepersonen, die zusammenarbeiten, dürfen bis zu acht Kinder betreuen, wenn eine von ihnen über eine pädagogische Ausbildung verfügt und die Tagespflegestelle koordiniert. Wenn beide Tagespflegepersonen eine pädagogische Ausbildung haben, dürfen sie zehn Kinder gleichzeitig betreuen.

Die Träger der örtlichen Jugendhilfe müssen mit den Tagespflegepersonen vertragliche Vereinbarungen über Erziehungs- und Bildungsstandards und Weiterbildung abschließen. Für öffentlich finanzierte Kindertagespflege ist das landeseinheitliche **Bildungsprogramm** einschließlich der Sprachdokumentation maßgeblich.

Für die öffentliche Förderung eines Kindes in Kindertagespflege muss diese als für sein Wohl geeignet und erforderlich anerkannt werden. Die Tagespflegeperson muss durch das Jugendamt vermittelt oder von den Eltern nachgewiesen und ihre Förderungsleistung muss dem festgestellten Betreuungsumfang entsprechen. Sind diese Voraussetzungen erfüllt, erhält die Tagespflegeperson vom Jugendamt entsprechende Geldleistungen.

Die Zahlung der Geldleistung erfolgt in der Regel monatlich im Voraus. Die **Sachkostenpauschale** soll den gesamten Bedarf des Kindes in der Kindertagespflege sichern. Sie ist insbesondere für Mahlzeiten und Getränke, Körper- und Gesundheitspflege (außer Windeln), Spiel- und Beschäftigungsmaterialien, kleinere Hausratsgegenstände, Haftpflichtversicherungen, Erhaltung der Räume sowie Reinigungs- und Energiekosten aufzuwenden. Grundsätzlich beträgt die Pauschale 196 Euro pro Monat und Kind.

Das Entgelt für die Förderungsleistung wird in nach Leistung gestaffelten Pauschalen gezahlt. Diese sind für einen Ganztagsplatz (140 bis 180 Stunden monatlich) beispielsweise 369 Euro (mit Grundzertifikat) bzw. 453 Euro (mit Aufbauzertifikat). In den Pauschalen sind Anteile für die Renten-, Kranken- und Pflegeversicherung enthalten. Weitere Zuschüsse und materielle Leistungen können Tagespflegepersonen erhalten, wenn sie den jeweiligen Aufwand nachweisen. Auf Antrag gewährt das zuständige Jugendamt

- die Erstattung der Aufwendungen zur Unfallversicherung der Tagespflegeperson,
- einen Zuschuss zur Ausstattung mit Einrichtungsgegenständen,
- einen Zuschuss zur (Erst-)Ausstattung mit Spielmaterial,
- einen Zuschuss zur Miete und für Schönheitsreparaturen.

Auch für die Betreuung zu außergewöhnlichen Zeiten oder bei individuellem Förderbedarf erhält die Tagespflegeperson einen Zuschlag. Betreut sie ein Kind im Haushalt des Personensorgeberechtigten, erhält die Tagespflegeperson keine Sachkostenpauschale.

Der Tagespflegeperson steht jährlich **Urlaub** bei Fortzahlung des Förderbetrages und der Hälfte der Sachkostenpauschale zu (Bundesurlaubsgesetz § 3). Bei nicht zu vertretenden Ausfallzeiten, insbesondere bei Krankheit, werden der Förderbetrag und die Hälfte der Sachkostenpauschale bis zur Dauer von 20 Betreuungstagen in einem Kalenderjahr fortgezahlt.

Das Jugendamt muss für **ausreichende Beratungs- und Fortbildungsangebote** für Tagespflegepersonen sorgen. Eine Absprache über die Teilnahme an bestimmten Veranstaltungen soll in regelmäßigen Abständen schriftlich nachgewiesen werden. Um die Teilnahme an Fortbildungsveranstaltungen zu unterstützen, werden den Tagespflegepersonen die Sachkostenpauschale und der Förderbetrag bis zur Dauer von fünf Betreuungstagen innerhalb eines Kalenderjahrs weitergewährt.

www.berlin.de/sen/familie

Die Webseite der Senatsverwaltung für Bildung, Wissenschaft und Forschung mit allen Informationen zur Kindertagesbetreuung

4 Brandenburg

Für das Land Brandenburg sind das Ausführungsgesetz zum Sozialgesetzbuch VIII (AGKJHG) sowie das Kindertagesstättengesetz (KitaG) relevant. Es dürfen **höchstens fünf Kinder** gleichzeitig betreut werden; unberücksichtigt bleiben dabei einzelne Kinder, die vorübergehend vertretungsweise betreut werden. Werden Kinder nur wenige Stunden an wenigen Tagen betreut, so können sie ganz oder teilweise unberücksichtigt bleiben, wenn die Erfordernisse des Kindeswohls gewahrt bleiben. Sollen mehr als fünf Kinder betreut werden, ist eine Betriebserlaubnis des Landesjugendamts nötig.

Jedes Kind muss vor der Aufnahme in Kindertagesbetreuung ärztlich untersucht werden. Eine Aufnahme erfolgt nur, wenn gesundheitliche Bedenken nicht bestehen. Die Tagespflegeperson muss den öffentlichen Gesundheitsdienst dabei unterstützen, dass alle betreuten Kinder in Ergänzung sonstiger Vorsorgeangebote gemäß dem Brandenburgischen Gesundheitsdienstgesetz ärztlich und zahnärztlich untersucht werden. Zudem soll der Impfstatus überprüft und eine Schließung von Impflücken angeboten werden. Die Tagespflegeperson meldet dem Gesundheitsamt Name und Alter jedes von ihr betreuten Kindes sofort, spätestens zum 31. Oktober des laufenden Jahres.

Der örtliche Träger der öffentlichen Jugendhilfe übernimmt die entstehenden Aufwendungen für die Kindertagespflege einschließlich der Abgeltung des Erziehungsaufwandes, wenn

- die Tagespflegeperson durch den Träger der öffentlichen Jugendhilfe vermittelt wurde,
- die Förderung des Kindes in Kindertagespflege für sein Wohl geeignet und erforderlich ist
- oder wenn eine selbst organisierte Tagesbetreuung nachträglich als geeignet und erforderlich anerkannt wird.

Nach der Kindertagespflegeeignungsverordnung (TagpflegEV) muss die Tagespflegeperson vor der Aufnahme des ersten Kindes an einem **Vorbereitungslehrgang** im Umfang von mindestens 30 Stunden erfolgreich teilnehmen. Die Vorbereitung kann auch durch eine vom Jugendamt vermittelte fachliche Praxisberatung erfolgen. Wer zwei oder mehr fremde Kinder betreut und keine pädagogische Ausbildung hat, muss zusätzlich eine mindestens 130 Stunden umfassende **Grundqualifizierung** erfolgreich abschließen. Diese soll möglichst tätigkeitsbegleitend erfolgen, das heißt, das Jugendamt kann der Tagespflegeperson erlauben, während dieser Zeit zwei, bei besonderer Eignung auch drei fremde Kinder zu betreuen.

Tagespflegepersonen, die Kinder mit einem besonderen gesundheitlichen oder pädagogischen Bedarf oder über Nacht betreuen, müssen sich auf diese besonderen Anforderungen durch eine Teilnahme an zusätzlichen entsprechenden Qualifizierungsmaßnahmen vorbereiten. Dem zuständigen Fachpersonal des Jugendamtes ist zu Aufsichtszwecken der Zutritt zu den Räumen zu gestatten, in denen die Kinder betreut werden.

Für **Zuwendungen für Investitionen** zur Schaffung von Betreuungsplätzen für Kinder unter drei Jahren hat das Ministerium für Bildung, Jugend und Sport (MBJS) eine „Richtlinie Kinderbetreuungsfinanzierung" herausgegeben. Die Fördermittel werden danach von der InvestitionsBank des Landes Brandenburg (ILB) ausgeteilt und – entsprechend dem Anteil der Kinder unter drei Jahren – den Landkreisen und kreisfreien Städten als Kontingente zugeordnet. Tagespflegepersonen können keine unmittelbare Zuwendung der ILB beantragen. Ob, wie und nach welchem Verfahren sie eine Förderung aus dem Investitionsprogramm erhalten können, richtet sich nach den Regelungen des zuständigen Leistungsverpflichteten, d. h. des Landkreises, der kreisfreien Stadt oder Gemeinde.

www.mbjs.brandenburg.de/
Die Webseite des Ministeriums für Bildung, Jugend und Sport

www.bravors.brandenburg.de
Hier finden Sie alle gesetzlichen Regelungen des Landes Brandenburg.

5 Bremen

Für das Land Bremen soll hier auf das „Bremische Gesetz zur Förderung von Kindern in Tageseinrichtungen und in Tagespflege" (BremKTG) sowie auf die „Richtlinien zur Förderung und Betreuung von Kindern durch Tagespflegepersonen" (KiTaPflRL) eingegangen werden.

Die **Betreuungszeit** liegt danach zwischen 10 und 60 Wochenstunden bei höchstens 12 Betreuungsstunden pro Tag. Die **Eignungsfeststellung** der vorgeschlagenen Tagespflegeperson soll von einer Würdigung ihrer Persönlichkeit, ihren Erfahrungen mit Kindern, ihrer möglichen Beziehung zu dem Kind und ihren gesamten Lebensumständen abhängig gemacht werden. Schlagen die Personensorgeberechtigten eine Tagespflegeperson vor, so ist deren Eignung vorrangig festzustellen.

Bei der **Kindertagespflege in anderen Räumen** soll die Spielfläche pro Kind 3,5 m² für unter Dreijährige und 2,5 m² für über Dreijährige betragen. Für jedes Kind unter sechs Jahren ist eine Schlafmöglichkeit in einem Ruheraum bereitzuhalten, für Schulkinder ein ruhiger Arbeitsplatz zur Erledigung der Hausaufgaben. Eine Funktionsküche mit Kochmöglichkeiten ist ausreichend, der Sanitärbereich muss eine Toilette und eine Wickelmöglichkeit enthalten. Die Tagespflegestelle muss telefonisch erreichbar sein, die Räumlichkeiten sind rauchfrei zu halten.

In der Kindertagespflege dürfen pro Tagespflegeperson **bis zu fünf fremde Kinder gleichzeitig** betreut werden. Davon sollen nicht mehr als zwei Kinder unter einem Jahr alt sein. Pro Woche darf eine Kindertagespflegeperson bis zu acht Kinder betreuen (d. h., es dürfen acht Verträge abgeschlossen werden). In **anderen geeigneten Räumen** dürfen zwei Tagespflegepersonen bis zu zehn Kinder gleichzeitig betreuen. Im Fall der gemeinsamen Nutzung der Räume müssen die einzelnen Kinder vertraglich und persönlich einer bestimmten Tagespflegeperson zugeordnet werden. Werden in dieser Konstellation mehr als acht Kinder gleichzeitig betreut, so soll mindestens eine Tagespflegeperson eine sozialpädagogische Fachkraft sein.

Tagespflegepersonen müssen an speziellen **Qualifizierungsprogrammen** teilnehmen. Nach einer Grundqualifizierung von 50 Stunden kann das Qualifizierungsmodul 2 mit 120 Stunden tätigkeitsbegleitend absolviert werden. Für die Kindertagespflege in anderen Räumen ist eine zusätzliche Qualifikation erforderlich. Sozialpädagogischen Fachkräften muss eine auf die Besonderheit der Kindertagespflege abgestimmte gekürzte Qualifizierung von mindestens 25 Stunden angeboten werden. Darüber hinaus wird die Teilnahme an begleitenden Fortbildungsangeboten als verbindliche Voraussetzung für die Vermittlung festgelegt.

Die Tagespflegeperson hat einen Anspruch auf vier Wochen **betreuungsfreie Zeit** pro Kalenderjahr. Dabei ist sie verpflichtet, mit einer oder mehreren anderen Tagespflegepersonen zu kooperieren, um die Betreuung der geförderten Kinder sicherzustellen. Die Kooperationspartner sind den Sorgeberechtigten zu nennen. Ist es weder den Sorgeberechtigten noch der Tagespflegeperson möglich, im Krankheitsfall oder in der betreuungsfreien Zeit eine Vertretung sicherzustellen, so müssen die zuständigen Träger der öffentlichen Jugendhilfe den Sorgeberechtigten eine andere Tagespflegeperson vermitteln.

Nach der derzeit gültigen Kinderpflegegeldbekanntmachung wird der Tagespflegeperson eine **Sachaufwandspauschale** gezahlt, die nach Stundenumfang und Räumlichkeiten gestaffelt ist. Außerdem erhält sie für ihre Förderleistung einen Stundensatz von 1,80 Euro (Tagespflegeperson) bzw. 2,40 Euro (sozialpädagogische Fachkraft).

Die „Verwaltungsvorschrift zur Übernahme von Beiträgen der Kranken-, Pflege-, Unfallversicherung und der Altersvorsorge von Tagespflegepersonen in der Kindertagespflege" regelt die Voraussetzungen für die Erstattung von Versicherungsbeiträgen der Tagespflegeperson.

www.soziales.bremen.de
Die Webseite der Senatorin für Arbeit, Frauen, Gesundheit, Jugend und Soziales

http://bremen.beck.de
Hier finden Sie alle Gesetze, Verordnungen und Verwaltungsvorschriften des Landes Bremen.

6 Hamburg

In Hamburg ergänzen das Hamburger Kinderbetreuungsgesetz (KibeG) und die Kindertagespflegeverordnung (KTagPflVO) die Bundesgesetzgebung.

Es ist anzunehmen, dass die für die Förderung eines Kindes verlangten „vertieften Kenntnisse hinsichtlich der Anforderungen der Kindertagespflege" vorhanden sind, wenn die Tagespflegeperson an der 45 Unterrichtsstunden umfassenden **Grundqualifizierung** erfolgreich teilgenommen hat. Diese ist auch erforderlich für Tagespflegepersonen mit einer kinderpflegerischen, sozialpädagogischen, pädagogischen oder psychologischen Berufsausbildung. Weitere Voraussetzung für die Förderung eines Kindes ist eine Erklärung der Tagespflegeperson zur Nichtanwendung der „Scientology"-Techniken nach L. Ron Hubbard.

Die Qualifikationsstufe 2 beinhaltet die erfolgreiche Teilnahme an der 180 Unterrichtsstunden umfassenden **Langzeitqualifizierung** im Rahmen des Qualifizierungsprogramms der Stadt Hamburg oder einer vergleichbaren anerkannten Fortbildung. Liegt eine anerkannte kinderpflegerische, sozialpädagogische, pädagogische oder psychologische Berufsausbildung vor, so reicht die erfolgreiche Teilnahme an der Grundqualifizierung oder einer vergleichbaren anerkannten Fortbildung aus.

Tagespflegepersonen können sich zur gemeinsamen Durchführung der Kindertagespflege zusammenschließen, wenn sie ein gemeinsames pädagogisches Konzept anwenden (Großtagespflege). **Großtagespflegestellen** bestehen aus zwei bis vier Tagespflegepersonen, die mindestens die Anforderungen der Qualifikationsstufe 2 erfüllen müssen.

Tagespflegepersonen sind verpflichtet, innerhalb eines Zeitraums von jeweils zwei Kalenderjahren an fachspezifischen **Fortbildungen** im Umfang von mindestens 18 Stunden teilzunehmen. Darüber hinaus müssen sie alle zwei Jahre an einem anerkannten Kurs „Erste Hilfe am Kind" im Umfang von mindestens 12 Stunden teilnehmen.

Tagespflegepersonen in Hamburg haben einen Anspruch auf vier Wochen **betreuungsfreie Zeit** pro Kalenderjahr. Sie sind verpflichtet, zur Sicherstellung der Betreuung bei ihrem Ausfall mit einer oder mehreren anderen Tagespflegepersonen zusammenzuarbeiten; diese müssen den Sorgeberechtigten genannt werden. Können weder die Sorgeberechtigten noch die Tagespflegeperson im Krankheitsfall oder während der betreuungsfreien Zeit eine Ersatzbetreuung sicherstellen, so ist die zuständige Behörde verpflichtet, eine andere Tagespflegeperson zu vermitteln.

Eine kurzfristige Überschreitung der erlaubten Betreuungskapazität (also der Anzahl der betreuten Kinder) ist bis zu vier Wochen in folgenden Fällen gestattet:

- probeweise zur Anbahnung eines Betreuungsverhältnisses oder
- während der Ausfallzeiten einer anderen Tagespflegeperson für einen Zeitraum bis zu vier Wochen.

Die der Tagespflegeperson gezahlte **Sachkostenpauschale** liegt je nach Betreuungsumfang zwischen 53,11 Euro und 156,04 Euro pro Kind und Monat. Das Erziehungsgeld wird nach Altersgruppen, Betreuungsumfang und Qualifikation der Tagespflegeperson gestaffelt.

Beiträge zu einer nachgewiesenen Altersvorsorge sowie zu einer Unfallversicherung werden pauschal abgegolten. Die Pauschale teilt sich auf in einen Anteil für die Alterssicherung in Höhe von 41 Euro monatlich und einen Anteil für eine Unfallversicherung in Höhe von 9 Euro monatlich. Liegen die tatsächlichen Kosten höher und werden als angemessen beurteilt, werden sie auf Nachweis bis zur Hälfte erstattet. Die **Pauschale für Vorsorgeaufwendungen** wird unabhängig von der Zahl der betreuten Kinder gezahlt, allerdings muss mindestens ein Kind betreut werden, dem eine öffentliche Förderung bewilligt wurde. Der Tagespflegeperson werden auf Antrag nachgewiesene Aufwendungen zu einer angemessenen Kranken- und Pflegeversicherung zur Hälfte erstattet. Der Anspruch auf diese Erstattung bezieht sich auf Versicherungsbeiträge, die aufgrund von Einkünften aus öffentlich geförderter Kindertagespflege geleistet werden müssen.

Die Tagespflegeperson kann für die Inanspruchnahme der öffentlich geförderten Kindertagespflege nur den jeweils festgesetzten Beitrag verlangen und entsprechend einziehen. Zum Ausgleich von Aufwendungen, die ihr für besondere, zusätzlich erbrachte Leistungen entstehen, kann sie mit den Sorgeberechtigten ein angemessenes Betreuungsentgelt vereinbaren.

Um die Investitionsvorhaben im Krippenbereich zu unterstützen, werden in Hamburg **Mittel für Investitionen** bereitgestellt, die in Form von Zuwendungen erhältlich sind. Maßgeblich hierfür ist die Richtlinie der Behörde für Soziales, Familie, Gesundheit und Verbraucherschutz (BSG) zum Investitionsprogramm Krippenausbau 2008–2013.

Bei einem Zusammenschluss von mehreren Tagespflegepersonen werden Umbauten einschließlich der Erstausstattung in bestehenden oder neu anzumietenden Räumlichkeiten gefördert. Diese müssen für die Tagespflege geeignet sein und außerhalb des Haushalts der Tagespflegepersonen oder der Personensorgeberechtigen liegen. Bei einzelnen Tagespflegepersonen wird die Erstausstattung für Kinder gefördert, die im eigenen Haushalt der Tagespflegeperson betreut werden.

Bei Umbaumaßnahmen können pro neu geschaffenem Platz bis zu 2.000 Euro zur Verfügung gestellt werden; je Tagespflegeperson werden mindestens drei und höchstens fünf zusätzliche Betreuungsplätze für Kinder unter drei Jahren gefördert. Bei der Erstausstattung für die Betreuung von zwei bis fünf Kindern werden bis zu 500 Euro insgesamt für alle Kinder bewilligt; dabei spielt es keine Rolle, ob die Plätze bereits vorhanden waren oder neu geschaffen wurden.

Tagespflegepersonen, die sich zusammengeschlossen haben, müssen sich einzeln verpflichten, für mindestens fünf Jahre eine bestimmte Anzahl von Kindern zu betreuen, die durch das Jugendamt vermittelt werden. Die Zahl der Kinder wird jeweils für den Einzelfall festgelegt. Jede alleine tätige Tagespflegeperson muss sich verpflichten, für mindestens drei Jahre im Schnitt pro Kalenderjahr mindestens zwei Kinder unter drei Jahren zu betreuen.

> www.hamburg.de/kita
> Hier finden Sie alle Informationen des Landes Hamburg zum Thema Kinderbetreuung, u. a. auch das aktuelle Qualifizierungsprogramm.

> www.landesrecht.hamburg.de
> Hier finden Sie die Gesetze und <u>Rechtsverordnungen</u> der Freien und Hansestadt Hamburg.

7 Hessen

In Hessen ist die Kindertagespflege in § 29 des Hessischen Kinder- und Jugendhilfegesetzbuchs (HKJGB) verankert. Die Erlaubnis zur Kindertagespflege befugt hier zur Betreuung von bis zu fünf fremden Kindern gleichzeitig, wobei im Laufe einer Woche insgesamt nicht mehr als **zehn Kinder** betreut werden dürfen. Sollen mehr Kinder betreut werden, handelt es sich um eine Tageseinrichtung; für die eine **Betriebserlaubnis** des Hessischen Sozialministeriums gemäß § 45 SGB VIII erforderlich ist.

Nutzen mehrere Tagespflegepersonen **gemeinsame Räume**, so benötigt jede von ihnen eine gesonderte Erlaubnis. Können die einzelnen Kinder vertraglich und pädagogisch nicht einer bestimmten Tagespflegeperson zugeordnet werden, so handelt es sich ebenfalls um eine Tageseinrichtung. In den Räumlichkeiten darf in Anwesenheit der Kinder nicht geraucht werden.

Nach der hessischen Richtlinie zur **Förderung von Investitionen** werden Renovierungsmaßnahmen und Investitionen in die Ausstattung sowie die damit verbundenen Dienstleistungen gefördert, wenn sie dem Aufbau neuer Betreuungsplätze für Kinder unter drei Jahren dienen.

Renovierungsmaßnahmen, die dazu dienen, neue Plätze für die Betreuung von unter dreijährigen Kindern zu schaffen, werden einmalig mit einer Pauschale von bis zu 1.500 Euro pro Tagespflegeperson bezuschusst. Investitionen in die Ausstattung von neu geschaffenen Betreuungsplätzen für Kinder unter drei Jahren werden mit einer Pauschale von bis zu 500 Euro pro Betreuungsplatz gefördert. Die Zweckbindung für Renovierungsmaßnahmen und Ausstattungsinvestitionen beträgt fünf Jahre. Das heißt, in diesem Zeitraum müssen die Räume und Gegenstände, in die investiert wurde, für die Tagespflege zur Verfügung stehen.

> www.rv.hessenrecht.hessen.de
> Hier finden Sie alle hessischen Gesetze und Rechtsverordnungen.

> www.rp-kassel.hessen.de
> Die Webseite des Regierungspräsidiums Kassel

8 Mecklenburg-Vorpommern

In Mecklenburg-Vorpommern ergänzen das Kindertagesförderungsgesetz (KiföG M-V) sowie das Landesjugendhilfeorganisationsgesetz (KJHG-Org M-V) die Bundesgesetzgebung. Die Kinder sollen in besonderer Weise personale, soziale, kognitive, körperliche, motorische und alltagspraktische **Kompetenzen** erwerben, und zwar in folgenden Bildungs- und Erziehungsbereichen:

- Kommunikation, Sprechen und Sprache(n),
- Bewegung,
- (inter-)kulturelle und soziale Grunderfahrungen,
- Werteerziehung, Ethik und Religion,
- Musik, Ästhetik und bildnerisches Gestalten,
- elementares mathematisches Denken,
- Welterkundung und naturwissenschaftliche Grunderfahrungen,
- Gesundheit.

Die Tagespflegeperson und die Personensorgeberechtigten müssen einen schriftlichen Betreuungsvertrag schließen. Der örtliche Träger der öffentlichen Jugendhilfe muss sicherstellen, dass die Tagespflegeperson pro Kalenderjahr mindestens 25 Stunden **Fort- und Weiterbildungsangebote** wahrnimmt.

Die Pflegeperson ist verpflichtet, den zuständigen Mitarbeitern des Jugendamts nach Aufforderung Auskunft über die Tagespflegestelle und das Kind zu geben. Besteht der begründete Verdacht einer Gefährdung des Kindeswohls in der Pflegestelle, so ist den Mitarbeitern Zutritt zu den Räumen, die dem Aufenthalt des Kindes dienen, zu gestatten.

Die Tagespflegepersonen sollen vor der Aufnahme eines Kindes von den Personensorgeberechtigten Angaben über den Zeitpunkt und die Stufe der letzten Früherkennungsuntersuchung und den Impfstatus verlangen. Bei festgestellten, d. h. ärztlich diagnostizierten Entwicklungsauffälligkeiten sollen die Tagespflegepersonen gemeinsam mit den Personensorgeberechtigten auf deren Ausgleich hinwirken. Die Tagespflegepersonen sollen außerdem den öffentlichen Gesundheitsdienst bei der Durchführung von Untersuchungen und Maßnahmen der **Gesundheitsförderung und Prävention** unterstützen. Sie wirken gegenüber den Personensorgeberechtigten darauf hin, dass die Kinder an den Früherkennungsuntersuchungen und den öffentlich empfohlenen Schutzimpfungen teilnehmen.

Aus Gründen der Gesundheitsvorsorge und der Suchtvorbeugung darf in den Räumen der Kindertagespflege nicht geraucht werden und es dürfen während der Öffnungszeiten keine alkoholischen Getränke konsumiert werden.

Mecklenburg-Vorpommern ist das erste Bundesland, in dem – seit 1. Januar 2011 – eine **Bildungskonzeption** aufgrund einer Frühkindlichen Bildungsverordnung (FrühKiBiVO M-V) erprobt wird. Nach Möglichkeit sollen Tagespflegestellen eine pädagogische Konzeption erstellen, welche die Bildungsverordnung berücksichtigt; dieses Konzept muss dem örtlichen Träger der Jugendhilfe vorgelegt werden.

Das Land Mecklenburg-Vorpommern gewährt ebenfalls **Zuwendungen für Investitionen**, die der Schaffung und Sicherung von Betreuungsplätzen für Kinder bis zum dritten Lebensjahr dienen.

In der Kindertagespflege werden nur „kindbezogene" Ausstattungen gefördert. Darunter fallen alle Ausstattungsgegenstände, die unmittelbar für die Kinder oder ihre Betreuung da sind. Entsprechende Anschaffungen können gefördert werden, wenn die Kindertagespflegestelle in der kommunalen Jugendhilfeplanung als langfristig gesichert gilt. Sollte die Pflegestelle dennoch vor Ablauf der Zweckbindungsfrist geschlossen werden, so muss der örtliche Träger der öffentlichen Jugendhilfe sicherstellen, dass die aus den Zuwendungen beschaffte Ausstattung ihrem Zweck entsprechend weiterverwendet wird. Die Fristen betragen

- für Gebäude 20 Jahre,
- für bewegliche Gegenstände mit einem Wert von mehr als 410 Euro 5 Jahre,
- für bewegliche Gegenstände mit einem Wert von weniger als 410 Euro 2 Jahre.

www.kita-portal-mv.de/
Portal für Kindertagesförderung in Mecklenburg-Vorpommern

www.lagus.mv-regierung.de
Die Webseite des Landesamtes für Gesundheit und Soziales. Hier finden Sie die „Richtlinie über die Gewährung von Zuwendungen zur Förderung von Investitionen zum bedarfsgerechten Ausbau der Kindertagesförderung für Kinder bis zum vollendeten dritten Lebensjahr".

9 Niedersachsen

In Niedersachsen ist für die Kindertagespflege das „Niedersächsische Ausführungsgesetz zum Kinder- und Jugendhilfegesetz" (AG KJHG) maßgeblich. Die Pflegeerlaubnis zur Kindertagespflege befugt zur Betreuung von bis **zu fünf fremden Kindern gleichzeitig**. In der Erlaubnis ist festzuhalten, wie viele Kinder insgesamt zur Betreuung angemeldet sein dürfen, d. h., wie viele Verträge abgeschlossen werden dürfen. Die Tagespflegeperson soll vertiefte Kenntnisse im Bereich der Kindertagespflege haben, die sie in qualifizierten Lehrgängen erworben hat.

Zwei Tagespflegepersonen im **Zusammenschluss** dürfen bis zu acht Kinder betreuen. Insgesamt sollen nicht mehr als zehn Kinder von maximal drei Tagespflegepersonen betreut werden. Ab neun Kindern muss eine der Tagespflegepersonen eine pädagogische Fachkraft mit Berufserfahrung sein. Diese muss Grundkenntnisse in der Kindertagespflege nachweisen oder sich diese in einer tätigkeitsbegleitenden **Qualifizierung** aneignen.

Bei einer Betreuung in anderen geeigneten Räumen oder bei einem Zusammenschluss von Tagespflegepersonen in privaten Räumen sollen die Tagespflegepersonen eine anerkannte Qualifizierung mit Zertifikatsabschluss im Umfang von 160 Stunden nachweisen. Kann bei einer gemeinsamen Nutzung von Räumen durch mehrere Tagespflegepersonen das einzelne Kind nicht einer bestimmten Tagespflegeperson nachweislich zugeordnet werden, so handelt es sich um eine Tageseinrichtung.

Das Land Niedersachsen hat in Bezug auf Investitionskostenzuschüsse für die Kinderbetreuung eine Richtlinie veröffentlicht. Danach werden **Zuwendungen für Investitionen** zum Aufbau von Betreuungsplätzen für Kinder unter drei Jahren gewährt. Ein Rechtsanspruch auf die Gewährung der Zuwendung besteht allerdings nicht. Über die Anträge entscheidet das Landesamt für Soziales, Jugend und Familie unter Berücksichtigung der verfügbaren Haushaltsmittel. Die Zuwendungen werden gewährt für Investitionen in Neubau oder Umbaumaßnahmen, den Erwerb von Gebäuden einschließlich nachfolgendem Umbau sowie in Ausstattungsgegenstände.

Für den Neubau oder den Erwerb von Gebäuden einschließlich einem nachfolgenden Umbau für die Kindertagespflege werden Zuwendungen in Höhe von 13.000 Euro je Platz gewährt. Für einen Erweiterungsbau oder für Umbaumaßnahmen gibt es 5.000 Euro pro Betreuungsplatz.

www.kindertagespflege-nds.de
Die Webseite des niedersächsischen Kindertagespflegebüros

10 Nordrhein-Westfalen

Für Nordrhein-Westfalen soll hier auf das „Ausführungsgesetz zum Kinder- und Jugendhilfegesetz" (AG KJHG) und das Kinderbildungsgesetz (KiBiz) eingegangen werden.

Die Erlaubnis zur Kindertagespflege befugt zur Betreuung von **bis zu fünf Kindern gleichzeitig**; in der Regel soll die Pflegeerlaubnis jedoch für nicht mehr als drei gleichzeitig betreute Kinder erteilt werden. Im Einzelfall dürfen maximal acht fremde Kindern betreut werden, d. h., es dürfen acht Verträge abgeschlossen werden. Sollen sechs oder mehr Kinder gleichzeitig von einer Tagespflegeperson betreut werden, wird eine **Betriebserlaubnis** benötigt (§ 45 SGB VIII). Wenn sich mehrere Tagespflegepersonen mit Pflegeerlaubnis zusammenschließen, dürfen insgesamt höchstens neun Kinder betreut werden (neun Verträge!).

Tagespflegepersonen sind verpflichtet, den Beschäftigten und Beauftragten des Jugendamts Auskunft über die Räume und die betreuten Kinder zu erteilen. Ihnen ist außerdem der Zutritt zu den für die Betreuung genutzten Räumlichkeiten zu gestatten, in diesem Sinne wird das Grundrecht der Unverletzlichkeit der Wohnung (Artikel 13 GG) eingeschränkt. Tagespflegepersonen sollen bei der Förderung der Kinder vertrauensvoll und partnerschaftlich mit den Eltern zusammenarbeiten. Die Eltern haben einen Anspruch darauf, regelmäßig über den Bildungs- und Entwicklungsstand ihres Kindes informiert zu werden.

In der Kindertagespflege soll die **gesundheitliche Entwicklung** des Kindes gefördert werden. Daher darf in Räumen, die für die Betreuung von Kindern bestimmt sind, während der Anwesenheit der Kinder nicht geraucht werden.

Die Entwicklung des Kindes soll beobachtet und regelmäßig dokumentiert werden; dies setzt eine schriftliche Zustimmung der Eltern voraus. Im Rahmen des Bildungsauftrags soll die Sprachentwicklung des Kindes kontinuierlich gefördert werden. Das pädagogische Konzept der Tagespflegeeinrichtung muss daher Ausführungen zur Sprachentwicklung enthalten.

Zur Kindertagespflege geeignete Personen sollen vertiefte Kenntnisse über die besonderen Anforderungen der Kindertagespflege besitzen. Sofern die Tagespflegeperson keine sozialpädagogische Fachkraft mit Praxiserfahrung in der Betreuung von Kindern ist, muss sie über eine **Qualifikation** für Tagespflegepersonen auf der Grundlage eines wissenschaftlichen Lehrplans (beispielsweise nach dem DJI-Curriculum) verfügen. Sie soll sich ständig fortbilden.

Das Ministerium für Generationen, Familie, Frauen und Integration hat eine „Richtlinie über die Gewährung von Zuwendungen für Investitionen in Kindertageseinrichtungen und Kindertagespflege" erlassen. Danach gewährt das Land **Zuwendungen für Investitionen** zum Auf- und Ausbau von zusätzlichen Betreuungsplätzen für Kinder unter drei Jahren. Ein Anspruch auf die Gewährung der Zuwendung besteht nicht; über die Anträge entscheidet der Landschaftsverband unter Berücksichtigung der verfügbaren Haushaltsmittel.

Gefördert werden nur Tagespflegepersonen, die durch den örtlichen Träger der öffentlichen Jugendhilfe vermittelt werden oder wurden. Die Zuwendungspauschale beträgt einmalig 500 Euro pro Kind, der Höchstbetrag für eine Tagespflegestelle liegt bei 2.500 Euro. Grundstücke und Räume, für die eine Zuwendung gewährt wurde, müssen fünf Jahre für die Betreuung von Kindern unter drei Jahren genutzt werden; entfällt der Bedarf hierfür, so sind sie der öffentlichen Kinder- und Jugendhilfe zur Verfügung zu stellen. Die Anträge müssen jeweils bis 30. Juni des vorhergehenden Kalenderjahrs beim zuständigen Landesjugendamt eingereicht werden, für das Jahr 2012 also bis 30. Juni 2011. In den Anträgen muss die Anzahl der jeweils bis zum 31. Dezember des Vorjahrs neu eingerichteten und gesicherten Betreuungsplätze in der Kindertagespflege genannt werden.

> www.recht.nrw.de
> Hier finden Sie alle geltenden Rechtstexte des Landes Nordrhein-Westfalen.

> www.mfkfks.nrw.de
> Die Webseite des Ministeriums für Familie, Kinder, Jugend, Kultur und Sport

11 Rheinland-Pfalz

Für das Land Rheinland-Pfalz gilt das Kindertagesstättengesetz. Über die Definition der Kindertagespflege (§ 1 Absatz 5) hinaus äußert es sich nicht konkret zur Kindertagespflege. Das Landesamt für Soziales, Jugend und Versorgung (Landesjugendamt) hat jedoch Empfehlungen für die Kindertagespflege herausgegeben, auf die im Folgenden eingegangen werden soll.

Als Nachweis für die notwendige **Qualifikation** der Tagespflegeperson gilt der erfolgreiche Abschluss einer Qualifikationsmaßnahme nach dem vom DJI entwickelten Curriculum über insgesamt 160 Stunden. Nach Abschluss der Grundqualifikation (80 Stunden) kann die Aufbauqualifikation parallel zur Tätigkeit als Tagespflegeperson erworben werden. Die Tagespflegeperson sollte bereit sein, an Vertiefungs- und Weiterbildungsveranstaltungen teilzunehmen. Bei Tagespflegepersonen mit einer pädagogischen Ausbildung kann eine verkürzte Qualifikation ausreichen, welche die Besonderheiten der Kindertagespflege berücksichtigt. Besitzt die Tagespflegeperson langjährige Praxiserfahrung in der Kindertagespflege, können Vertiefungs- und Weiterbildungsveranstaltungen ausreichen.

Wenn die Tagespflege als Ganztagesbetreuung geleistet wird, dürfen **bis zu fünf Kinder gleichzeitig** betreut werden. Wird die Betreuung individuell auf einzelne Tage oder Teile eines Tages beschränkt, so dürfen maximal zehn Verträge parallel abgeschlossen werden, es dürfen aber auch hier nur bis zu fünf Kinder gleichzeitig betreut werden.

In Rheinland-Pfalz ist die Betreuung von Kindern in angemieteten („anderen") Räumen nicht zulässig. In diesen Fällen ist eine **Betriebserlaubnis** notwendig.

Das Ministerium für Bildung, Wissenschaft, Jugend und Kultur hat in einer Verwaltungsvorschrift die Gewährung von **Zuwendungen für Investitionen** zum Ausbau der Kindertagespflege für Kinder unter drei Jahren festgelegt. Diese kann unter dem angegebenen Link im Internet eingesehen werden. Die Zuwendungen gehen an die örtlichen Träger der öffentlichen Jugendhilfe, die damit sogenannte „Gerätepools" für die Kindertagespflege ausstatten sollen. Mit dem Betrieb und Verleih an öffentlich vermittelte Kindertagespflegepersonen können auch andere Institutionen (z. B. Kindertagespflegevereine und Netzwerke) betraut werden.

Die Investitionen müssen dem Ausbau der Kindertagespflege, insbesondere für Kinder unter drei Jahren, dienen. Der örtliche Träger der öffentlichen Jugendhilfe bleibt Eigentümer der für den Gerätepool angeschafften Geräte und Ausstattungsgegenstände. Er ist verpflichtet, die Gegenstände für den Zuwendungszweck, also die Kindertagespflege, zu verwenden und sorgfältig zu behandeln. Nach Ablauf einer sogenannten Zweckbindungsfrist von fünf Jahren kann der Träger der Jugendhilfe über die Gegenstände frei verfügen. Ausstattungsgegenstände im beschriebenen Sinne können z. B. Wickelkommoden, Kinderwagen, Kleinkindmöbel, Außenspielgeräte, Autositze, Absperrgitter, Hochstühle sowie Spielzeug und Kinderbücher sein. Auch der Kauf von gebrauchten Gegenständen ist möglich.

Gefördert werden können außerdem Investitionsmaßnahmen zur **Verbesserung der Infrastruktur** der Kindertagespflege. Darunter fallen etwa Kosten für die Geschäftsausstattung lokaler Netzwerke von Tagespflegepersonen oder Investitionen von beauftragten Dritten in die Verbesserung der Vermittlung und die Qualitätssicherung. Im Einzelnen kann das die Anschaffung von Möbeln oder von Hard- und Software sein, wenn sie im Zusammenhang mit der Ausweitung des Angebots von Tagespflege für Kinder unter drei Jahren stehen.

www.lsjv.rlp.de/
Die Webseite des Landesamtes für Soziales, Jugend und Versorgung

www.jugend.rlp.de
Die Informationsplattform zum Thema Jugend in Rheinland-Pfalz

12 Saarland

Das Saarland ergänzt die bundesrechtlichen Regelungen durch das „Saarländische Kinderbetreuungs- und -bildungsgesetz" (SKBBG) sowie die „Verordnung zur Ausgestaltung der Kindertagespflege" (VO Kindertagespflege). Die Pflegeerlaubnis wird danach erteilt, wenn die Tagespflegeperson für die Kindertagespflege geeignet ist, eine entsprechende **Qualifizierung** nach dem Standard des Fortbildungsprogramms des DJI im Umfang von 160 Stunden nachweist und wenn kindgerechte Räume zur Verfügung stehen.

Die Erlaubnis befugt in der Regel zur Betreuung von **bis zu fünf fremden Kindern** gleichzeitig. Nutzen mehrere Tagespflegepersonen gemeinsame Räume, so benötigt jede von ihnen eine gesonderte Erlaubnis. In Großtagespflegestellen dürfen bis zu zehn Kinder von maximal drei Tagespflegepersonen betreut werden. Für die Betreuung und Förderung von Kindern mit einer Behinderung kommen nur Tagespflegepersonen in Betracht, die eine heilpädagogische Qualifikation aufweisen.

Tagespflegepersonen, die bereits eine Pflegeerlaubnis besitzen, bisher jedoch kein entsprechendes Fortbildungsprogramm durchlaufen haben, sind verpflichtet, die ihnen fehlenden Inhalte nachzuholen und mit erfolgreichem Abschluss nachzuweisen. Die Qualifizierung wird spätestens anlässlich der Beantragung einer neuen Pflegeerlaubnis fällig. Der Träger der öffentlichen Jugendhilfe entscheidet nach eigenem Ermessen, in welchem Umfang die **Nachqualifizierung** erforderlich ist.

Als für die Tagespflege grundsätzlich qualifiziert gelten Personen mit einer sozialpädagogischen, erzieherischen oder kinderpflegerischen Berufsausbildung. Von diesen Personen sind lediglich die Inhalte des Qualifizierungskurses für Tagespflegepersonen zu belegen, die von ihrer jeweiligen Ausbildung nicht abgedeckt wurden.

Tagespflegepersonen müssen jährlich mindestens 15 Stunden **Fortbildung** absolvieren. Sie müssen ein schriftliches pädagogisches Konzept vorlegen und sich in ihrer pädagogischen Arbeit an den Inhalten des Saarländischen Bildungsprogramms für Kindergärten orientieren.

Das **Tagespflegegeld** wird nach Sachaufwand und Erziehungsaufwand unterteilt. Es werden zwischen 71 Euro und 500 Euro im Monat gezahlt (je nach Betreuungsumfang), wobei zwei Fünftel auf den Erziehungs- und drei Fünftel auf den Sachaufwand entfallen. Bei besonderen Betreuungsfällen können Zuschläge gezahlt werden. Die Tagespflegeperson muss die Sorgeberechtigten über Beginn und Dauer ihres Urlaubs frühzeitig, d.h. mindestens zwei Monate im Voraus, informieren.

Im Saarland werden **Zuwendungen für Investitionen** in die Ausstattung gewährt, wenn sie dem Aufbau neuer Betreuungsplätze für Kinder unter drei Jahren dienen. Im Falle einer Zuwendung muss sich die Tagespflegeperson verpflichten, mindestens zwei Jahre lang als Tagespflegeperson zu arbeiten beziehungsweise dem zuständigen Jugendamt zur Vermittlung zur Verfügung zu stehen.

Ein Anspruch auf die Gewährung der Zuwendungen besteht nicht; die Entscheidung liegt im Ermessen der Bewilligungsbehörde und orientiert sich an den verfügbaren Haushaltsmitteln. Investitionen für die Erstausstattung von Betreuungsplätzen für Kinder unter drei Jahren werden mit einer Pauschale von 500 Euro pro Betreuungsplatz gefördert.

> www.kinderbetreuungsboerse-saarbruecken.de
> Hier finden Sie die „Richtlinien zur Förderung von Investitionen im Rahmen des Investitionsprogramms „Kinderbetreuungsfinanzierung 2008–2013".

> www.saarland.de/landesrecht.htm
> Hier finden Sie alle Gesetzestexte des Saarlands.

13 Sachsen

In Sachsen ergänzt das Sächsische Kindertagesstättengesetz (SächsKitaG) die Bundesgesetzgebung. Es definiert allerdings nur Aufgaben und Ziele der Kindertagespflege und äußert sich darüber hinaus nicht konkret zu dieser Betreuungsform. Das Sächsische Staatsministerium für Soziales und Verbraucherschutz (Landesjugendamt) hat jedoch Empfehlungen für die Kindertagespflege herausgegeben („Empfehlung zu Leistungen der Jugendhilfe").

Fachlich geeignet für die Tätigkeit als Tagespflegeperson sind pädagogische Fachkräfte sowie Personen, die eine **Fortbildung** nach dem Curriculum des DJI oder eine gleichwertige Qualifikationsmaßnahme absolviert haben. Personen, die noch nicht als Tagespflegeperson tätig und keine pädagogische Fachkraft sind, müssen vor Beginn ihrer Tätigkeit als Tagespflegeperson an einer praxisvorbereitenden Phase teilnehmen. Die Fortbildung muss innerhalb von drei Jahren nach Beginn der Tätigkeit als Tagespflegeperson erfolgreich abgeschlossen werden. Tagespflegepersonen müssen sich darüber hinaus regelmäßig, mindestens 20 Stunden im Jahr, fortbilden.

In Sachsen ist Kindertagespflege auch **in anderen geeigneten Räumen** möglich. Hierfür sind die Zustimmung der Gemeinde und eine Erlaubnis durch den örtlichen Träger der öffentlichen Jugendhilfe nötig. Zu Ausfallzeiten hat die Tagespflegeperson keinen Anspruch auf eine Fortzahlung der laufenden Geldleistung. Die Kommunen sollen jedoch Regelungen zu einem finanziellen Ausgleich für die Tagespflegepersonen beschließen.

Als Grundlage für das Betreuungsangebot der Tagespflegeperson und zur Sicherung von Qualitätsstandards ist eine **pädagogische Konzeption** zu erarbeiten. Diese soll eine Förderung der Persönlichkeit der Kinder in den enstprechenden Altersgruppen berücksichtigen und sich am **Sächsischen Bildungsplan** orientieren. Die Konzeption sollte schriftlich vorliegen, damit sie von den Eltern eingesehen werden und zur Beurteilung der fachlichen Eignung durch das örtliche Jugendamt herangezogen werden kann. Folgende Bestandteile sollte sie auf jeden Fall enthalten:

- Rahmenbedingungen der Kindertagespflegestelle (Räumlichkeiten, Umgebung, Ausstattung),
- Öffnungszeiten,
- Vertretungsregelung,
- pädagogische Grundsätze,
- Konzeption der Eingewöhnungsphase,
- Vorstellungen zu den Themen Gesundheit und Ernährung,
- exemplarischer Tagesablauf,
- Ziele und Formen der Zusammenarbeit mit den Eltern,
- Ziele und Formen der Zusammenarbeit mit anderen Institutionen,
- Ideen zur Qualitätssicherung, d. h. zur Reflexion, Bewertung und Verbesserung der eigenen Arbeit.

Maßgeblich für die Qualifikationsanforderungen ist die „Sächsische Qualifikations- und Fortbildungsverordnung pädagogischer Fachkräfte" (SächsQualiVO).

Die Tagespflegepersonen haben die Vorschriften des Lebensmittelhygienerechts zu beachten. Die Einhaltung dieser Normen wird von den Lebensmittelüberwachungsbehörden der Landkreise und kreisfreien Städte kontrolliert. Tagespflegepersonen müssen sich daher beim zuständigen Lebensmittelüberwachungs- und Veterinäramt registrieren lassen.

Aufgrund einer Verwaltungsvorschrift Kita-Investitionen des Sächsischen Staatsministeriums für Kultus über die Gewährung pauschalierter **Fördermittel für Investitionen** wird die Ausstattung von Kindertagespflegestellen in Sachsen finanziell unterstützt. Der Zuschuss für das Instandsetzen von Räumlichkeiten sowie für die Ausstattung von Kindertagespflegestellen beträgt 1.000 Euro pro Platz.

www.kita-bildungsserver.de
Hier finden Sie alles zum Thema Kindertagespflege in Sachsen.

www.revosax.sachsen.de
Hier finden Sie alle Gesetze, Verordnungen und Vorschriften des Freistaats Sachsen.

14 Sachsen-Anhalt

In Sachsen-Anhalt sind das Kinderförderungsgesetz (KiföG), die Tagespflegeverordnung (TagesPflVO) sowie das Bildungsprogramm von Sachsen-Anhalt maßgeblich für die Kindertagespflege.

Tagespflegepersonen, die keine ausgebildeten Fachkräfte sind, müssen vor Aufnahme des ersten Kindes an einem geeigneten **Vorbereitungskurs** mit mindestens 38 Unterrichtsstunden erfolgreich teilnehmen; dieser Kurs muss Kenntnisse der Erziehung, Bildung, Betreuung und Versorgung von Kindern im häuslichen Rahmen vermitteln. Vor der Aufnahme weiterer Kinder müssen die Tagespflegepersonen an einer mindestens 104 Unterrichtsstunden umfassenden geeigneten Maßnahme zur **weiteren fachlichen Qualifizierung** teilnehmen und diese erfolgreich abschließen.

www.sachsen-anhalt.de
Die offizielle Webseite des Landes Sachsen-Anhalt mit allen wichtigen Informationen zum Thema Kinderbetreuung

15 Schleswig-Holstein

In Schleswig-Holstein sind das Kindertagesstättengesetz (KiTaG) sowie die Kindertagespflegeverordnung (KiTaVO) relevant. Kindern unter drei Jahren soll eine Betreuung in Kindertagespflege ermöglicht werden, wenn keine geeigneten Plätze in Kindertageseinrichtungen zur Verfügung stehen. Haben die Sorgeberechtigten eine bestimmte Tagespflegestelle ausgewählt, so soll ihrem Wunsch entsprochen werden.

Kindertagespflege kann in Schleswig-Holstein in folgenden Formen ausgeübt werden:

- in einer Tagespflegestelle, die das zuständige Jugendamt vermittelt und mit der es ein Pflegegeld vereinbart hat,
- als selbstständige Tätigkeit (gemäß § 18 Einkommensteuergesetz),
- in Anstellung bei einem örtlichen Träger der öffentlichen Jugendhilfe oder bei einem anerkannten Träger der freien Jugendhilfe oder
- als Mitglied eines Trägervereins für Tagespflegepersonen.

In anderen Räumen darf die Tagespflege nur dann geleistet werden, wenn auch dort eine familienähnliche Betreuung sichergestellt ist. Bei dieser Form der Kindertagespflege muss sichergestellt werden, dass für das Kind stets erkennbar immer dieselbe Tagespflegeperson für seine Betreuung, Erziehung und Bildung verantwortlich ist. Diese Leistungen müssen regelmäßig in den der zuständigen Tagespflegeperson fest zugewiesenen Räumen erbracht werden. Ausnahmen bilden Urlaubs- und Krankheitsvertretungen.

Die Pflegeerlaubnis befugt zur Betreuung von **bis zu fünf fremden Kindern** gleichzeitig, wobei im Laufe einer Woche nicht mehr als zehn Kinder betreut werden dürfen (es dürfen zehn Verträge abgeschlossen werden). Die Erlaubnis kann im Einzelfall auf eine geringere Anzahl von Kindern beschränkt werden. Bei einer Kindertagespflege in anderen Räumen dürfen bis zu zwei Tagespflegepersonen gleichzeitig tätig sein, wobei jede eine gesonderte Pflegeerlaubnis benötigt. Ob und in welchem Umfang in denselben Räumlichkeiten Kindertagespflege noch von einer anderen Person geleistet wird, ist bei der Beantragung der Pflegeerlaubnis anzugeben. Soll erst nach Erlaubniserteilung eine zweite Person Kindertagespflege leisten, so muss das dem zuständigen örtlichen Träger der öffentlichen Jugendhilfe unverzüglich mitgeteilt werden.

In den Räumen der Kindertagespflege und den dazugehörigen Außengeländen herrscht ein absolutes Rauch- und Alkoholverbot.

Das Land Schleswig-Holstein gewährt **Zuwendungen** für die Ausstattung von neu geschaffenen Kindertagespflegestellen. Unterstützt werden Investitionen in das Schaffen von Räumlichkeiten für die Vermittlung, Beratung und Gewinnung von Tagespflegepersonen im Rahmen der Weiterentwicklung von Kindertageseinrichtungen. Für Ausstattungen gibt es eine Zuwendung von 500 Euro pro Tagespflegestelle; sie dürfen mindestens fünf Jahre lang für keinen anderen Zweck als für die Kindertagespflege genutzt werden.

www.schleswig-hostein.de
Offizielle Webseite des Landes Schleswig-Holstein. Hier finden Sie auch einen Link zum Landesrecht.

16 Thüringen

In Thüringen ergänzt das Thüringer Kindertageseinrichtungsgesetz (ThürKitaG) die Bundesgesetzgebung. Das Gesetz selbst äußert sich nur sehr zurückhaltend über die Kindertagespflege und wird ergänzt durch die „Thüringer Verordnung zur Ausgestaltung der Kindertagespflege" (Thüringer Kindertagespflegeverordnung). Des Weiteren ist auch der Thüringer Bildungsplan zu beachten.

Jedes Kind mit Wohnsitz in Thüringen **vom vollendeten ersten Lebensjahr bis zum Schuleintritt** hat einen Rechtsanspruch auf ganztägige Bildung, Erziehung und Betreuung in einer Kindertageseinrichtung. Anstelle dessen können Kinder – insbesondere im Alter unter zwei Jahren – auch in die Kindertagespflege vermittelt werden. Dem **Wahlrecht der Eltern** in Bezug auf eine geeignete Betreuungsmöglichkeit soll weitestgehend entsprochen werden. Nach Vollendung des dritten Lebensjahres des Kindes sollen die Eltern auf die Möglichkeiten einer altersgerechten Bildung, Erziehung und Betreuung in einer Tageseinrichtung verwiesen werden. Kindertagespflege darf in Thüringen auch in **anderen geeigneten Räumen** stattfinden.

Tagespflegepersonen benötigen eine **Qualifizierung** auf der Grundlage eines durch das für Kindertagespflege zuständige Ministerium anerkannten Curriculums. Als fachliche Empfehlung gelten hier die Lehrinhalte des DJI-Curriculums. **Sonstige Qualifikationsnachweise** können im Einzelfall durch den örtlichen Träger der öffentlichen Jugendhilfe anerkannt werden. Hierzu kann auch ein Nachweis der Eignung zum Einsatz in der Kindertagespflege zählen, der in anderer Weise als durch formale Qualifizierungsmaßnahmen erworben wurde. **Sozialpädagogische Fachkräfte** und andere als geeignet anerkannte Personen, die bisher nicht in der Kindertagespflege tätig waren, sollen an einer Einführungsfortbildung teilnehmen. Alle Tagespflegepersonen sind zur regelmäßigen **Fortbildung** verpflichtet. Deren Umfang wird in der jeweiligen Vereinbarung mit dem zuständigen örtlichen Träger der öffentlichen Jugendhilfe festgelegt.

Die **laufende Geldleistung** an die Tagespflegeperson umfasst

- eine Sachkostenpauschale,
- die pauschale Anerkennung der Betreuungs- und Förderleistung,
- die Erstattung nachgewiesener Aufwendungen für eine Unfallversicherung sowie
- die hälftige Erstattung nachgewiesener Aufwendungen für die Alterssicherung.

Die Höhe der laufenden Geldleistung sowie den Anspruch darauf regelt das für Tagespflege zuständige Ministerium.

Erhalten die Eltern **Erziehungsgeld**, so müssen sie einen Anteil davon durch schriftliche Erklärung an die Tagespflegeperson abtreten. Die Höhe richtet sich nach dem Betreuungsumfang und beträgt bis zu 150 Euro monatlich. Dieser Betrag wird vom örtlichen Träger der öffentlichen Jugendhilfe auf die laufende Geldleistung angerechnet.

Fällt die Tagespflegeperson z.B. aus Krankheitsgründen aus, so ist der örtliche Träger der öffentlichen Jugendhilfe verpflichtet, eine andere Betreuungsmöglichkeit zu gewährleisten. Dabei müssen die Individualität der betreuten Kinder und die örtlichen Voraussetzungen in Absprache mit den Eltern berücksichtigt werden.

Das Land Thüringen gewährt **Zuwendungen für Investitionen**, die dem Aufbau, Ausbau und der Sicherung von Betreuungsplätzen für Kinder unter drei Jahren dienen. Darunter fallen Investitionen in Neubau oder Umbau, Sanierungs- und Renovierungsmaßnahmen, Ausstattung sowie die mit den Investitionen verbundenen Dienstleistungen.

www.thueringen.de/de/tmbwk
Die Webseite des Ministeriums für Bildung, Wissenschaft und Kultur

Die Regelungen der Bundesländer im Überblick

Bundesland	Regelungsquellen	Qualifizierung	Finanzielle Aspekte	Sonstiges
Baden-Württemberg	Kindertagesbetreuungsgesetz (KiTaG) Kinder- und Jugendhilfegesetz des Landes Baden-Württemberg (LKJHG)	Grundqualifikation über 160 Unterrichtsstunden, bei Betreuung in „anderen" Räumen zusätzlich 40 Unterrichtsstunden Ab dem achten zu betreuenden Kind (in „anderen" Räumen) muss eine Tagespflegeperson eine pädagogische Fachkraft sein. Fortbildung im Umfang von jährlich 15 Unterrichtseinheiten vorgesehen	Zuschüsse für Investitionskosten zur Schaffung von Betreuungsplätzen für Kinder unter drei Jahren Als Entgelt werden 3,90 Euro pro Stunde gezahlt, davon entfallen 1,74 Euro auf den Sachaufwand und 2,16 Euro auf die Förderungsleistung.	ärztliche Untersuchung der Kinder vor Aufnahme in Kindertagespflege Bei Krankheit oder Urlaub des Tageskindes wird der Tagespflegeperson die laufende Geldleistung bis zu vier Wochen weitergewährt. Voraussetzung: Sie muss während dieser Zeit für eine Betreuung selbst bereitstehen.
Bayern	Bayerisches Kinderbildungs- und -betreuungsgesetz (BayKiBiG) Verordnung zur Ausführung des Bayerischen Kinderbildungs- und -betreuungsgesetzes (AVBayKiBiG)	Qualifizierung im Umfang von mindestens 100 Unterrichtsstunden Ab dem achten zu betreuenden Kind (in „anderen" Räumen) muss eine Tagespflegeperson eine pädagogische Fachkraft sein. Fortbildung im Umfang von jährlich 15 Unterrichtseinheiten vorgesehen	Qualifizierungszuschlag in Höhe von 20 % des Tagespflegegelds	Mindestbetreuungsumfang 10 Wochenstunden
Berlin	Kindertagesförderungsgesetz (KitaFöG) Ausführungsvorschriften zur Finanzierung der Kindertagespflege (AV FinKTP) Kindertagesförderungsverordnung (VOKitaFöG) Tagesbetreuungskostenbeteiligungsgesetz (TKBG)	Vorbereitungsseminar von 30 Unterrichtsstunden Grundqualifizierung 130 Unterrichtsstunden mit Abschlusskolloquium „Berliner Aufbauzertifikat" mit 84 Unterrichtsstunden, schriftlicher Konzeption und Gruppengesprächen bei Betreuung von Kindern mit Behinderungen: Teilnahme an Tagespflegeelternschule Pädagogische Fachkräfte und Ergänzungskräfte benötigen nur Teile der Qualifizierung. jährliche Fortbildung von 12 Unterrichtsstunden	Sachkostenpauschale in Höhe von grundsätzlich 196 Euro monatlich Entgelt für Förderungsleistung als Pauschale, gestaffelt nach Betreuungsumfang und Qualifikation; inklusive Anteile für die Renten-, Kranken- und Pflegeversicherung Zuschläge sind möglich. Zuschüsse und materielle Leistungen sind möglich, wenn der Aufwand nachgewiesen wird. Urlaubsanspruch nach Bundesurlaubsgesetz Fortzahlung von Förderbetrag und der Hälfte der Sachkostenpauschale im Krankheitsfall bis zur Dauer von 20 Betreuungstagen innerhalb eines Kalenderjahrs	umfassende Gesundheitsvorsorge landeseinheitliches Bildungsprogramm mit Sprachdokumentation Von zwei Tagespflegepersonen dürfen acht Kinder betreut werden, wenn eine von ihnen eine pädagogische Fachkraft ist. Wenn beide eine pädagogische Ausbildung haben, dürfen sie zehn Kinder betreuen.

Landesrecht

Bundesland	Regelungsquellen	Qualifizierung	Finanzielle Aspekte	Sonstiges
Brandenburg	Ausführungsgesetz zum Sozialgesetzbuch VIII (AGKJHG) Kindertagesstättengesetz (KitaG) Kindertagespflegeeignungsverordnung (TagpflegEV)	Vorbereitungslehrgang über mindestens 30 Stunden bei Betreuung von zwei oder mehr fremden Kindern ohne pädagogische Ausbildung: mindestens 130 Stunden Grundqualifizierung bei Betreuung über Nacht oder besonderem Bedarf zusätzliche Qualifizierung	keine unmittelbaren Zuschüsse aus dem „Investitionsprogramm Kinderbetreuungsfinanzierung"	Betreuung von höchstens fünf Kindern, Ausnahmen: vorübergehende Vertretungen und Randzeitenbetreuungen Meldung der Kinder ans Gesundheitsamt und umfassende Gesundheitsvorsorge
Bremen	Bremisches Tageseinrichtungs- und Tagespflegegesetz (BremKTG) Richtlinien zur Förderung und Betreuung von Kindern durch Kindertagespflegepersonen (KiTaPflRL) Verwaltungsvorschrift zur Übernahme von Beiträgen der Kranken-, Pflege-, Unfallversicherung und der Altersvorsorge von Tagespflegepersonen in der Kindertagespflege (VwVBeitrÜTPPers) Kinderpflegegeldbekanntmachung (KiPflGBek)	Grundqualifizierung von 50 Stunden Qualifizierungsmodul 2 mit 120 Stunden kann tätigkeitsbegleitend absolviert werden Für Kindertagespflege in externen Räumen ist eine zusätzliche Qualifikation erforderlich. für sozialpädagogische Fachkräfte gekürzte Qualifizierung von mindestens 25 Stunden Teilnahme an begleitenden Fortbildungsangeboten als verbindliche Voraussetzung für Vermittlung	Sachaufwandspauschale gestaffelt nach Stundenumfang und Räumlichkeiten sowie Stundensatz für die Förderleistung in Höhe von 1,80 Euro (Tagespflegeperson) beziehungsweise 2,40 Euro (sozialpädagogische Fachkraft) Anspruch auf vier Wochen betreuungsfreie Zeit	Betreuungszeit: mindestens 10, höchstens 60 Wochenstunden Von zwei Tagespflegepersonen dürfen zehn Kinder in „anderen" Räumen betreut werden; bei mehr als acht Kindern muss eine Tagespflegeperson pädagogische Fachkraft sein. Ausstattungsvorgaben für andere Räumlichkeiten
Hamburg	Kinderbetreuungsgesetz (KiBeG) Kindertagespflegeverordnung (KTagPflVO)	Qualifikationsstufe 1: Grundqualifizierung von 45 Unterrichtsstunden Qualifikationsstufe 2: Langzeitqualifizierung über 180 Unterrichtsstunden oder anerkannte Berufsausbildung und Grundqualifizierung Fortbildung im Umfang von mindestens 18 Stunden in einem Zeitraum von zwei Jahren alle zwei Jahre „Erste Hilfe am Kind"	Erziehungsgeld für Förderleistung nach Altersgruppen, Betreuungsumfang und Qualifikation gestaffelt Sachkostenpauschale je nach Betreuungsumfang 53,11 Euro bis 156,04 Euro monatlich pro Kind Pauschale für Vorsorgeaufwendungen 41 Euro monatlich Private Zuzahlung ist nur für Zusatzleistungen möglich. Anspruch auf vier Wochen betreuungsfreie Zeit pro Jahr Zuwendungen für Investitionen	Betreuung von höchstens fünf Kindern; Ausnahmen: Vertretung und Probezeiten Erklärung zur Nichtanwendung der „Scientology"-Techniken Verpflichtung zur Kooperation mit anderen Tagespflegestellen

Bundesland	Regelungsquellen	Qualifizierung	Finanzielle Aspekte	Sonstiges
Hessen	Hessisches Kinder- und Jugendhilfegesetzbuch (HKJGB)	–	Investitionskostenzuschüsse zur Schaffung von Betreuungsplätzen für Kinder unter drei Jahren	Betreuung von bis zu fünf gleichzeitig anwesenden fremden Kindern, im Laufe einer Woche insgesamt nicht mehr als zehn fremde Kinder Rauchverbot
Mecklenburg-Vorpommern	Kindertagesförderungsgesetz (KiföG M-V) Landesjugendhilfeorganisationsgesetz (KJHG-Org M-V) Frühkindliche Bildungsverordnung (FrühKiBiVO M-V)	25 Stunden pro Kalenderjahr Fort- und Weiterbildung	Zuschüsse für Investitionskosten zur Schaffung von Betreuungsplätzen für Kinder unter drei Jahren	besondere Förderung in festgelegten Erziehungs- und Bildungsbereichen nach Möglichkeit Konzeption unter Berücksichtigung der Bildungsverordnung, die dem örtlichen Träger der Jugendhilfe vorgelegt wird Rauch- und Alkoholverbot Gesundheitsvorsorge
Niedersachsen	Niedersächsisches Ausführungsgesetz zum Kinder- und Jugendhilfegesetz (AG KJHG)	Tagespflegepersonen sollen eine anerkannte Qualifizierung mit Zertifikatsabschluss von 160 Unterrichtsstunden oder vertiefte Kenntnisse aus qualifizierten Lehrgängen aufweisen.	Zuschüsse für Investitionskosten zur Schaffung von Betreuungsplätzen für Kinder unter drei Jahren	bei Zusammenschluss von qualifizierten Tagespflegepersonen acht Kinder gleichzeitig, ab dem neunten Kind muss eine pädagogische Fachkraft dabei sein
Nordrhein-Westfalen	Ausführungsgesetz zum KJHG Kinderbildungsgesetz (KiBiz)	Qualifizierung auf Grundlage eines wissenschaftlichen Lehrplanes, sofern keine sozialpädagogische Fachkraft pädagogisches Konzept ständige Fortbildung	Zuschüsse für Investitionskosten zur Schaffung von Betreuungsplätzen für Kinder unter drei Jahren	Gesundheitsförderung Bildungsdokumentation fünf gleichzeitig anwesende Kinder (acht Verträge), bei Zusammenschluss insgesamt neun Kinder (neun Verträge), ab sechs Kindern Betriebserlaubnis erforderlich
Rheinland-Pfalz	Kindertagesstättengesetz	Qualifikation nach dem DJI-Curriculum bei pädagogischer Vorbildung verkürzte Qualifikation bei langjähriger Praxiserfahrung Vertiefungs- und Weiterbildungsmaßnahmen ausreichend Vertiefungs- und Weiterbildungsmaßnahmen sollen wahrgenommen werden.	Zuschüsse für Investitionskosten zur Schaffung von Betreuungsplätzen für Kinder unter drei Jahren	Betreuung in „anderen" Räumen nicht zulässig maximal zehn Verträge bei gleichzeitiger Anwesenheit von fünf Kindern

Landesrecht

Bundesland	Regelungsquellen	Qualifizierung	Finanzielle Aspekte	Sonstiges
Saarland	Saarländisches Kinderbetreuungs- und -bildungsgesetz (SKBBG) Verordnung zur Ausgestaltung der Kindertagespflege (VO Kindertagespflege)	Qualifizierung von 160 Stunden nach dem Curriculum des DJI Personen mit sozialpädagogischer, erzieherischer oder kinderpflegerischer Berufsausbildung sind grundsätzlich qualifiziert. mindestens 15 Stunden Fortbildung jährlich	Tagespflegegeld zwischen 71 Euro und 500 Euro monatlich Investitionskostenzuschüsse für Investitionen zur Schaffung von Betreuungsplätzen für Kinder unter drei Jahren	schriftliches pädagogisches Konzept Orientierung am Bildungsprogramm
Sachsen-Anhalt	Kinderförderungsgesetz (KiföG) Tagespflegeverordnung (TagesPflVO)	geeigneter Vorbereitungskurs mit mindestens 38 Unterrichtsstunden vor Aufnahme des zweiten Kindes weitere fachliche Qualifizierung über mindestens 104 Unterrichtsstunden	-	Es gibt ein Bildungsprogramm.
Schleswig-Holstein	Kindertagesstättengesetz (KiTaG) Kindertagspflegeverordnung (KiTaVO)	-	Zuschüsse für Investitionskosten zur Schaffung von Betreuungsplätzen für Kinder unter drei Jahren	Tagespflege auch in einer Tagespflegestelle, in Anstellung bei einem örtlichen Träger der öffentlichen Jugendhilfe, einem anerkannten Träger der freien Jugendhilfe oder bei einem Trägerverein für Tagespflegepersonen Tagespflege in „anderen" Räumen nur bei familienähnlicher Betreuung absolutes Rauch- und Alkoholverbot in den Räumen der Kindertagespflege und auf dem Außengelände
Thüringen	Thüringer Kindertageseinrichtungsgesetz (ThürKitaG) Thüringer Verordnung zur Ausgestaltung der Kindertagespflege (Thüringer Kindertagespflegeverordnung)	Qualifizierung auf der Grundlage eines Curriculums oder anderer Eignungsnachweis Einführungsfortbildung für sozialpädagogische Fachkräfte und als geeignet anerkannte Personen, die in der Kindertagespflege noch nicht tätig waren Tagespflegepersonen sind zur Fortbildung verpflichtet	Zuschüsse für Investitionskosten zur Schaffung von Betreuungsplätzen für Kinder unter drei Jahren Höhe der zu zahlenden Geldleistung wird durch Ministerium festgelegt	Rechtsanspruch auf ganztägige Förderung für Kinder ab dem vollendeten ersten Lebensjahr

Merkblatt für die Medikamentenvergabe

Dieses Merkblatt soll die Tagespflegeperson dabei unterstützen, sicher zu handeln, wenn eine Medikamentenvergabe notwendig ist.

Eine Medikamentenvergabe durch die Tagespflegeperson sollte grundsätzlich nur **nach schriftlicher ärztlicher Verordnung** und mit Unterstützung eines **schriftlichen Dokumentationssystems** erfolgen.

Folgende Punkte sollte die Tagespflegeperson vorab klären:

1. Liegt eine schriftliche ärztliche Verordnung vor?
2. Liegt eine schriftliche Einwilligung der Eltern vor?
3. Sind mir Medikamentenname, Medikamentenart, genaue Dosierung, Verabreichungsform und Art der Aufbewahrung bekannt?
4. Weiß ich über mögliche Nebenwirkungen Bescheid?
5. Habe ich ein Dokumentationssystem?

Kontrolle durch die sogenannte „5-R-Regel":

- Richtiges Medikament?
- Richtige Dosierung?
- Richtige Verabreichungsart?
- Richtiger Patient?
- Richtige Zeit?

Muster Medikamentendokumentation

Medikamentendokumentation für _____ (Name des Kindes)

geb. _____

Verordnender Arzt	Verordnungs-datum	Medikamenten-name	Dosie-rung	Verabrei-chungsart	Absetzungs-datum
Verabreichungs-dokumentation					
Datum	morgens (Uhrzeit)	mittags (Uhrzeit)	abends (Uhrzeit)	verabreicht durch	Bemerkungen

---

Muster Einnahmen-Überschuss-Rechnung

Anlage zur Einkommensteuererklärung

Finanzamt:

Steuernummer:

Name des Kindes	Betreuungs-zeitraum	Stunden pro Woche	Entgelt pro Monat	Einnahmen	Betriebskosten-pauschale	Gewinn
…	Januar–Juni	15	360,00	2.160,00	675,00	1.485,00
…	Juli–Dezember	25	600,00	3.600,00	1.125,00	2.475,00
…	Januar–Dezember	40	960,00	11.520,00	3.600,00	7.920,00
…	Januar–Dezember	12	288,00	3.456,00	1.080,00	2.376,00
Summe				20.736,00	6.480,00	14.256,00

Muster Rechnung

Kindertagespflege Marianne Mustermann   Musterstraße 21   21456 Musterstadt

Eheleute
Müller
Straße
Ort

Musterstadt, den 30.04.2010

Rechnung

Rechnungsnummer: 00110

Leistungszeitraum: 01.04.2010 bis 30.04.2010

Kinderbetreuung betreffend Ihr Kind Lisa-Marie, geb. 30.03.2008

80 Stunden* à 4,50 Euro	360,00 Euro
* siehe beiliegender Stundenzettel	
20 x 2,50 Euro Essensgeld	50,00 Euro
Gesamtbetrag	**410,00 Euro**

Umsatzsteuerfreie Leistung nach § 19 UStG bzw. § 4 Nr. 25 UStG.

Ich bitte um Überweisung des o. a. Betrags bis zum 14.05.2010 auf das im Briefkopf angegebene Konto **oder**

Ich bitte um Überweisung auf das im Briefkopf angegebene Konto.
Hinweis: 30 Tage nach Rechnungszugang tritt automatisch Zahlungsverzug ein.

Mit freundlichen Grüßen

M. Mustermann

Sparkasse Musterstadt   BLZ 987654321   Kto.: 1234567890
Steuernummer: FA Musterstadt 123/1234567/890

Muster Zahlungsaufforderung

Kindertagespflege Marianne Mustermann   Musterstraße 21   21456 Musterstadt

Eheleute
Müller
Straße
Ort

Musterstadt, den 30.04.2010

per Einwurfeinschreiben

Betreuungsverhältnis betreffend Ihr Kind

hier: Zahlungsaufforderung

Sehr geehrte Frau,
sehr geehrter Herr,

betreffend das o. a. Betreuungsverhältnis haben Sie für den Zeitraum vom … bis … bisher keine Zahlung geleistet. Es steht ein Betrag in Höhe von … Euro offen. Die entsprechende Vergütungsrechnung vom … füge ich anliegend nochmals in Kopie zu Ihrer Kenntnisnahme bei.
Ich fordere Sie hiermit auf, den vorgenannten Betrag bis spätestens

14.05.2010 (genaues Datum, Frist: 14 Tage)

(Zahlungseingang) auf das u. a. Konto zu überweisen.

Nach fruchtlosem Ablauf der vorgenannten Frist werde ich ohne weitere Ankündigung gerichtliche Schritte einleiten.

Mit freundlichen Grüßen

M. Mustermann

Sparkasse Musterstadt   BLZ 987654321   Kto.: 1234567890
Steuernummer: FA Musterstadt 123/1234567/890

Betreuungsvertrag

_____

_____
                                                                                   (Personensorgeberechtigte/r)

und

_____
                                                                                        (Tagespflegeperson)

schließen nachfolgenden Vertrag:

1. Einleitung

Frau/Herr _____

nimmt das Kind _____, geb. am _____,

in Kindertagespflege auf.

2. Betreuungsbeginn, Betreuungsort und Betreuungszeiten

Das Betreuungsverhältnis ist unbefristet und beginnt am _____.

oder

Das Betreuungsverhältnis ist befristet. Es beginnt am _____ und endet am

_____.

Betreuungsort ist: _____

Die Betreuung findet statt an den folgenden Tagen:

Montag	Dienstag	Mittwoch	Donnerstag	Freitag
von … bis … Uhr	von … bis … Uhr	von … bis … Uhr	von … bis … Uhr	von … bis … Uhr

Eine Kürzung/Überschreitung der vorstehend vereinbarten Betreuungszeiten ist grundsätzlich nur nach vorheriger Absprache möglich.

Unabgesprochen ausgefallene Betreuungszeiten, die nicht auf ein Verschulden der Tagespflegeperson zurückzuführen sind, sind vertragsgemäß zu vergüten.

Zusätzlich geleistete Betreuungszeiten sind mit _____ Euro/angefangene Stunde zu vergüten.

3. Erziehungsgrundsätze und -nachweise

Die Tagespflegeperson ist im Besitz einer Pflegeerlaubnis des Jugendamtes _____ gem. § 43 SGB VIII.

Die Tagespflegeperson kann einen Nachweis über die „Erste Hilfe am Kind" erbringen.

Tagespflegeperson und Personensorgeberechtigte verpflichten sich, sich in Bezug auf die Erziehung des Kindes abzustimmen und vertrauensvoll zusammenzuarbeiten.

4. Eingewöhnungsphase

Die Vertragsparteien vereinbaren eine „Probezeit" (Eingewöhnungsphase) von ___ Wochen/ vom _____ bis _____ .

Die Kündigungsfrist in der Eingewöhnungsphase beträgt für beide Vertragsparteien eine Woche.

Die Betreuungsvergütung ist während der Probezeit jeweils für eine Woche im Voraus zu zahlen.

5. Vergütung

Die Tagespflegeperson erhält für die Kindertagespflege

eine Geldleistung des Trägers der öffentlichen Jugendhilfe (§ 23 Abs. 2 SGB VIII). Die Kostenübernahmebescheinigung des Trägers der öffentlichen Jugendhilfe liegt der Tagespflegeperson vor. Die Sorgeberechtigten verpflichten sich, bis zur Vorlage der Kostenübernahmebescheinigung die Betreuungskosten zu übernehmen. Gleiches gilt für den Fall, dass die öffentliche Förderung später entfällt.

oder/und

eine Vergütung in Höhe von _____ Euro/Stunde, zahlbar von den Personensorgeberechtigten.

oder

eine monatliche Pauschale in Höhe von _____ Euro, zahlbar durch die Personensorgeberechtigten.

Mit der vereinbarten Vergütung abgegolten sind die Erziehung, Bildung und Betreuung des Kindes. Weiterhin sind die auf das Kind entfallenden Betriebsausgaben (einschließlich Verpflegung) enthalten.

oder
Für die für das Kind von der Tagespflegeperson zubereiteten Mahlzeiten wird ein zusätzliches Essensgeld von _____ Euro/Tag gezahlt.

oder

Die Personensorgeberechtigten geben die Mahlzeiten für das Kind mit in die Tagespflege.

Gesondert in Rechnung gestellt werden:

_____

Der von den Personensorgeberechtigten zu zahlende Betrag ist

monatlich im Voraus bis spätestens ____. des Monats (Zahlungseingang) zu überweisen.

oder

nach Rechnungsstellung zu überweisen.
Der fällige Betrag ist auf nachfolgendes Konto per Überweisung zu zahlen:

Kto.: _____

BLZ: _____

bei _____

Die Vergütung wird steuerfrei gezahlt; die Tagespflegeperson ist für die Abführung von Einkommensteuer und Sozialversicherungsbeiträgen verantwortlich.

6. Krankheit

Die Tagespflegeperson betreut zum Schutz der anderen Tageskinder keine Kinder mit ansteckenden Erkrankungen. In diesem Fall übernehmen die Personensorgeberechtigten die Betreuung des Tageskindes. Die vereinbarte Vergütung wird für den Fall der Erkrankung des Tageskindes in den ersten zwei Wochen der Erkrankung weitergezahlt.

Bei darüber hinaus andauernder Erkrankung des Tageskindes können die Vertragsparteien über eine Kürzung/Erstattung pauschal vereinbarter Vergütung verhandeln.

Für den Fall der Erkrankung der Tagespflegeperson oder ihrer Angehörigen erfolgt eine Regelung zur Vertretung. Diese wird als Anlage diesem Vertrag beigefügt.
Die vereinbarte Vergütung wird für den Fall der Erkrankung der Tagespflegeperson in der ersten Woche/(andere Vereinbarung) der Erkrankung weitergezahlt.

Die Personensorgeberechtigten hinterlegen bei der Tagespflegeperson eine Vollmacht und eine Schweigepflichtentbindungserklärung für ärztliche Notfälle sowie eine Kopie von Impfausweis und Vorsorgeheft.

7. Urlaub

Die gesetzlichen Feiertage sind betreuungsfrei und berechtigen nicht zu einer Kürzung des vereinbarten Betreuungsgeldes.

Am 24.12. (Heiligabend), 31.12. (Silvester) sowie an … findet keine Betreuung statt (Schließtage). Die Schließtage berechtigen ebenfalls nicht zu einer Kürzung des Betreuungsgeldes.

Die Tagespflegeperson teilt den Sorgeberechtigten jährlich bis zum _____ ihre Urlaubsplanung mit.
Sie vereinbaren _____ betreuungsfreie Urlaubstage im Kalenderjahr. Die Urlaubstage sind so zu verstehen, dass die Tagespflegeperson an diesen Tagen von jeglicher Betreuungsleistung gegenüber allen Tageskindern freizustellen ist. Dabei sind der Tagespflegeperson mindestens _____ Wochen zusammenhängender Urlaub im Kalenderjahr zu ermöglichen.
Die Vertragsparteien vereinbaren, dass der Tagespflegeperson _____ Urlaubstage im Kalenderjahr zu vergüten sind.

8. Versicherungen

Das Tageskind wird über das Jugendamt bei der gesetzlichen Unfallversicherung gemeldet. Soll das Tageskind dem Jugendamt nicht namentlich gemeldet werden, so verpflichten sich die Personensorgeberechtigten, eine private Unfallversicherung für das Kind abzuschließen. Diese ist der Tagespflegeperson zu Beginn des Betreuungsverhältnisses nachzuweisen.

Die Tagespflegeperson hat eine (betriebliche) Haftpflichtversicherung abgeschlossen, die das Tageskind ausdrücklich mit einbezieht.
Versichert sind jedoch nur Schäden, die das Tageskind bei Dritten verursacht.
Schäden, die das Tageskind im Haushalt der Tagespflegeperson verursacht, sind ggf. nicht vom Versicherungsschutz abgedeckt.
Daher wird folgende Vereinbarung getroffen:

Die Personensorgeberechtigten verpflichten sich, Schäden, welche ihr Kind im Haushalt der Tagespflegeperson verursacht, ab einem Betrag in Höhe von _____ Euro zu ersetzen.
Die Tagespflegeperson hat hierfür den Nachweis zu erbringen, dass sie ihrer Aufsichtspflicht Genüge getan hat.

9. Kündigung

Das Vertragsverhältnis kann von jeder Vertragspartei mit einer Kündigungsfrist von
_____ schriftlich gekündigt werden.

Das Recht zur außerordentlichen Kündigung aus wichtigem Grund bedarf gleichfalls der Schriftform und muss den Kündigungsgrund erkennen lassen.

10. Schweigepflicht

Die Vertragsparteien verpflichten sich, über alle Angelegenheiten, die den persönlichen Lebensbereich der jeweils anderen Vertragspartei betreffen und ihrer Natur nach eine Geheimhaltung verlangen, Stillschweigen zu bewahren. Dies gilt auch für die Zeit nach Beendigung des Vertragsverhältnisses.
Die Personensorgeberechtigten willigen bereits jetzt in eine Weitergabe ihrer personenbezogenen Daten an die Träger der öffentlichen Jugendhilfe, die Finanzbehörden und die Sozialversicherungsträger ein, soweit diese Daten für die Kindertagespflege notwendig sind.

11. Schriftform

Änderungen und Ergänzungen zu diesem Vertrag bedürfen der Schriftform.

12. Sonstiges

Im Haushalt der Tagespflegeperson leben folgende Haustiere:

Ein Kontakt des Kindes mit den vorgenannten Tieren kann nicht vollkommen ausgeschlossen werden.

13. Salvatorische Klausel

Die Unwirksamkeit einzelner Bestimmungen dieses Vertrages berührt nicht die Wirksamkeit der übrigen Regelungen des Vertrages.

14. Anlagen

Diesem Vertrag sind folgende Anlagen beigefügt:

Anlage _____

Anlage _____

usw.

_____
Ort, Datum

_____
Tagespflegeperson

_____
Personensorgeberechtigte

Anlage ___ zum Betreuungsvertrag vom _____

Kontaktdaten

Die Personensorgeberechtigten sind während der Betreuungszeiten unter folgender Adresse/Telefonnummer zu erreichen:

_____

_____

_____

Sind die Personensorgeberechtigten nicht erreichbar, sollen folgende Personen unter nachfolgender Adresse/Telefonnummer informiert werden:

_____

_____

_____

_____

Folgende Personen sind berechtigt, das Kind _____

☐ nach vorheriger Absprache

☐ grundsätzlich

bei der Tagespflegeperson abzuholen:

_____ (Name)

_____ (Anschrift)

_____ (Telefon)

_____ (Personalausweisnummer)

_____ (Name)

_____ (Anschrift)

_____ (Telefon)

_____ (Personalausweisnummer)

Sind die oben genannten Personen der Tagespflegeperson nicht persönlich bekannt, kann sie verlangen, dass sich die Personen entsprechend (z. B. durch einen Personalausweis) ausweisen, und ggf. die Herausgabe des Kindes verweigern.

_____

Datum   Personensorgeberechtigte

Anlage __ zum Betreuungsvertrag vom _____

Beförderung im Pkw

Hiermit willigen wir ein, dass unser Kind _____,

geb. am _____,

von Herrn/Frau _____
(Tagespflegeperson)

in seinem/ihrem Pkw mit dem amtlichen Kennzeichen _____
befördert wird.
Die Beförderung darf ausschließlich mit geeignetem Kindersitz und unter Einhaltung der gesetzlich vorgeschriebenen Gurtpflicht erfolgen.

_____
Datum   Personensorgeberechtigte

Anlage __ zum Betreuungsvertrag vom _____

Haftungsfreistellung

Hiermit stellen wir Frau/Herrn _____ (Tagespflegeperson)

von der Haftung für Schäden, die nicht durch die Versicherungssumme der Kfz-Haftpflicht-

versicherung in Höhe von _____ abgesichert sind, frei.

_____
Datum   Personensorgeberechtigte

Anlage ___ zum Betreuungsvertrag vom _____

Notfallvollmacht

Hiermit bevollmächtigen und beauftragen wir Herrn/Frau _____,
(Tagespflegeperson)

in medizinischen Notfällen betreffend unser Kind _____,

geb. am _____, unverzüglich eine ärztliche Versorgung zu veranlassen.

Sollte der Hausarzt _____ aufgrund der Gesamtumstände nicht erreichbar sein, muss ein Notarzt gerufen werden.
Eine Kopie der Krankenversichertenkarte oder eine Zweitkarte, eine Kopie des Impfausweises sowie des Vorsorgeheftes liegen der Tagespflegeperson vor.
Bei Eintreten eines medizinischen Notfalles sind unverzüglich die Personensorgeberechtigten zu informieren.

Hinweise für die Notfallbehandlung:

Es bestehen folgende bekannte Allergien/Arzneimittelunverträglichkeiten:

_____

_____

_____

_____

Datum   Personensorgeberechtigte

Anlage ___ zum Betreuungsvertrag vom _____

Schweigepflichtentbindungserklärung

Hiermit entbinden wir, _____,
(Personensorgeberechtigte)

den/die _____
(Arzt/Kita/Schule)

von der Schweigepflicht, betreffend unser Kind _____,

geb. am _____,

gegenüber Herrn/Frau _____.
(Tagespflegeperson)

_____   _____
Datum   Personensorgeberechtigte

Anlage ___ zum Betreuungsvertrag vom _____

Schweigepflichtentbindungserklärung

zur Vorlage bei _____
(Arzt/Kita/Schule)

Hiermit entbinden wir, _____,
(Personensorgeberechtigte)

Herrn/Frau _____ (Tagespflegeperson)

von der Schweigepflicht, betreffend unser Kind _____,

geb. am _____,

gegenüber _____.
(Arzt/Kita/Schule)

_____   _____
Datum   Personensorgeberechtigte

Anlage __ zum Betreuungsvertrag vom _____

Vertretungsregelung

Während des Urlaubs der Tagespflegeperson in der Zeit vom _____ bis _____ übernimmt die nachfolgend benannte Vertretung vorübergehend die Betreuung des Kindes _____, geb. _____:

_____ (Name)

_____ (Anschrift)

_____(Telefon)

(nachfolgend Vertretung genannt).

Die Vertretung ist im Besitz einer gültigen Pflegeerlaubnis des Jugendamts.

_____

Für die vorübergehende Betreuung durch die Vertretung gelten die Bestimmungen des Betreuungsvertrages vom _____, von dem die Vertretung Kenntnis hat.

Zusätzlich werden für den Fall der Vertretung folgende Vereinbarungen getroffen:

_____

_____

Die Vergütung der Vertretung wird wie folgt geregelt:

Die Betreuung durch die vorgenannte Vertretung ist während des Urlaubs der Tagespflegeperson **zusätzlich** zum im Betreuungsvertrag vereinbarten Betreuungsentgelt zu vergüten, und zwar mit _____ Euro/Stunde.

oder

Das im Betreuungsvertrag vereinbarte Betreuungsentgelt wird auch im Falle der Urlaubsvertretung an die Tagespflegeperson **weitergezahlt**. Es erfolgt ein **Ausgleich** zwischen der Tagespflegeperson und der Vertretung.

_____

Datum   Tagespflegeperson   Vertretung   Personensorgeberechtigte

Anlage ___ zum Betreuungsvertrag vom _____

Vertretungsregelung

Im Falle einer Erkrankung der Tagespflegeperson, die eine Betreuung unmöglich macht, übernimmt die nachfolgend benannte Vertretung vorübergehend die Betreuung des Kindes

_____, geb. _____:

_____ (Name)

_____ (Anschrift)

_____ (Telefon)

(nachfolgend Vertretung genannt).

Die Vertretung ist im Besitz einer gültigen Pflegeerlaubnis des Jugendamtes

_____

Für die vorübergehende Betreuung durch die Vertretung gelten die Bestimmungen des Betreuungsvertrags vom _____, von dem die Vertretung Kenntnis hat.

Zusätzlich werden für den Fall der Vertretung folgende Vereinbarungen getroffen:

_____

Die Vergütung der Vertretung wird wie folgt geregelt:

In der ersten Woche des krankheitsbedingten Betreuungsausfalls ist die Vertretung **zusätzlich** zum im Betreuungsvertrag vereinbarten Betreuungsentgelt zu vergüten, und zwar mit _____ Euro/Stunde. Ab der zweiten Krankheitswoche erfolgt ein **Ausgleich** zwischen der Tagespflegeperson und der Vertretung, sofern das vereinbarte Betreuungsentgelt durch die Sorgeberechtigten an die Tagespflegeperson weitergezahlt wird. Andernfalls wird die Vertretung mit einem Stundensatz von _____ Euro/Stunde vergütet.

oder

Das im Betreuungsvertrag vereinbarte Betreuungsentgelt wird auch im Falle einer Vertretung an die Tagespflegeperson weitergezahlt. Es erfolgt ein Ausgleich zwischen der Tagespflegeperson und der Vertretung.

_____
Datum   Tagespflegeperson   Vertretung   Personensorgeberechtigte

Anlage ___ zum Betreuungsvertrag vom _____

Einwilligung zur Medikamentengabe

Hiermit willigen wir ein, dass unser Kind _____,

geb. am _____,

von Herrn/Frau _____
(Tagespflegeperson)

die von _____
(Arzt)

am _____ verordnete Medikation gemäß der beigefügten ärztlichen Verordnung und nach Einweisung durch den Arzt verabreicht bekommt.
Die Tagespflegeperson führt eine schriftliche Dokumentation über die Medikamentengabe.

_____

Datum   Personensorgeberechtigte

Anlage ___ zum Betreuungsvertrag vom _____

Foto- und Filmaufnahmen

Hiermit willigen wir ein, dass Herr/Frau _____
(Tagespflegeperson)

zu Erinnerungs- und Dokumentationszwecken und ausschließlich zur persönlichen Verwendung von

unserem Kind _____, geb. am _____,
Foto- und Filmaufnahmen erstellen darf.

Eine Weitergabe oder Veröffentlichung dieser Aufnahmen bedarf einer weiteren ausdrücklichen und schriftlichen Zustimmung der Personensorgeberechtigten.

_____

Datum   Personensorgeberechtigte

Anlage ___ zum Betreuungsvertrag vom _____

Medikamentengabe im Notfall

Hiermit willigen wir ein, dass unser Kind _____,

geb. am _____,

von Herrn/Frau _____
(Tagespflegeperson)

im Notfall folgendermaßen versorgt werden darf, sofern keine ärztliche Behandlung notwendig ist:

– bei (Schürf-)Wunden oder blutenden Wunden _____

– bei Insektenstichen _____

– bei Beulen _____

– bei Windelausschlag _____

etc.

_____

Datum   Personensorgeberechtigte

Adressen und Links

Adressen

Berufsgenossenschaft für Gesundheitsdienst und Wohlfahrtspflege (BGW)

Pappelallee 35/37, 22089 Hamburg

Telefon: 0 40/2 02 07-0

E-Mail: webmaster@bgw-online.de

www.bgw-online.de

Bundesministerium der Finanzen

Wilhelmstraße 97, 10117 Berlin

Postanschrift: 11016 Berlin

Telefon: 0 30 18/6 82-0

www.bundesfinanzministerium.de

Bundesverband für Kindertagespflege e. V.

Stresemannstr. 78, 10963 Berlin

Telefon: 0 30/78 09 70 69

E-Mail: info@bvktp.de

www.tagesmuetter-bundesverband.de

Deutsche Rentenversicherung Bund

Ruhrstraße 2, 10709 Berlin

Telefon: 0 30/8 65-0

E-Mail: drv@drv-bund.de

www.deutsche-rentenversicherung-bund.de

Minijobzentrale:

Deutsche Rentenversicherung Knappschaft-Bahn-See

45115 Essen

Telefon: 0 18 01/20 05 04 oder 03 55/29 02-7 07 99

E-Mail: zentrale@kbs.de

www.minijob-zentrale.de

Landesverbände, Vereine oder Fachdienste (Auswahl)

Landesverband der Tagesmüttervereine Baden-Württemberg e. V.
Erwin-Bälz-Straße 48, 70597 Stuttgart
Telefon: 07 11/93 35-8 96
www.tagesmuetter-bw.de

Landesverband Kinder in Tagespflege Bayern e.V.
Lindwurmstraße 109, 80337 München
Telefon: 0 89/72 01 99-12
www.tagesmuetter-bayern.de/

Familien für Kinder gGmbH Berlin
Stresemannstraße 78, 10963 Berlin
Telefon: 0 30/2 10 02 10
E-Mail: info@familien-fuer-kinder.de
www.familien-fuer-kinder.de

Pflegekinder in Bremen gGmbH
Bahnhofstraße 28-31, 28195 Bremen
Telefon: 04 21/95 88 20-0
E-Mail: info@pib-bremen.de
www.pib-bremen.de

Hamburger Tagesmütter und -väter e.V.
Poßmoorweg 44, 22301 Hamburg
Telefon: 0 40/2 00 33 77

Hessisches KinderTagespflegeBüro c/o Stadt Maintal
Klosterhofstraße 4–6, 63477 Maintal
Telefon: 0 61 81/40 07 24
E-Mail: info@hktb.de
www.hessisches-kindertagespflegebuero.de/

Hessischer Landesverband für Kindertagespflege e.V. c/o Marion Limbach-Perl
Zeppelinstraße 15, 61440 Oberursel
Telefon: 0 61 71/58 65 42 (Anrufbeantworter)
www.lkt-hessen.de

Niedersächsisches Kindertagespflegebüro
Ute Krüger, Susanne Rieks
Waageplatz 8, 37073 Göttingen
Telefon: 05 51/38 43 85-24
E-Mail: tagespflegebuero@kindertagespflege-goe.de
www.tagespflegebuero-nds.de

Landesverband Kindertagespflege NRW
Inge Losch-Engler
Breite Str. 2, 40670 Meerbusch
Telefon: 0 21 59/45 91
E-Mail: TagesmuetterMB@web.de
www.landesverband-kindertagespflege-nrw.de

LAKITA Landesverband Kinderbetreuung in Tagespflege Rheinland-Pfalz e.V.
Dorothea Frey
Frühlingstraße 2, 67434 Neustadt
Telefon: 0 63 21/3 42 87
E-Mail: info@lakita-rlp.de
www.lakita-rlp.de/

Landesarbeitskreis Kindertagespflege Sachsen e. V. c/o Stephan Kirsche
Schützenhofstraße 32, 01129 Dresden
Telefon: 03 51/8 58 41 27

Hilfreiche Links

www.existenzgruender.de/index.php
Das Existenzgründungsportal des Bundesministeriums für Wirtschaft und Technologie beantwortet alle Fragen rund um Existenzgründung und Gründungszuschuss.

www.dguv.de
Auf der Seite der Deutschen Gesetzlichen Unfallversicherung (DGUV) finden Sie die Anschriften der Landesunfallkassen.

www.handbuch-kindertagespflege.de
Informationen des Bundesministeriums für Familie, Senioren, Frauen und Jugend rund um das Thema Kindertagespflege

Gesetze zum Nachlesen im Internet

www.national-coalition.de/pdf/UN-Kinderrechtskonvention.pdf
UN-Kinderrechtskonvention

www.gesetze-im-internet.de/sgb_1
Sozialgesetzbuch I

www.gesetze-im-internet.de/sgb_2
Sozialgesetzbuch II

www.gesetze-im-internet.de/sgb_7/
Sozialgesetzbuch VII

www.gesetze-im-internet.de/sgb_8/
Sozialgesetzbuch VIII

www.gesetze-im-internet.de/sgb_10
Sozialgesetzbuch X

www.gesetze-im-internet.de/bgb/
Bürgerliches Besetzbuch BGB

www.gesetze-im-internet.de/gg
Grundgesetz der Bundesrepublik Deutschland

www.gesetze-im-internet.de/bundesrecht/ustg_1980/gesamt.pdf
Umsatzsteuergesetz

www.gesetze-im-internet.de/estg
Einkommensteuergesetz

Die Landesgesetze finden Sie im Kapitel „Landesrecht" unter den jeweiligen Bundesländern.

Weiterführende Literatur

Bundesministerium für Familie, Senioren, Frauen und Jugend / Deutsches Jugendinstitut (Hrsg.): Eignung von Tagespflegepersonen in der Kindertagespflege. Praxismaterialien für die Jugendämter, Nr. 2, Oktober 2009, München 2009

www.dji.de/aktionsprogramm-kindertagespflege

Bundesministerium für Familie, Senioren, Frauen und Jugend (Hrsg.): Kinder- und Jugendhilfe, 3. Auflage, Berlin 2010

Glossar

Abmahnung: formale Aufforderung an eine Person, eine bestimmte Handlung künftig zu unterlassen oder vorzunehmen.

Annahmeverzug: liegt vor, wenn der Gläubiger eine ihm vertragsgemäß angebotene Leistung nicht rechtzeitig annimmt.

Aufhebungsvertrag, auch Auflösungsvertrag: ein Vertrag, durch den ein bestehendes Vertragsverhältnis, z. B. ein Betreuungsvertrag, einvernehmlich beendet wird.

Beistand: lLeistet in gerichtlichen Verhandlungen und Verfahren Hilfe und Unterstützung.

Belehrung: Information über Rechte und Pflichten.

Betriebsausgaben: alle Aufwendungen, die in unmittelbarem Zusammenhang mit dem Betrieb entstehen.

Betriebsausgabenpauschale: Betrag, der pauschal (also ohne Einzelnachweis) als Ausgabe von den Einnahmen abgezogen werden darf.

Betriebserlaubnis: Diese ist notwendig für den Betrieb einer Einrichtung wie z. B. einer Kita, in der Minderjährige orts- und gebäudebezogen betreut werden.

Businessplan: Geschäftsplan; schriftliche Zusammenfassung eines auf einer bestimmten Geschäftsidee basierenden unternehmerischen Vorhabens.

Dauerschuldverhältnis: ein Vertrag, der nicht durch einmaligen Austausch von Leistung und Gegenleistung (wie etwa beim Kauf- oder Werkvertrag) erfüllt wird, sondern durch ein dauerhaftes Verhalten oder durch wiederholte, sich über einen längeren Zeitraum erstreckende Einzelleistungen (z. B. Mietverhältnis).

Dienstverhältnis: Gegenstand eines Dienstvertrags, geschuldet wird eine Dienstleistung gegen eine vereinbarte Vergütung.

Einkommen, steuerpflichtiges: Teil der Einnahmen, auf dessen Grundlage die Einkommensteuer berechnet wird.

Einsichtsfähigkeit: intellektuelle Fähigkeit einer Person, die Folgen ihres Handelns für sich und andere einschätzen zu können.

Einwilligung: Zustimmung zu einer Handlung, die im Voraus gegeben werden muss.

Förderung in Kindertagespflege, auch öffentliche Förderung: Die Förderung umfasst die Vermittlung einer geeigneten Tagespflegeperson, deren fachliche Beratung, Begleitung und weitere Qualifizierung sowie das Gewähren einer laufenden Geldleistung.

Förderung von Kindern in Kindertagespflege: Der Förderungsauftrag umfasst die Betreuung, Bildung und Erziehung von Kindern.

Förderungsauftrag: s. Förderung von Kindern in Kindertagespflege.

Freibetrag: festgelegter Betrag, der vom zu versteuernden Einkommen für die Berechnung von Steuern und Sozialversicherungsbeiträgen abgezogen wird.

Gewinn-und-Verlust-Rechnung, auch Einnahmen-Überschuss-Rechnung: stellt Einnahmen und Ausgaben für einen bestimmten Zeitraum gegenüber. Ergebnis ist der Gewinn oder Verlust.

Gewinn: Differenz aus Einnahmen und Ausgaben.

Gläubiger: Person, die einen Anspruch gegen eine andere Person (Schuldner) hat.

Haftungsrecht: Im (privatrechtlichen) Haftungsrecht geht es immer um die Frage, ob jemand für Schäden eines unmittelbar oder mittelbar Betroffenen einzustehen hat und zum Schadensersatz verpflichtet ist.

Klausel: Einzelbestimmung in einem Vertrag oder einer Vereinbarung.

Kommune: politische Gemeinde als Verwaltungseinheit.

Mahnbescheid: Aufforderung an einen Schuldner, zu zahlen oder sich gegen den ihm gegenüber geltend gemachten Anspruch zu verteidigen.

natürliches Recht: rechtsphilosophische Bezeichnung für das Recht, das dem gesetzten Recht übergeordnet sein soll – sozusagen „von Natur aus".

öffentliche Förderung: s. Förderung in Kindertagespflege.

pädagogischer Fachdienst: bietet individuelle Förderung und Begleitung, z. B. durch Ergotherapeuten, Kinderpsychologen oder Logopäden.

Personenschaden: Verletzung oder Tötung einer Person.

Rechtsanspruch: gesetzlich festgeschriebener Anspruch, von einer Person oder Institution ein Tun oder Unterlassen verlangen zu können.

Rechtshandlung: Handlung, die rechtliche Folgen nach sich zieht; diese Rechtsfolgen treten unabhängig vom Willen des Betroffenen ein.

rechtsmittelfähiger Bescheid: behördliches Schreiben, das in einer besonderen Form verfasst ist und in aller Regel einen oder mehrere Verwaltungsakte (Entscheidungen oder Bescheide) enthält, die beispielsweise durch einen Widerspruch anfechtbar sind.

Rechtsverordnung: Allgemeine gesetzliche Regelung (Rechtsnorm), die durch eine Regierung oder Verwaltungsstelle erlassen wird.

rechtswirksam: Rechtswirksamkeit liegt dann vor, wenn eine Rechtshandlung ordnungsgemäß zustande gekommen ist. Erst dann können von ihr Rechtsfolgen ausgehen.

Regressanspruch: Anspruch auf Ersatz einer bereits erbrachten Leistung gegen Dritte.

Riester-Förderung, Riester-Rente: staatliche Zulage zu anerkannten Altersvorsorgeverträgen.

Sachaufwand: in der Kindertagespflege Unkosten, die durch die Kinderbetreuung entstehen (z. B. höhere Mietnebenkosten).

Sachinvestitionen: Investition in Sachgüter (z. B. Ausstattungs- oder Einrichtungsgegenstände).

Sachschaden: Beschädigung oder Zerstörung von Gegenständen.

Soll-Vorschrift: Gesetz oder Vorschrift mit begrenztem Ermessensspielraum; die Behörde darf nur in Ausnahmefällen davon abweichen.

Sonderausgaben: Aufwendungen, die steuerrechtlich weder Betriebsausgaben noch Werbungskosten sind; Sonderausgaben werden vom Gesamtbetrag der Einkünfte abgezogen, sofern sie die Sonderausgabenpauschale überschreiten.

Sozialdaten: alle Einzelangaben über persönliche und sachliche Verhältnisse einer bestimmten Person (Betroffener), die ein Sozialleistungsträger (z. B. Jugendamt) in Erfüllung einer Aufgabe nach dem Sozialgesetzbuch erhebt, verarbeitet oder nutzt.

Sozialversicherungspflicht: Verpflichtung, in bestimmte Versicherungen einzuzahlen, um vor bestimmten Notlagen geschützt zu sein. Auf diese Weise soll auch eine Auslese der Versicherer nach hohem oder niedrigem Einkommen und Risiko vermieden werden.

Steuerschuld: Wert einer zu entrichtenden Steuer, der sich aus dem steuerpflichtigen Einkommen und dem jeweiligen Steuersatz ergibt.

Streitwert: Wert eines Streitgegenstands vor Gericht; dieser hängt von der Bedeutung der Angelegenheit ab.

Titel, gerichtlicher: bestehendes Recht, das von einer Autorität offiziell bestätigt wurde, sodass es unhinterfragt geltend gemacht werden kann.

Träger: Institution, die Verantwortung für etwas trägt (z. B. das Jugendamt, aber auch Vereine).

Vermögensschaden: geldwerter Nachteil

Vertragsstaaten: Staaten, die einen bestimmten Vertrag oder eine Vereinbarung unterschrieben haben.

Vertretung, gesetzliche: eine Person, die für eine andere rechtsgeschäftliche Handlungen (Rechtshandlungen) vornimmt.

Völkerrecht: der staatlichen Ebene übergeordnete Rechtsordnung, welche die Beziehungen zwischen den als gleichrangig angesehenen Staaten regelt.

Antrag auf Gebührenbefreiung für das Führungszeugnis

Antrag auf Befreiung von der Gebühr für das Führungszeugnis

Ordnungsdaten		
01	Beleg-Art 02	Geburtstag

Personendaten	
07	Geburtsname
08	Nur bei Abweichung vom Geburtsnamen: Familienname
09	Vornamen
10	Geburtsort
11 Deutsche(r) 12	Andere Staatsangehörigkeit
14	Anschrift (Straße, Hausnummer, Postleitzahl, Ort)
15	Geburtsname der Mutter
16	Bei Antragstellung durch einen gesetzlichen Vertreter: Anschrift des gesetzlichen Vertreters

Ich beantrage Gebührenerlass:
1. Wegen Mittellosigkeit............................ ☐
   (Mittellosigkeit ist bei Empfängern von Sozialhilfe und bei Auszubildenden zu vermuten)
2. Wegen besonderen Verwendungszweck .... ☐
   (Ein die Gebührenbefreiung rechtfertigender Verwendungszweck ist z.B. die ehrenamtliche Mitarbeit bei einer gemeinnützigen Einrichtung – z.B. Arbeiterwohlfahrt, Caritasverband, Deutsche Lebensrettungsgesellschaft, Freiwillige Feuerwehr, Innere Mission, Rotes Kreuz -)

Bescheinigung der Behörde
☐ Die Mittellosigkeit des Antragstellers wird bestätigt.

☐ Der besondere Verwendungszweck wird bestätigt.

Dienstsiegelabdruck

(Behörde)

(Ort, Datum)

(Unterschrift)

Raum für weitere Begründung des Antrags:

Raum für Vermerke der Behörde:

BZR 2a

[Formular drucken] [Alle Eingaben löschen]

Quelle: www.bundesjustizamt.de.

Anhang

Fragebogen zur Feststellung der Pflichtversicherung

Die jeweils aktuelle Fassung des Fragebogens finden Sie im Internet unter der Adresse www.deutsche-rentenversicherung.de. Dieses Formular wurde beispielhaft ausgefüllt für eine Tagespflegeperson, die mehrere fremde Kinder von verschiedenen Eltern in ihrem Privathaushalt betreut und damit einen Gewinn von 500 Euro monatlich erzielt.

Deutsche Rentenversicherung

V020

[X] Fragebogen zur Feststellung der Pflichtversicherung kraft Gesetzes als selbständig Tätiger

[ ] Antrag auf Pflichtversicherung als selbständig Tätiger

Hinweis: Um über die Versicherungspflicht in der Rentenversicherung entscheiden zu können, benötigen wir aufgrund des Sechsten Buches des Sozialgesetzbuches - Gesetzliche Rentenversicherung (SGB VI) - von Ihnen einige wichtige Informationen und Unterlagen. Wir möchten Sie deshalb bitten, die gestellten Fragen vollständig zu beantworten und uns die erbetenen Unterlagen möglichst umgehend zu überlassen. Ihre Mithilfe erleichtert uns eine rasche Erledigung Ihrer Angelegenheiten.

In welchem Umfang Ihre Mithilfe benötigt wird, ergibt sich aus § 196 Abs. 1 SGB VI und § 21 Abs. 2 des Zehnten Buches des Sozialgesetzbuches - Sozialverwaltungsverfahren und Sozialdatenschutz (SGB X) -. Danach sind Sie verpflichtet, alle für die Feststellung der Versicherungspflicht erheblichen Tatsachen anzugeben und uns die notwendigen Urkunden und sonstigen Beweismittel zur Verfügung zu stellen.

Eingangsstempel

Versicherungsnummer: 0 0 0 1 2 3 4 5
Kennzeichen (soweit bekannt):

1 Angaben zur Person

Name: **Mustermann**
Vornamen (Rufname bitte unterstreichen): **Marianne**
Geburtsname: **Mustermann**
Frühere Namen:
Geburtsdatum: 0 1 0 1 1 9 6 0
Geschlecht: [ ] männlich [X] weiblich
Staatsangehörigkeit (ggf. frühere Staatsangehörigkeit bis): **deutsch**
Geburtsort (Kreis, Land): **Musterstadt**
Straße, Hausnummer: **Musterstraße 1**
Telefonisch tagsüber zu erreichen (Angabe freiwillig):
Postleitzahl: 1 2 3 4 5 Wohnort: **Musterstadt**
Telefax, E-Mail (Angabe freiwillig):

2 Angaben zur selbständigen Tätigkeit

2.1 Art der Tätigkeit (bitte Nachweise beifügen, z. B. Gewerbeanmeldung): **Kindertagespflege**
Selbständig tätig seit (Tag, Monat, Jahr): 0 1 0 1 2 0 1 1

2.1.1 Adresse des Betriebes bzw. Tätigkeitsort: **s. o.**
Telefon, Telefax, E-Mail (Angabe freiwillig):

2.1.2 Beschreiben Sie bitte kurz die von Ihnen ausgeübte Tätigkeit.
Betreuung von Kindern in meinem Haushalt

2.1.3 Sind Sie oder waren Sie wegen der von Ihnen ausgeübten Tätigkeit in die Handwerksrolle eingetragen und erfüllen bzw. erfüllten Sie in Ihrer Person die für die Eintragung notwendigen Voraussetzungen?
vom - bis   Handwerkskammer
[X] nein   [ ] ja

2.2 Übersteigt Ihr monatliches Arbeitseinkommen (Gewinn) regelmäßig 400,- EUR?
[ ] nein (Angaben zu Ziffern 4 und 5 entfallen)
[X] ja

V0020 PDF - Bl. 1
V013 - 17.11.2009 - 15

Versicherungsnummer: 1 2 3 4 5 6 7 8

Kennzeichen (soweit bekannt):

2.3 Beschäftigen Sie im Zusammenhang mit Ihrer selbständigen Tätigkeit regelmäßig mindestens einen Arbeitnehmer / Auszubildenden?

[X] nein [ ] ja, bitte Nachweise über die Anzahl der beschäftigten Arbeitnehmer / Auszubildenden sowie über die Höhe des monatlichen Arbeitsentgelts beifügen (Die Beantwortung der Fragen 3.1 bis 3.9 entfällt.)

2.4 Für welche(n) Auftraggeber sind Sie tätig? (Bitte Verträge beifügen)

anliegend

2.4.1 Sofern Sie für mehrere Auftraggeber tätig sind: Handelt es sich bei diesen um Kooperationspartner, Konzernunternehmen oder verbundene Unternehmen?

[X] nein [ ] ja

2.4.2 Sofern Sie für mehrere Auftraggeber tätig sind, die nicht Kooperationspartner, Konzernunternehmen oder verbundene Unternehmen sind: Beziehen Sie auf Dauer mindestens fünf Sechstel Ihrer gesamten Betriebseinnahmen aus diesen Tätigkeiten von **einem** dieser Auftraggeber?

[X] nein [ ] ja

2.5 Wird Ihr Unternehmen in der Rechtsform einer Gesellschaft (z. B. GmbH, KG, Partnerschaftsgesellschaft, GbR, Büro- oder Praxisgemeinschaft) geführt?

Bitte Namen und Art der Gesellschaft angeben und Gesellschaftsvertrag in Kopie beifügen sowie bei Büro- oder Praxisgemeinschaften bitte Anzahl der Partner angeben.

[X] nein [ ] ja

2.6 Erhalten Sie eine Versorgung nach beamtenrechtlichen Vorschriften, kirchenrechtlichen Regelungen oder Regelungen einer berufsständischen Versorgungseinrichtung wegen Erreichens der Altersgrenze?

seit wann? von welchem Träger? (bitte Nachweise beifügen)

[X] nein [ ] ja

3 Weitere Angaben zur ausgeübten Tätigkeit

3.1 Wurde bereits durch eine Krankenkasse / einen Rentenversicherungsträger oder die Künstlersozialkasse für diese Tätigkeit festgestellt, dass Sie **nicht** in einem abhängigen Beschäftigungsverhältnis zu Ihrem Auftraggeber stehen?

[X] nein [ ] ja (bitte Bescheid beifügen); die Beantwortung der Fragen 3.2 bis 3.9 ist nicht erforderlich

3.2 Beziehen Sie für diese Tätigkeit als Existenzgründer Überbrückungsgeld oder einen Gründungszuschuss von der Agentur für Arbeit (Arbeitsamt) oder haben Sie eine dieser Leistungen bezogen?

[X] nein [ ] ja (bitte Bescheid beifügen)

3.3 Waren Sie vor Ihrer jetzigen Tätigkeit für Ihren / einen Ihrer Auftraggeber als Arbeitnehmer tätig?

[X] nein [ ] ja, bitte den Unterschied zur vorherigen Tätigkeit auf einem gesonderten Blatt beschreiben

3.4 Arbeiten Sie am Betriebssitz Ihres Auftraggebers?

[X] nein [ ] ja

3.5 Haben Sie regelmäßige Arbeits- und Anwesenheitszeiten einzuhalten?

Bitte Anzahl der Stunden angeben

[X] nein [ ] ja ___ Stunden [ ] täglich [ ] wöchentlich [ ] monatlich

3.6 Werden Ihnen Weisungen hinsichtlich der Ausführung (Art und Weise) Ihrer Tätigkeit erteilt?

[X] nein [ ] ja

3.7 Kann Ihr Auftraggeber Ihr Einsatzgebiet auch ohne Ihre Zustimmung verändern?

[X] nein [ ] ja

3.8 Ist die Einstellung von Vertretern bzw. Hilfskräften durch Sie von der Zustimmung Ihres Auftraggebers abhängig?

[X] nein [ ] ja

3.9 Beschreiben Sie bitte Ihr unternehmerisches Handeln bezüglich eigenen Kapitaleinsatzes, eigener Kalkulation, Preisgestaltung, Werbung und Ablehnung von Aufträgen.

Ich trage das unternehmerische Risiko, bin für die Akquise und Eingehung meiner

Vertragsverhältnisse selbst verantwortlich

Versicherungsnummer	Kennzeichen (soweit bekannt)
1 2 3 4 5 6 7 8	

4 Beitragshöhe

Bei bestehender Versicherungspflicht sollen die Pflichtbeiträge in folgender Höhe gezahlt werden

☐ nach einem Arbeitseinkommen in Höhe von 50 v. H. der Bezugsgröße (halber Regelbeitrag), bis zum Ablauf von drei Kalenderjahren nach dem Jahr der Aufnahme der selbständigen Tätigkeit

☐ nach einem Arbeitseinkommen in Höhe der Bezugsgröße (Regelbeitrag)

☒ **einkommensgerecht** nach einem Arbeitseinkommen von ___6.000,00___ EUR jährlich, jedoch höchstens bis zur monatlichen Beitragsbemessungsgrenze (Bitte eine Bescheinigung des Steuerberaters oder eine eigene gewissenhafte Schätzung über die voraussichtliche Höhe des Arbeitseinkommens - bezogen auf das Kalenderjahr - beifügen. Sofern aus dieser Tätigkeit bereits ein Einkommensteuerbescheid vorliegt, bitte den letzten Bescheid* oder eine entsprechende Bescheinigung des Finanzamtes übersenden.)

* **Hinweis:** Sie können diejenigen Daten, die nicht Ihr Arbeitseinkommen betreffen, unkenntlich machen.

5 Angaben zum Zahlungsweg

☐ Abbuchung vom Bankkonto

Hiermit wird der Rentenversicherungsträger widerruflich ermächtigt, die Beiträge zur Rentenversicherung zu Lasten des aufgeführten Kontos einzuziehen.

Bankleitzahl	Kontonummer	Geldinstitut mit Ortsangabe

Das Konto wird geführt unter dem Namen ☐ des Versicherten ☐ des Bevollmächtigten ☐ einer sonstigen Person / Firma

Name, Anschrift des Kontoinhabers bei einer sonstigen Person / Firma

Unterschrift des Kontoinhabers

☒ Überweisung — Bei jeder Überweisung bitte unbedingt angeben: Versicherungsnummer, Vorname, Familienname, Art und Höhe der Beiträge, Verwendungszeitraum der Beiträge

6 Dokumentenzugang für sehbehinderte Menschen

Menschen mit einer Behinderung (z. B. blinde oder sehbehinderte Menschen) haben Anspruch darauf, Dokumente in einer für sie wahrnehmbaren Form zu erhalten.

Aufgrund meiner Behinderung bitte ich darum, mir Dokumente zusätzlich in **einer** für mich wahrnehmbaren Form zuzusenden und zwar

☐ als Großdruck ☐ in Braille (Vollschrift) ☐ als Hörmedium (Kassette)

☐ in Braille (Kurzschrift) ☐ als CD (Schrift- / Textdatei im ".doc"-Format) ☐ als Hörmedium (CD-DAISY Format)

7 Erklärung

Ich versichere, dass ich sämtliche Angaben in diesem Vordruck nach bestem Wissen gemacht habe und die Vereinbarungen in den übersandten Verträgen den tatsächlichen Verhältnissen entsprechen.

___Musterstadt, 02.01.2011___
Ort, Datum

Unterschrift des Antragstellers

Als Anlagen sind beigefügt:

8 Hinweis

Wird der Antrag von einem Bevollmächtigten gestellt, ist eine **Vollmacht** erforderlich.

V0020 PDF - Bl. 2
V013 - 17.11.2009 - 15

Arbeitsvertrag

Arbeitsvertrag
(Zu den einzelnen Arbeitsbedingungen sind teilweise mehrere Alternativen genannt, das Nichtzutreffende ist zu streichen.)

Zwischen _____
(Name und Anschrift, im Folgenden Arbeitgeber genannt)
und
Frau/Herrn _____ geboren am _____

wohnhaft in _____ Telefon _____
(im Folgenden Arbeitnehmer genannt)
wird folgender Arbeitsvertrag geschlossen:

1. Tätigkeit
Der Arbeitnehmer wird vom _____ an als Haushaltshilfe/Hausangestellte(r) unbefristet/befristet bis zum _____ eingestellt.

2. Arbeitszeit
Die regelmäßige Arbeitszeit beträgt wöchentlich/monatlich _____ Stunden.
Als Arbeitszeiten werden festgelegt:
_____ (z.B. Mo bis Fr von 8.00 bis 16.00 Uhr = Vollzeitbeschäftigung)
_____ (z.B. Mo von 9.00 bis 12.00 Uhr, Mi von 14.00 bis 16.00 Uhr = Teilzeitbeschäftigung)
Leistet der Arbeitnehmer auf Anordnung des Arbeitgebers Überstunden, werden diese mit einem zusätzlichen Zuschlag von _____ % vergütet.

3. Probezeit und Kündigung
a) Die ersten _____ Wochen/Monate gelten als Probezeit, in der das Arbeitsverhältnis von beiden Seiten mit einer Frist von zwei Wochen (kürzeste gesetzliche Frist) gekündigt werden kann.
b) Nach Ablauf der Probezeit kann das Arbeitsverhältnis von beiden Parteien mit einer Frist von (normale gesetzliche Frist: vier Wochen zum 15. des Monats oder zum Monatsende) gekündigt werden. Im Übrigen gelten die gesetzlichen Bestimmungen.
c) Bei einer ordentlichen Kündigung ist der Arbeitgeber berechtigt, den Arbeitnehmer während der Kündigungsfrist ganz oder teilweise von der Arbeit freizustellen.

4. Allgemeine Pflichten
a) Der Arbeitnehmer verpflichtet sich, ihm übertragene Arbeiten sorgfältig auszuführen, nach Bedarf auch andere Arbeiten zu übernehmen, die üblicherweise von einer/einem Haushaltshilfe/Hausangestellten verrichtet werden oder ihr/ihm sonst zumutbar sind.
b) Der Arbeitnehmer verpflichtet sich, Verschwiegenheit über die ihm bekannt werdenden Angelegenheiten des Arbeitgebers zu wahren.

5. Arbeitsentgelt
a) Das Arbeitsentgelt beträgt je Monat/Woche/Stunde _____ EUR brutto.
b) Die Bezüge werden nachträglich am Ende des Monats/der Woche/des Tages (Verrechnungszeitraum) durch Barzahlung/durch Überweisung auf das vom Arbeitnehmer benannte Konto Nr. _____ bei _____ (Bankinstitut), Bankleitzahl _____ überwiesen.

6. Sonderzuwendungen
Der Arbeitgeber zahlt als Sonderzuwendung (z.B. Weihnachtsgeld, Urlaubsgeld) in Höhe von _____ EUR. Auch wenn sie wiederholt gezahlt werden, sind sie als freiwillige Leistungen des Arbeitgebers jederzeit widerrufbar.

7. Urlaub
a) Der Urlaub richtet sich nach den gesetzlichen Bestimmungen. Er beträgt zur Zeit 24 Werktage (4 Wochen) im Jahr[1]
oder
b) Der Urlaub beträgt vereinbarungsgemäß _____ Werktage (es ist mindestens die gesetzliche Urlaubsdauer zu gewähren).[1]

8. Arbeitsverhinderung und Krankheit
a) Arbeitsverhinderung ist dem Arbeitgeber möglichst frühzeitig unter Angabe der Gründe mitzuteilen.
b) Bei einer Arbeitsunfähigkeit wegen Krankheit hat der Arbeitnehmer seine Arbeitsverhinderung dem Arbeitgeber anzuzeigen und – sofern die Arbeitsunfähigkeit länger als drei Kalendertage dauert – eine ärztliche Bescheinigung über das Bestehen der Arbeitsunfähigkeit sowie deren voraussichtliche Dauer spätestens an dem darauf folgenden Arbeitstag vorzulegen. (Auf Verlangen des Arbeitgebers ist die ärztliche Bescheinigung früher vorzulegen.) Dauert die Arbeitsunfähigkeit länger als in der Bescheinigung angegeben, so ist der Arbeitnehmer verpflichtet, eine neue ärztliche Bescheinigung vorzulegen.
c) Der Arbeitgeber zahlt im Falle einer unverschuldeten Arbeitsunfähigkeit infolge Krankheit für sechs Wochen das regelmäßige Arbeitsentgelt weiter (so genannte Entgeltfortzahlung im Krankheitsfall).

9. Vertragsänderungen
Nebenabreden, Änderungen und Ergänzungen dieses Vertrages bedürfen zu ihrer Wirksamkeit der Schriftform.

Hinweis für geringfügig Beschäftigte: Der Arbeitnehmer kann in der Rentenversicherung die Stellung eines versicherungspflichtigen Arbeitnehmers erwerben, wenn er dem Arbeitgeber erklärt, dass er auf die Versicherungsfreiheit als geringfügig Beschäftigter verzichtet.

_____   _____   _____
Ort, Datum   Unterschrift Arbeitgeber   Unterschrift Arbeitnehmer

Erläuterungen:
1) Als Werktage gelten die Tage Montag bis Samstag. Bei Teilzeitarbeitnehmern, die nur einzelne Tage in der Woche arbeiten, werden die arbeitsfreien Tage bei der Feststellung des Urlaubsanspruchs mitgerechnet. Nimmt der Teilzeitarbeitnehmer nur einzelne Tage als Urlaub, wird der Urlaubsanspruch im gleichen Umfange gekürzt, wie die Arbeitszeit des Teilzeitarbeitnehmers gegenüber der Arbeitszeit einer Vollzeitkraft vermindert ist.

Beispiel: $\frac{2 \text{ (individuelle Arbeitstage pro Woche)} \times 24 \text{ (Urlaubsanspruch in Werktagen)}}{6 \text{ (übliche Arbeitstage; Montag bis Samstag)}} = 8$ Urlaubstage

Quelle: www.minijob-zentrale.de

Anhang

Haushaltsscheck

Quelle: www.minijob-zentrale.de

Abfindung 65
Altersrente 52
Annahmeverzug 67
Arbeitslosengeld I 48
Arbeitslosengeld II 49
Arbeitslosenversicherung 82
Arbeitsvertrag, Muster 142
Arbeitsvertrag, Rechte 36
Aufsichtspflicht 75
Aufsichtspflichtverletzung 76

Baden-Württemberg,
Landesrecht 96
Bayern, Landesrecht 97
Beendigung des
Vertragsverhältnisses 60
Beförderung im Pkw,
Muster 126
Berlin, Landesrecht 98
Berufsunfähigkeits-
versicherung 82
Betreuungsbeginn 56
betreuungsfreie Tage 59
Betreuungsort 56
Betreuungsvertrag 54
Betreuungsvertrag, Inhalte 56
Betreuungsvertrag, Muster 121
Betreuungszeiten 56
Betriebsausgabenpauschale 86
Brandenburg, Landesrecht 100
Bremen, Landesrecht 101
bürgerliches Gesetzbuch 22

Datenschutz 93
Dienstvertrag 55

Eignung für die
Kindertagespflege 27
Eingewöhnung 57
Eingliederungshilfe 21
Einkommensteuererklärung 84
Einkommensteuer-
vorauszahlung 90
Einnahmen-Überschuss-
Rechnung, Muster 119
Einstiegsgeld 52
Einwilligung Film- und
Fotoaufnahme, Muster 131
Einwilligung Medikamenten-
gabe Notfall, Muster 132
Einwilligung Medikamenten-
gabe, Muster 131
Elterngeld 48
Erwerbsminderungsrente 53
Erziehungsgeld 43
Erziehungsgrundsätze 56
Existenzgründungszuschuss ... 49

Fachdienste 134
Finanzamt 84
Finanzielle Förderung 42
Förderungsauftrag 25
freie Träger 18

GbR 91
Gerichtsstandsvereinbarung ... 62
geringfügige Beschäftigung 38
Geschäftskonto 46
gesetzliche Vertretung 23
Gewerbeschein 42

Gleitzonenregelung 40
Großtagespflegestelle 32
Grundgesetz 15

Haftpflichtversicherung 74
Haftung 74
Haftungsfreistellung,
Muster 126
Hamburg, Landesrecht 102
hauptberufliche Tätigkeit 40
Hessen, Landesrecht 104
Hilfen zur Erziehung 20
Hinterbliebenenrente 53

Inobhutnahme 21
Investitionskostenzuschuss 47

Jugendarbeit 19
Jugendsozialarbeit 19

Kaution 63
Kinder- und Jugendhilfe,
Aufgaben 17
Kinder- und Jugendschutz 19
Kindeswohlgefährdung 95
Klage 68
Krankenversicherung 71
Kündigung 36
Kündigung, außerordentliche .. 61
Kündigung, ordentliche 60
Kündigungsfristen 36
Kündigungsschutz 37

Landesrecht 96
Landesverbände 134
Lohnfortzahlung im
Krankheitsfall 38
Lohnsteuerkarte 39

Mahnbescheid 68
Mecklenburg-Vorpommern,
Landesrecht 104
Medikamenten-
dokumentation, Muster 119
Medikamentengabe 69
Merkblatt Medikamenten-
vergabe, Muster 118
Mietwohnung 41
Minijob 38
Mitnahme im Pkw 78

nebenberufliche Tätigkeit 40
Niedersachsen, Landesrecht . 106
Nordrhein-Westfalen,
Landesrecht 107
Notfallvollmacht, Muster 127

öffentliche Träger 18

Personensorge 22
Pflegeerlaubnis 26
Pflegeerlaubnis, Erteilung 32
Pflegeerlaubnis, Versagung 31
Pflegegeld 43
Private Kindertagespflege 51
Prüfungsverfahren 29

Räumlichkeiten 30
Rechnung, Muster 120
Rechnungen 89

Rechte der Kinder 13
Rechtsschutzversicherung 82
Regelungen im
Krankheitsfall 58
Rentenversicherung 78
Reservierungsgebühr 63
Reugeld 65
Rheinland-Pfalz,
Landesrecht 108
Riester-Förderung 81

Saarland, Landesrecht 109
Sachsen, Landesrecht 110
Sachsen-Anhalt,
Landesrecht 111
Scheinselbstständigkeit 34
Schleswig-Holstein,
Landesrecht 112
Schweigepflicht 92
Schweigepflichtentbindungs-
erklärung, Muster 128
Selbstständigkeit 34
Sozialdaten 93
Sozialgesetzbuch VIII 16
Sozialversicherungspflicht 38
Steuerfreibetrag 85
Steuern 84
Steuerpflicht 38
Strafgesetzbuch 12

Thüringen, Landesrecht 113
Träger der Jugendhilfe 18
Trägerschaften 18

Umsatzsteuer 90
Unfallversicherung 70
Unfallversicherung,
Tageskind 71
Unfallversicherung,
Tagespflegeperson 70

UNICEF 13
UN-Kinderrechts-
konvention 13
unselbstständige Tätigkeit 35
Urlaub 59
Urlaubsanspruch 37

Vergütung 42
Vergütungsansprüche 66
Vermittlung 33
Vermittlung durch
das Jugendamt 33
Vermittlung durch freie
Träger der Jugendhilfe 33
Vermögenssorge 23
Versicherungen 70
Vertragsstrafe 65
Vertretungsregelung,
Muster 129
Vollmachten 62
Vollstreckungsbescheid 68

Wohngeld 52

Zahlungsaufforderung 66
Zahlungsaufforderung,
Muster 120
Zahlungsmodalitäten 58
Zusatzvereinbarungen 58